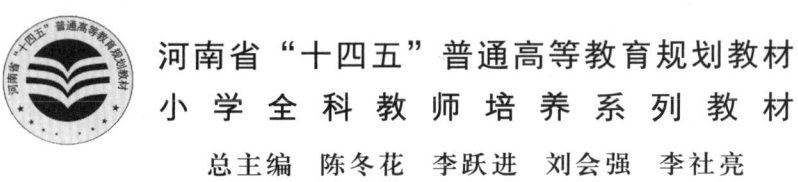

河南省"十四五"普通高等教育规划教材
小学全科教师培养系列教材

总主编 陈冬花 李跃进 刘会强 李社亮

微课设计与制作

主　编　郭利强　赵文霞
副主编　李　晶　苗玉辉

南京大学出版社

图书在版编目(CIP)数据

微课设计与制作 / 郭利强，赵文霞主编. — 南京：南京大学出版社，2021.7(2022.8重印)
ISBN 978-7-305-24761-3

Ⅰ. ①微… Ⅱ. ①郭… ②赵… Ⅲ. ①多媒体课件—制作 Ⅳ. ①G434

中国版本图书馆CIP数据核字(2021)第147477号

出版发行	南京大学出版社
社　　址	南京市汉口路22号　　邮　编　210093
出 版 人	金鑫荣

书　　名	**微课设计与制作**
主　　编	郭利强　赵文霞
责任编辑	钱梦菊　　　　　编辑热线　025-83592146
照　　排	南京南琳图文制作有限公司
印　　刷	南京百花彩色印刷广告制作有限责任公司
开　　本	787×1092　1/16　印张 16.5　字数 365千
版　　次	2021年7月第1版　2022年8月第2次印刷
ISBN	978-7-305-24761-3
定　　价	48.00元

网　址：http://www.njupco.com
官方微博：http://weibo.com/njupco
官方微信号：njupress
销售咨询热线：(025) 83594756

＊ 版权所有，侵权必究
＊ 凡购买南大版图书，如有印装质量问题，请与所购图书销售部门联系调换

编 委 会

编委会主任 刘济良（郑州师范学院）

总 主 编 陈冬花（郑州师范学院）　　李跃进（郑州师范学院）

　　　　　　刘会强（河南财政金融学院）　李社亮（河南师范大学）

副总主编 段宝霞（河南师范大学）　　李文田（信阳师范学院）

　　　　　　晋银峰（洛阳师范学院）　　郭翠菊（安阳师范学院）

　　　　　　井祥贵（商丘师范学院）　　丁新胜（南阳师范学院）

　　　　　　田学岭（周口师范学院）　　侯宏业（郑州师范学院）

　　　　　　聂慧丽（焦作师范高等专科学校）

编　　委（以姓氏笔画为序）

丁青山	马福全	王　立	王　娜	王铭礼
王德才	田建伟	冯建瑞	权玉萍	刘雨燕
闫　冉	李文田	肖国刚	吴　宏	宋光辉
张杨阳	张厚萍	张浩正	张海芹	张鸿军
张慧玉	陈军宏	周硕林	房艳梅	孟宪乐
赵丹妮	赵国龙	荆怀福	袁洪哲	徐艳伟
郭　玲	黄宝权	黄思记	董建春	薛微微

前　言

随着信息化技术不断深入发展,社会各个领域都发生着巨变,在教育领域,传统的满堂灌之教学模式已不能适应学生的学习需求。基于此,翻转课堂、混合学习、移动学习、碎片化学习等一系列新型的学习模式走入小学教学的课堂,且取得了良好的教学效果,但它们都无一例外地使用到了"微课",由此可见,微课对于提高小学教学质量有着举足轻重的意义。

在深入了解小学教师教学的工作中,我们发现小学教师的教学工作任务繁重,经常身兼数职,行政管理、班主任、授课等工作很多时候一人担当。虽然教师有意愿去改善教学,学习微课技术,但面对技术难度较大、对应教材较少的情况也是望而却步。因此,注重内容实用性、教学案例丰富,突出应用性和实践性是本教材的立足根本,也是本教材编写的重要特色。

本教材突出以目标和问题为导向,每一章都设置了学习目标和思维导图,力图使学习者目标明确,知识框架逻辑清晰;文中穿插了大量的案例和图片,使学习者能够更加直观地了解知识,丰富实践体验,增加教材的易读性;每章文后都有相对应的思考练习题,让学生在学习后,有巩固所学知识和拓展思维的训练;教材中设置了二维码,提供数字资源,让知识的学习动态化、立体化和多样化。

本教材对微课设计与制作的内容进行了详细、具体、深入的分析和阐释,分为六章。第一章:微课概述。阐释了微课的产生发展、微课的意义、微课的概念特点、微课的类型、制作流程及原则,对微课应用及前景做了总结和畅想。第二章:微课的基本呈现形式。介绍了目前常用的微课呈现形式,并对各种微课形式的制作流程进行了简单介绍。第三章:微课素材的获取和处理。详细介绍了文字素材、图像素材、音频素材、视频素材以及动画素材的获取和处理方式。第四章:微课教学设计。阐述了如何确定微课选题及微课目标,分析了如何确定微课内容和组织微课结构,指明了微课脚本编写的具体步骤。第五章:微课视频后期剪辑与处理。详细介绍了微课视频后期剪辑与处理的具体流程。第六章:微课设计与制作综合实例。详细介绍了知识学习、技能学习、情感学习三种类型微课教学设计、素材收集以及后期编辑的过程。

  本教材编写是由三所师范院校的四名教师共同努力的结晶,各章节的编写和具体分工为:洛阳师范学院郭利强、郑州师范学院赵文霞负责设计框架、编写体例和修改定稿;洛阳师范学院郭利强、李晶共同编写第一章、第五章;郑州师范学院赵文霞编写第四章、第六章;南阳师范学院苗玉辉编写第二章、第三章。赵文霞、李晶老师参与了修改通稿,在此对所有参与者表示由衷的感谢!

  本教材参考了诸多同类教材和研究者的部分成果,选择了一些优秀案例,在此对所有的作者表示诚挚的谢意,南京大学出版社的相关工作人员付出了辛勤劳动,提供了大力的支持,在此一并表示感谢。

  囿于编者的理论水平和能力所限,书中难免有不足之处,在此希望广大师生在使用过程中将使用体会和宝贵意见反馈给编写组,为本教材的后续编订提供参考意见。

编者

2021 年 7 月

目 录

第一章 微课概述 ··· 1
    第一节 微课的产生及发展 ·· 2
    第二节 微课的意义 ··· 3
    第三节 微课的概念和特点 ·· 6
    第四节 微课的类型及制作流程 ·· 8
    第五节 微课的制作原则 ·· 17
    第六节 微课的应用及前景 ·· 21

第二章 微课的基本呈现形式 ··· 25
    第一节 可汗学院式微课 ·· 26
    第二节 虚拟抠像式微课 ·· 31
    第三节 课件剪辑式微课 ·· 34
    第四节 演播室讲解式微课 ·· 38
    第五节 其他常见形式 ·· 39

第三章 微课素材的获取和处理 ··· 45
    第一节 文字素材的获取和处理 ······································ 46
    第二节 图像素材的获取和处理 ······································ 50
    第三节 音频素材的获取和处理 ······································ 66
    第四节 视频素材的获取和处理 ······································ 73
    第五节 动画素材的获取和处理 ······································ 81

第四章 微课教学设计 ··· 87
    第一节 确定微课主题 ·· 88
    第二节 设计微课目标 ·· 95
    第三节 选择微课内容 ·· 104

第四节　组织微课结构 108
　　第五节　编写微课脚本 119

第五章　微课视频后期剪辑与处理 122
　　第一节　微课片头片尾制作方法 123
　　第二节　视频剪辑方法与技巧 131
　　第三节　音频剪辑方法与技巧 162
　　第四节　特效制作方法与技巧 174
　　第五节　互动效果制作方法 200
　　第六节　字幕 208
　　第七节　案例介绍——《光的直线传播》 219

第六章　微课设计与制作综合实例 230
　　第一节　基于知识学习的微课综合实例 230
　　第二节　基于技能学习的微课综合实例 237
　　第三节　基于情感学习的微课综合实例 247

参考文献 256

第一章
微课概述

学习目标

1. 了解微课的产生与发展状况。
2. 了解微课的意义,认识微课重要价值。
3. 掌握微课的概念及特点,能够对微课进行简单概述。
4. 了解微课的分类维度及类型。
5. 掌握微课基本制作流程及 ADDIE 模型。
6. 了解微课的制作原则。
7. 了解微课的应用及发展前景。

思维导图

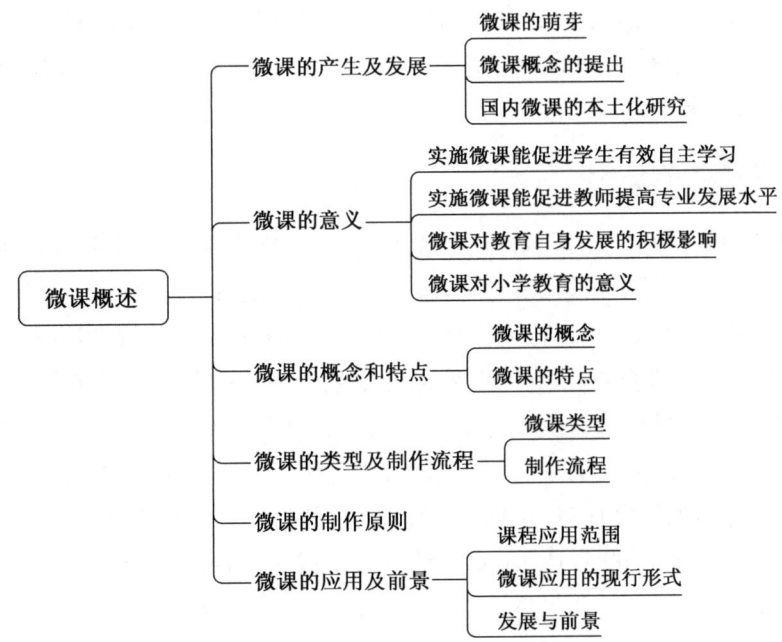

第一节 微课的产生及发展

近年来伴随着互联网和信息技术的飞速发展,人们的生活和学习方式也发生了翻天覆地的变化。从书本杂志等纸质材料获取知识并不能满足现代人们日益丰富的文化生活,电脑、手机、iPad 等移动信息化设备充斥在人们学习生活的各个角落。科技手段的进步为我们的课堂教学带来了新的教学变化,翻转课堂、大学微课程等新型事物的出现让我们的教学出现了教学方式和学习方式的变革。

一、微课的萌芽

1993 年,美国北爱荷华大学的 McGrew 教授提出"60 秒有机化学课程"。将基础化学分解成许多个"60 秒",利用舞会、搭乘电梯等非正式场合,向大众普及有机化学,这一转变,使化学学科知识与非专业或非科学领域的人们之间的鸿沟不再是不可逾越的,以至于很多人对化学开始抱有不一样的积极的理解,这样的非传统课程被称为"60 秒课程"(60-Second Course)。无独有偶,1995 年,英国纳皮尔大学的 T. P. Kee 提出了"一分钟演讲"(One Minute Lecture,OML)。学生们被要求选取一个知识点,用一分钟的时间进行解说。解说必须紧扣主题、精炼、有逻辑,并且还得包含一定数量的例子。这种方式有效解决了教学中广泛采用的模块教学法带来的弊病。

"60 秒课程"和"一分钟演讲"被普遍认为是微课的雏形,原因在哪里?

倘若忽略时间,只看两者的内容结构,恐怕你绝不会想到这是在 60 秒之内完成的。主题、说明、事例搭建起完整而有序的结构,时间的限制摒除了不必要的废话与铺垫,无论是课程的录制者还是演讲的参与者,都必须用最简洁的语言,尽可能明确地突出主题,并使其具有说服力。

二、微课概念的提出

现今热议的微课程(Micro-lecture)概念是 2008 年由美国新墨西哥州圣胡安学院的高级教学设计师、学院在线服务经理 David Penrose 提出的。Penrose 认为微型的知识脉冲只要在相应的作业与讨论的支持下,能够与传统的长时间授课取得相同的效果。Penrose 提出建设微课程的五个步骤:罗列课堂教学中试图传递的核心概念,这些核心概念将构成微课程的核心;写出一份 15~30 秒的介绍和总结,为核心概念提供上下文背景;用麦克风或网络摄像头录制以上内容,最终的节目长度为 1~3 分钟;设计能够指导学生阅读或探索的课后任务,帮助学生学习课程材料的内容;将教学视频与课程任务上传到课程管理系统。同时,Penrose 还认为这将成为一种知识挖掘的框架,微课程将提供一个知识挖掘的平台,并告诉学生如何根据学习所需搜索。

从"微课程"在国外的发展与形成可以看出,国外越来越重视"微课程"和"微视频"的研究,但其缺少统一的资源整合,呈现方式是教案式或视频式;课程结构较为松散,主要用于学习及培训等方面,应用领域有待扩充;在课程资源的自我生长、扩充性方面还不是很成熟。

三、国内微课的本土化研究

当国外的微课如火如荼之时,微课在国内也开始泛起波澜。只是,我国微课的发展却呈现一种复杂的态势:一方面,风靡全球的微课理念不断冲击着国内的课堂;另一方面,从我国电化教育进程中衍生的"微课程""教学课例片段"等概念,也正在与国际通行的微课发生着"同化"。

在"微课"作为教育名词进入大众视野之前,国内业已有了类似的概念,比如"课例片段"。佛山市教育局从2006年开始,每两年举办一次"中小学新课程优秀课例征集评选活动"。

到了2010年,当年评选活动的通知文件里,"课例"变成了"课例片段"。2011年7月,在佛山市教育局公布评选结果的收官文件里,"微课"一词赫然在列:共收到各类参赛教学课例片段1700多节,内容覆盖各学科各年级的重难点教学内容,初步建成了"微课"视频点播资源库……

从"课例片段"到"微课",这是本土教育理念与国际教育风潮的一次融合。2011年的这次评选活动,也被当作国内微课的起源。中国的"微课"有着自己的研究基础和生长土壤。尽管名称上借鉴了国际通行的说法,但实际的应用仍然呈现中国式的倾向。

第二节　微课的意义

微课的产生与使用对教育教学方式产生巨大的改善,提供了传统面授课堂之外的另一个选择。微课视频在促进学生有效自主学习方面提供了帮助;微课视频制作能够有效促进教师专业水平发展;同时,微课作为一种新型教育方式,结合现代科技,对教育自身发展产生了影响;微课作品常见于小学课堂,对小学教育也具有特殊意义。

一、实施微课能促进学生有效自主学习

提供学生自主学习的环境。现在网络通信的发展和微机的普及已经使自主学习成为可能,教师把学习中的重点和疑难问题制作成微课,上传到网上,学生便可以随时随地点播学习,有很大的自主空间。

微课程强调以学生为中心,学生在学习过程中具有更多的主动权,按需选择学习,既可查缺补漏,又能强化巩固知识,只要有学习的愿望即可实现,也能更好地满足学生对不同学科知识点的个性化学习,适应不同的学生,视频播放快慢可适当调节,让不同程度的学生根据自己的基础和接受程度控制视频的快慢。由于视频可以反复播放,那些平时反应慢的又羞于发问的学生能够从容地反复观看,学生在学习过程中具有更多的主动权,较好地解决了后进生的转化问题。这使得微课成为传统课堂学习的一种重

要补充和拓展。

二、实施微课能促进教师提高专业发展水平

一节优秀的微课有着严格的要求:教学目标清楚,教学内容明晰,这加深了教师对教材知识内容的进一步理解。教学语言要简明扼要,逻辑性强,易于理解。讲解过程要流畅紧凑。教师一方面在备课的过程中就要考虑到实际进行的状况,备课时更充分地研究学情,做到课堂无学生,心中有学生,要准确地把握教学节奏,快慢适当,吃透教材。

图1-1 《爱莲说》录制

另一方面要熟练地掌握现代信息技术、开拓教师的视野,因为微课的核心组成内容是教学视频,通过视频组成一个融教学设计、多媒体素材、课件为一体的主题资源包。为拓展知识点,就必须查阅资料去充实内容,才不会显得空泛和空洞。那么,在拓宽学生视野的同时,也丰富了教师的教学资源。教师和学生在这种真实的、具体的、典型案例化的教与学情景中可以实现"隐性知识",并实现教学观念、技能的迁移和提升,从而迅速提升教师的课堂教学水平,促进教师的专业成长。做微课,需要了解并掌握许多相关的软件,比如PPT、录屏、截屏等,最终让教师从习惯的细节中追问、思考、发现、变革,由学习者变为开发者和创造者,在简单、有趣、好玩中享受成长。

三、微课对教育自身发展的积极影响

现在的微课热,是对过去"课堂实录"式的视频教学资源建设的反思和修正。过去录制了大量"课堂实录"式的视频资源,但是这些资源大而全,冗长,难以直接加以使用。微课平台是区域性微课资源建设、共享和应用的基础。平台功能要在满足微课资源、日常"建设、管理"的基础上增加便于用户"应用、研究"的功能模块,形成微课建设、管理、应用和研究的"一站式"服务环境,供学校和教师有针对性地选择开发。交流与应用是

微课平台建设的最终目的。通过集中展播、专家点评和共享交流等方式,向广大师生推荐、展示优秀获奖微课作品;定期组织"微课库"的观摩、学习、评课、反思、研讨等活动,推进基于微课的校本研修和区域网上教研新模式的形成,达到资源共享。无论是对于学生还是对教师而言,微课无疑都是一次思想改革。它促成一种自主学习模式,同时,还提供教师自我提升的机会,最终达到高效课堂和教学相长的目标。

四、微课对小学教育的意义

一方面,小学阶段的学生处在飞速成长期,随着教学条件的逐渐优化、教学视野的拓展,许多新的教学方法都得到了尝试,其中就有微课教学方法。相比于其他教学方法,微课对于小学教育来说更有趣味性、具象化。微课教学的教学时间短,安排的教学内容紧凑丰富,吸引学生注意力并不难,更为难得的是微课教学对于培养学生的学习兴趣有着明显的效果。数学老师在进行微课教学时需要注意多媒体以及道具的运用,让学生真正参与到教学中来,主动地思考和动手解决一些问题,激发学生兴趣的同时也潜移默化地完成教学重点。另一方面,小学生的思维模式是以形象思维为主要的思考模式,那么如果数学问题太过于抽象,学生很容易产生退缩甚至抵触心理,这个时候老师就面临将问题具象化的教学任务。将问题具象化可以通过多媒体,也可以通过道具甚至通过学生直接现场模拟数学问题场景加以解决。这在微课教学中很容易加以展开,并且在具象化解决问题之后,还能通过多媒体将问题进行总结和深化,在提高教学效率的同时也让课堂更生动形象,让学生在今后面对相似问题的时候将更容易解答。总之,微课教学对于小学教育而言,无疑是能极大推动其教学效率与效果的好的教学方法,在具体应用的时候应更多地注意优质资源的引入和教学资源的分享,充分利用微课使课堂效果最大化。相信微课教学会给小学教育带来耳目一新的高效课堂。

图1-2 第二届全国师范生微课大赛作品《随机事件的概率》

第三节　微课的概念和特点

微课在产生与发展过程中,经历了逐渐规范化的过程,形成了区别于其他教学视频的独有的特点。

一、微课的概念

2011年10月,权威期刊《电化教育研究》刊登了一篇名为《"微课":区域教育信息资源发展的新趋势》的论文,作者是佛山教育局信息技术中心的胡铁生老师——这是本土"微课"概念第一次完整地出现在国人面前。胡铁生在论文中提道:"微课"是指按照新课程标准及教学实践要求,以教学视频为主要载体,反映教师在课堂教学过程中针对某个知识点或教学环节而开展教与学活动的各种教学资源的有机组合。

除胡铁生之外,目前国内对微课程关注比较多的还有上海师范大学黎加厚教授和华南师范大学焦建利教授。在《微课的含义与发展》一文中,黎加厚教授给出了其培训团队在教师培训翻转课堂的项目中,根据教学论的系统观,给"微课"的定义:"微课程"是指时间在10分钟以内,有明确的教学目标,内容短小,集中说明一个问题的小课程。文章强调指出,微课程除了包括教师讲授教学内容的微视频,还要包括学习单和学生学习活动的安排。微课程主要使用微视频作为记录教师教授知识技能的媒体,教师还可以根据不同学科和不同教学情境的需求,采用其他方式,如音频(录音)、PPT、文本等格式的媒体,不一定局限于微视频格式。他强调"微课程是课程改革与信息化进程中的学习资源创新,是学习内容与学习方式整合为一体的新型资源";"微课需要与学习单元、学生的学习活动等结合起来,才是一个完整的微课程"。

华南师范大学教育信息技术学教授焦建利对微课程的定义:"以阐释某一知识点为目标,以短小精便的在线视频为表现形式,以学习或教学应用为目的的在线教学视频。"焦教授认为,微课是教育信息化和"微时代"交流冲击下的必然产物,微课对于移动时代下的社会教育和学校教育有着极为重要的战略意义和现实价值。而对于学生和教师而言,微课的迅速流行将会极大程度上便利学生的学习和教师的教学实践,同时微课也将影响着教师职业发展的方向。

南京师范大学的张一春教授认为:微课是指为使学习者自主学习获得最佳效果,经过精心的信息化教学设计,以流媒体形式展示的围绕某个知识点或教学环节开展的简短完整的教学活动。微课更加注重学习者的自主学习和追求学习效果的最大化,在设计上以精心的信息化教学设计为主、以流媒体为主要载体形式,在内容上聚焦某个知识点或教学环节,时间短但本质还要是一个完整的教学活动。因此对于教师而言,最关键的是要从学生的角度去制作微课,而不是从教师的角度去制作,应体现以学生为本的教学思想。

从这些国内的主流观点不难看出,"微课"是一种资源、一种整合、一种载体,其核心内容包罗万象,可谓是"麻雀虽小,五脏俱全",包括与教学主题相关的教学设计、教学素材、教学课件、教学反思、练习测试及学生反馈、教师点评等教学支持资源。它们以一定的结构关系和呈现方式共同营造了一个半结构化、主题突出的资源单元应用生态环境。因此,微课既有别于传统单一的教学课例、教学课件、教学设计、教学反思等资源类型,又是在新基础上继承和发展起来的一种新型教学资源。[①]其实除了知识上的定位之外,站在人文的角度上来说,"微课"还是以视频为主要载体,记录教师在课堂教育教学过程中围绕某个知识点或教学环节而开展的精彩教与学活动全过程。

二、微课的特点

"短":教学时间较短,教学视频是微课的核心组成内容。根据中小学生的认知特点和学习规律,"微课"的时长一般为 5~8 分钟,最长不宜超过 10 分钟。因此,相对于传统的 40 或 45 分钟的一节课的教学课例来说,"微课"可以称之为"课例片段"或"微课例"。

"小":资源容量较小,从大小上来说,"微课"视频及配套辅助资源的总容量一般在几十兆左右,视频格式须是支持网络在线播放的流媒体格式(如 mp4、rm、wmv、flv 等)。师生可流畅地在线观摩课例,查看教案、课件等辅助资源;也可灵活方便地将其下载保存到终端设备(如笔记本电脑、手机、MP4 等)上实现"移动学习""泛在学习",非常适合于教师的观摩、评课、反思和研究。

"精":教学内容精简,相对于较宽泛的传统课堂,"微课"的问题聚集,主题突出,更适合教师授课的需求。"微课"主要是为了突出课堂教学中某个学科知识点(如教学中重点、难点、疑点内容)的教学,或是反映课堂中某个教学环节、教学主题的教与学活动,相对于传统一节课要完成的复杂众多的教学内容,"微课"的内容更加精简和对学生的把握更加精准,因此又可以称为"微课堂"。

"便":资源组成/结构/构成"情景化",资源使用方便。"微课"选取的教学内容一般要求主题突出、指向明确、相对完整。它以教学视频片段为主线"统整"教学设计(包括教案或学案)、课堂教学时使用到的多媒体素材和课件、教师课后的教学反思、学生的反馈意见及学科专家的文字点评等相关教学资源,构成了一个主题鲜明、类型多样、结构紧凑的"主题单元资源包",营造了一个真实的"微教学资源环境",这使得"微课"资源具有视频教学案例的特征。广大师生在这种真实的、具体的、典型案例化的教学情景中更易于实现"隐性知识""默会知识"等思维能力的学习并实现教学观念、技能、风格的模仿、迁移和提升,从而迅速提升教师的课堂教学水平、促进教师的专业成长,提高学生学业水平。

---

① 胡铁生."微课":区域教育信息资源发展的新趋势[J].电化教育研究,2011(10).

第四节　微课的类型及制作流程

微课受使用对象、制作方式等多种因素的影响,呈现出形式多样、功能各异的特点。不同类型的微课适用于不同的教学组织形式,服务于不同的教学目标。从多维度对微课进行分类,了解并掌握各类微课的优缺点及使用范围,可以帮助使用者取得更好的教学效果。

一、微课类型

(一)按教学方法分类

教学方法是指在课堂教学中,教师和学生为了实现共同的教学目标,完成共同的教学任务所采用的手段与方式的总称。① 胡铁生根据李秉德教授对我国中小学教学活动中常用的教学方法的分类总结,以及为了使一线教师更容易理解微课的分类方法,初步将"微课"划分为11类,即讲授类、问答类、启发类、讨论类、演示类、练习类、实验类、表演类、自主学习类、合作学习类、探究学习类。

表 1-1　微课的分类及适用范围

分类依据	常用教学方法	类型	适用范围
以语言传递信息为主的方法	讲授法	讲授类	适用于教师运用口头语言向学生传授知识(如描绘情景、叙述事实、解释概念、论证原理和阐明规律)。这是中小学最常见最主要的一种微课类型
	谈话法	问答类	适用于教师按一定的教学要求向学生提出问题,要求学生回答,并通过问答的形式引导学生获取或巩固检查知识
	启发法	启发类	适用于教师在教学过程中,根据教学任务和学习的客观规律,从学生的实际出发,采用多种方式,以启发学生的思维为核心,调动学生的学习主动性和积极性,促使他们生动活泼地学习
	讨论法	讨论类	适用于在教师指导下,由全班或小组围绕某一中心问题通过发表各自意见和看法,共同研讨、相互启发、集思广益地进行学习
以直接感知为主的方法	演示法	演示类	适用于教师在课堂教学时,把实物或直观教具展示给学生看,或者做示范性的实验,或通过现代教学手段,通过实际观察获得感性知识以说明和印证所传授知识

---

① 胡铁生.微课:区域教育信息资源发展的新趋势[J].电化教育研究,2011(10).

(续表)

分类依据	常用教学方法	类型	适用范围
以实际训练为主的方法	练习法	练习类	适用于学生在教师的指导下,依靠自觉的控制和矫正,反复地完成一定动作或活动方式,借以形成技能、技巧或行为习惯。尤其适合工具性学科(如语文、外语等)和技能性学科(如体育、音乐等)
	实验法	实验类	适用于学生在教师的指导下,使用一定的设备和材料,通过控制条件的操作过程,引起实验对象的某些变化,从观察这些现象的变化中获取新知识或验证知识。在物理、化学、生物和自然常识等学科的教学中,实验类微课较为常见
以欣赏活动为主的教学方法	表演法	表演类	适用于在教师的引导下,组织学生对教学内容进行戏剧化的模仿表演,以达到学习交流和娱乐的目的,促进审美感受、提高学习兴趣。一般分为教师的示范表演和学生的自我表演
以引导探究为主的方法	自主学习法	自主学习类	自主学习是与传统的接受学习相对应的一种现代化学习方式。以学生作为学习的主体,通过学生独立的分析、探索、实践、质疑、创造等方法实现学习目标
	合作学习法	合作学习类	合作学习(Collaborative Learning)是一种通过小组或团队的形式组织学生进行学习的一种策略
	探究学习法	探究学习类	适用于学生在主动参与的前提下,根据自己的猜想或假设,运用科学的方法对问题进行研究,在研究过程中获得创新实践能力,获得思维发展,自主构建知识体系的一种学习方式

值得注意的是,一节"微课"作品一般只对应于某一种"微课"类型,但也可以同时属于两种或两种以上的"微课"类型的组合(如提问讲授类、合作探究类等),其分类不是唯一的,应该保留一定的开放性。教师应跟随现代教育教学理论的发展和教学方法的不断创新,在教学实践中不断发展和完善。

(二)按制作技术和文件格式分类

学者林雪涛和韩鹏按照微课的制作技术和文件格式,将微课分为拍摄型、录屏型、动画型、改良型、幻灯片型几种类型[①],并对各个类型的微课从不同技术需求和艺术效果以及各自的传播功能与适用范围等方面进行了分析。

1. 拍摄型微课

拍摄型微课是指制作者利用摄像设备,在一定授课环境中,对教师讲课内容或学生学习过程进行记录制作而成的视频微课。授课环境可根据课程内容需要,采用室内教学环境或室外自然环境。拍摄型微课最大的特点在于教师出镜授课。教师出镜有利于形成网络学习中的师生互动氛围,尽管视频内外的师生之间不能进行直接交流,但教师的神态、表情、动作等依然对学生的学习具有影响。这种微课一般在屏幕上同时呈现教师和课件,也存在教师图像和课件图像相互切换,分别呈现的情形,如图1-3所示。课件图像可以是静止的,也可以是嵌入的流媒体素材,如视频、动画。

---

① 林雪涛,韩鹏."技术—艺术":微课制作的融合与突破[J].教学与管理,2014(12).

图1-3 首届全国师范生微课大赛作品《"鸡鸣狗吠"在村居田园中的作用》

语言类课程、操作类课程适宜采用拍摄型微课。例如，小学语文识字教学和中学英语单词教学，二者的共同特点是需要突出字词的发音教学。一方面，教师教授学生识字、读单词，不仅需要给学生示范标准读音，还要为学生展示正确口型，让学生跟随模仿，既要口耳相传，又要口眼相传。另一方面，发音教学课程的内容通常比较枯燥，并且需要学生花费较长时间反复练习，教师的出镜则让整个学习过程更有人情味，有利于学生学习状态的保持。又如，小学科学或中学理化课程中的实验教学，利用拍摄型微课讲演结合的优势，能够全面地、清晰地展示教师操作实验的过程，促进学生理解和效仿。

2. 录屏型

录屏型微课是制作者在计算机中安装录屏软件（如录屏大师、Camtasia Studio），录制教师通过教学课件（如基于PPT、Word、绘图软件、手写板输入等形式制作的课件）呈现的教学过程，并同步录制教师的授课声音和屏幕操作行为生成的视频微课。录屏型微课不出现教师、实物教具及现实环境，仅仅显示电脑屏幕上的文字、图片、流媒体内容。一方面，这种微课的制作对软、硬件要求比较简单，对制作者的技术要求低，通常只要一部安装有录屏软件的电脑，教师便可自行操作。另一方面，由于视频画面主要是课件页面，因此，此类微课对课件的设计、美化要求较高，包括图文的组合、色彩的搭配、字体字号的设计、书写的工整与规范、简易动画的编制等。否则，视频画面会显得单调枯燥或粗糙杂乱。如图1-4所示，左边图片元素过多，较为繁杂。右边图中，简洁明了，点明本页重点及内容，对比之下显得美观大方。

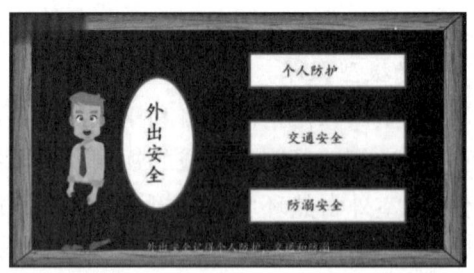

图1-4 制作效果对比

需要呈现较长篇幅文本的课程、需要展现严密逻辑关系的课程适宜采用录屏型微课。也就是说"教学的内容必须能在屏幕上充分地显示出来，再配上老师的讲解与操作，这样能解释清楚的知识就适合录屏式微课"。例如，语文阅读教学需要教师为学生呈现大篇幅的文章文本,数学例题教学需要一步步演示解题步骤,英语词汇拼写、拓展教学需要教师书写大量内容。对于这些类型的教学内容,采用录屏型微课能够比较充分地展现课程内容本身。如图1-5所示,录屏型微课可以使大篇幅课文清楚地呈现在画面中,使观看者能够清晰地感知所讲内容,对本节课程有一个整体把握。两张图片中的不同之处——同一段文字,第一张图片中未标颜色,第二张图片中将文字用蓝色点亮。通过这样一种"突出强调"的方式,既可以大篇幅呈现文本内容,又能够吸引读者注意力,便于读者捕捉教师所讲内容,紧跟授课者思路,把握课程进度。

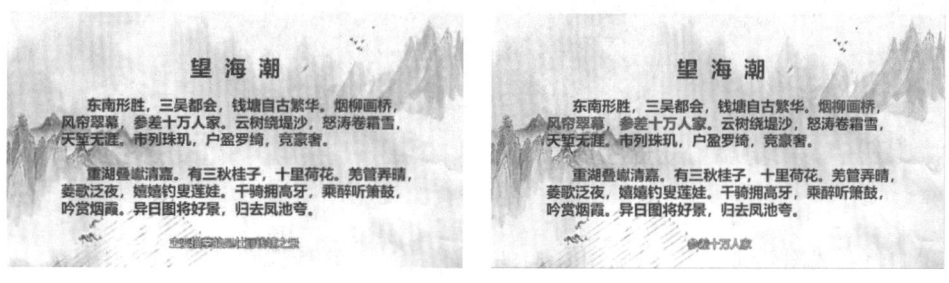

图1-5 首届全国师范生微课大赛作品《柳永〈望海潮〉的点染艺术品析》

3. 动画型微课

动画型微课是利用flash动画技术和绘画艺术制作的微课,它最大的特征是趣味性和可操作性。动画型微课有两类常见格式:视频格式(如avi、mp4、wmv)和动画格式(如swf、flash)。视频格式的动画型微课仅能观看,不能操作;而动画格式的动画型微课则既能观看,又能操作。动画型微课的优势在于,它能够有效帮助学生在学习过程中理解需要空间想象的抽象图形以及图形的运动变化过程。

需要增强趣味性的内容,不便于真人演示和实物展现的内容,都适合采用动画型微课。例如,小学语文写字课笔顺教学、中学数学几何课、中学地理演示课适宜采用视频格式的动画型微课。它还可以被用在语文课朗读教学当中,为范读音频提供与文本相呼应的动画背景。中学物理、化学实验课和小学数学动手训练课适宜采用动画格式的动画型微课。学生在观看微课的同时,可以在程序的引导下按照实验步骤操作虚拟实验器材,动画的模拟性还有利于生动形象地突出实验现象。如图1-6所示的微课作品,根据低年级小学生注意力集中时间短但喜欢探索的身心发展特征,利用动画的趣味性,结合故事情节,将知识贯穿其中,使课堂更加丰富有趣。

图1-6 第二届全国师范生微课大赛作品《认识钟表》

4. 改良型微课

改良型微课的内容主要来源于中小学常规课的教学内容,部分微课是课堂实录小片段。这类微课素材来源的基础是学校在过去教研活动中录制的全堂或片段常规公开课、示范课。在微课兴起之前,这些影像素材通常被制作成完整的课堂教学视频或作为资料存档;微课兴起之后,这些影像素材便被发现有了新的用武之地,如图1-7所示。

图1-7 课堂实录

我们将在常规课堂教学录像视频基础上加工而成的微课称为改良型微课。改良,意味着它必须在原视频素材的基础上,按照微课的要求,为达到微课教学的目的,进行制作加工。制作方法主要包括:将较长的原视频剪辑为一个或多个时间较短的微型视频;删除与知识点教学关联性不强的部分(如课堂互动、学生作业环节);增加或重新制作片头片尾,体现该节微课的基本信息。

5. 幻灯片型微课

幻灯片型微课的格式可以看作一种广义的影像视频格式。因为影像视频的基本特征是持续播放连续运动画面,要达到这种效果,在某些非视频类办公操作软件(如PPT、WPS演示)中也能呈现。由于这种微课不属于严格意义上的视频格式,因此不需要制作者使用视频制作软件,只要在PPT等演示幻灯片软件中制作即可实现流媒体效果,非常适合普通教师操作。

在国内,运用PPT制作能够动态播放的幻灯片型微课,比较典型和成功的是内蒙古鄂尔多斯东胜区教研中心主任李玉平制作的微课。学者李玉平所制作的微课由文字、音乐、画面组成,通过配合精简的文字、精美的图片和舒缓的音乐来呈现内容,旨在让读者在优美的轻音乐中细细品味内容,展开思考,让人们惊奇地发现PPT具备制作这种动态、有声微课的功能。如图1-8所示,这类微课适宜展现具有情节性、故事性、思考性的内容,目前多被用在中小学教师继续教育培训当中。

图1-8 《不安全的笑声》

（三）按受众和功能分类

1. 用于职业发展的微课

此类微课的受众群体是职场人士，为已经脱离学校教育体系的"上班族"提供了一个学习知识、增长技能的途径。其特点是针对性、专业性较强。依据行业及工作内容的不同，可大致分为专业知识和专业技能两个方向。同时，根据微课内容难易程度不同，又可以划分为低阶（基础、入门）、进阶、高阶等。不同难易程度的课程满足了不同层次职业人员的需求。如图1-9所示，这一微课属于专业知识类微课，可以帮助相关工作者了解这一领域的专业知识，从而增长自身专业能力，对职业发展有所帮助。

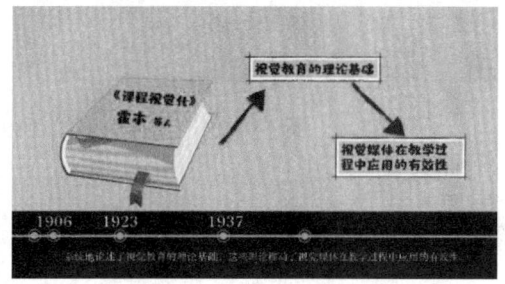

图1-9　首届全国师范生微课大赛作品《教育技术的发展沿革》

2. 面向社会大众学习的微课

面向大众学习的微课可分为多种类型，有着丰富的内容与形式。同大众生活的方方面面相结合的此类微课课程，是人们增长知识、开阔视野的又一大途径。迎合了当下所提倡的"终身学习"的理念，形成了良好的社会学习风气。与面向职业发展的微课相比，面向大众学习的微课生活性更强，题材范围更广，内容更加实用。如图1-10所示的《神兽石刻道千古》这一微课作品，向我们介绍了河洛文化中神兽石刻的部分内容。通过这样的课程，让社会大众能够了解不同地区丰富多样的文化。在业余时间，借助微课，了解世界。

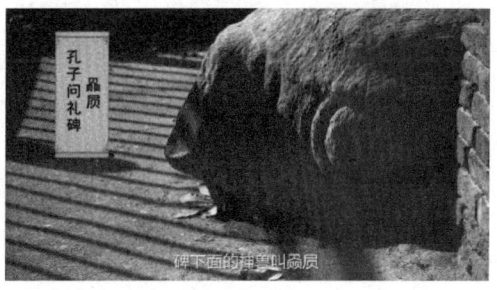

图1-10　首届全国师范生微课大赛作品《神兽石刻道千古》

3. 用于学生自主学习的微课

用于学生自主学习的微课，内容大多选自教学参考书、论文等各类学术文献。可以帮助学生在课余时间学习新知，查漏补缺，一定程度上弥补了真实课堂教学中，教师未能照顾到的学生群体或未能详尽讲述的教学内容,是学生在课后进行自我提升的不二选择。相较于上述两种类型的微课,其学术性更强。此类微课最早产生,也最常见于微课教育。如图1-11所示,利用微课对知识点进行讲解,结合情景、故事等形式,学生自学也能够理解并掌握。

图1-11 首届全国师范生微课大赛作品《三角形的稳定性》

二、制作流程

微课教学是信息技术与教育教学融合发展的成果。一门好的微课需要经过科学的设计与开发,按照合理、规范的流程进行制作,既要考虑微课教学的内容与结构,也要考虑微课制作技术的使用。微课研究人员凭借多年的微课制作经验逐渐形成了一套微课制作的基本流程。在此基础上,众多学者将其归纳总结,提出可以根据ADDIE模型——分析(Analysis)、设计(Design)、开发(Develop)、实施(Implement)、评价(Evaluate)设计开发微课。

(一)微课的基本制作流程

微课基本制作流程主要包括微课选题、教学设计、素材准备、微课制作、后期处理、微课发布,如图1-12所示。

图1-12 微课制作的基本流程

1. 微课选题

一节微课是否能够取得预期的教学效果,选题是关键的一步。在进行微课选题时应慎重选择知识点,并进行分析处理,使本节课程符合受众群体的认知发展规律,才能做到事半功倍。

2. 教学设计

前文提到,微课实质上是教学与信息技术相结合产生的一种新型教学形式。因此,微课的制作离不开教学设计这一过程。无论是线下面授课程,或是线上微课,教学设计是基础。一个好的教学设计就使课程成功了一半。为了帮助读者更好地了解这一部分的具体内容,接下来将结合具体案例进行详细讲解。我们选择的案例是首届全国师范生微课大赛作品《认识钟表》。

(1) 确定教学目标

教学目标为教学指明了方向。目标的制定也应注意,要适合受众的身心发展特征,不应过高、过于理想。线下课程中,常见教师在课程开始之前出示教学目标,以帮助学生把握课程内容,了解重难点。在微课的教学设计当中我们亦可如此。在《认识钟表》这一微课中,其作者将教学目标按照三维目标模式进行了设置,如表1-2所示。

表1-2 《认识钟表》教学目标设计

教学目标	知识与技能	学生认识钟表的基本特征,能够正确地区分时针、分针、秒针及钟表的不同刻度。
	过程与方法	学生培养自身仔细观察、独立思考的好习惯。通过观察、操作、交流等活动,培养出自己的数学思考能力、探究意识和合作学习意识,体验学习数学的乐趣。
	情感态度价值观	学生初步建立时间概念,自觉养成珍惜时间、合理安排时间的良好习惯。同时养成主动探索知识的精神。

(2) 确定教学策略

依据微课"短小"的特点,如何在短时间内将微课核心知识点及主要思想传递给受众,是微课制作者需要思考的问题。依据不同课程内容,选择最适合的教学策略,才能使微课的教学效果最大化。微课《认识钟表》的制作者结合小学生的身心特点,选择动画型微课,以小游戏的方式,寓教于乐。

(3) 确定教学内容及顺序

在十分钟的微课课堂上,教师不可能详尽讲述所有内容。就需要围绕教学目标,在可选的教学内容中"取其精华",按照合适的顺序将知识娓娓道来。对于钟表的认识,制作者将微课的重点知识内容找出,即时针、分针、秒针。又针对其特点,调整分针与秒针的教学顺序,总结出"跑得最快是秒针,个儿高高,身材好;跑得最慢是时针,个儿短短,身材胖;不高不矮是分针,分针夹在中间跑。"的"口诀",帮助学生更加方便快捷地捕捉各部分内容的核心知识点,体现了教师的良苦用心。

3. 素材准备

脚本制作完成后,就需要按照制作所需进行准备,主要包括文字、图片、音频、动画等素材的收集与加工。

4. 微课制作

根据不同的微课类型,可以采用不同工具进行前期制作。例如,拍摄型微课可以利用摄像机、手机等进行拍摄;录屏型微课可以直接用录屏软件进行录屏。

5. 后期处理

后期主要是利用各种剪辑软件进行加工处理。例如,微课拍摄过程中出现的卡顿、瑕疵,可利用剪辑软件将其剪切;也可以实现添加音频、多段视频拼接、重新调整视频顺序等功能。

6. 微课发布

这一环节最主要的问题就是检查视频的大小、格式等是否符合要求。若微课用于参赛，则应根据主办方的要求对视频进行调整。例如，第二届全国师范生微课大赛对参赛选手的作品要求为：视频大小 100 M 以内，清晰度不低于 720 p，画面比例 16∶9。这就需要参赛选手在后期处理时，通过格式工厂等软件，将视频压缩至合适的大小，以满足比赛要求。正如英语作文中常用的那句话"last but not least"，视频格式调整是最后一步，但也至关重要。否则很有可能使自己数月心血付诸东流。

（二）ADDIE 模型

1. 概述

ADDIE 模型是指一套有系统地发展教学的方法，是课程设计领域中最主流的设计方法之一。[①] 主要包括分析（Analysis）、设计（Design）、开发（Develop）、实施（Implement）、评价（Evaluate）五个部分（如图 1-13 所示）。其中，分析、设计为基础，开发、实施为关键，评价为保证。几个部分互相渗透融合，密不可分。作为微课设计的框架，具体应用时应灵活变通，与实际情况相结合，以求最大化便利微课制作。

图 1-13　ADDIE 模型设计图

2. ADDIE 模型分解

上述 ADDIE 模型是微课设计开发基本模式，每一阶段具体还包含不同步骤（如图 1-14 所示），帮助微课制作者更加深入了解这一模型的操作过程，同时使得微课制作过程更加灵活，富于变通。

分析	设计	开发	实施	评价
• 需求分析 • 受众分析 • 内容分析	• 教学设计 • 脚本设计 • 课件设计	• 素材收集 • 课件制作 • 微课制作 • 后期编辑	• 微课使用随实际情况而定	• 形成性评价 • 总结性评价

图 1-14　ADDIE 微课制作模型分解图

表 1-3　ADDIE 模型分解介绍

模型	分解步骤	简单介绍
分析	需求分析	针对受众的求知需要，选择有针对性的内容组成微课的教学内容
	受众分析	依据受众人群及其身心发展情况，选择合适教学形式与策略
	内容分析	由于微课"短小精便"，因此微课的教学内容应有价值且适量

[①] 莫健樱·杨满福. 基于 ADDIE 模型的微课设计与开发[J]. 中国教育信息化，2020(10).

(续表)

模型	分解步骤	简单介绍
设计	教学设计	课程都离不开教学设计,教学设计是对整个教学过程、教学环节的细化与呈现。好的教学设计有助于微课最大限度地实现教学目标
	脚本设计	脚本设计即预设拍摄道具、镜头角度等细节,为拍摄做准备
	课件设计	部分微课需要借助课件展示教学内容,因此需要制作者根据教学所需设计出色彩、格式等符合要求的课件
开发	素材收集	收集微课中使用到的图片、音频、动画等素材以便后期使用
	课件制作	制作需要插入微课视频当中的课件
	微课制作	微课类型不同,制作方式也不同,例如拍摄型微课的制作意味着进行视频拍摄;动画型微课的制作意味着借助动画软件制作
	后期编辑	对初始视频与素材等进行剪辑、组合以满足要求
实施	视情况而定	这一步骤主要是指微课视频的播放与应用
评价	形成性评价	形成性评价指在微课制作过程中,即时制作、即时反思、即时评价与改进,从而达到最好效果
	总结性评价	总结性评价指在微课制作完成后,按照一定标准进行评价

第五节 微课的制作原则

任何事物都有区别于其他事物的特点,微课也是如此。从微课的特点便能窥探出微课的独到之处。结合微课实际制作中的注意事项以及开发需要,此处总结出了微课开发的六项基本原则。在进行微课的开发时,只有严格遵守这些原则,才能制作出一节合格的微课作品。本节内容我们将着眼于微课开发的基本原则,帮助广大读者更好地开发微课。

一、视频短小,设计美观

微课,重点在"微"。不同于我们最常见的慕课、课堂实录或其他视频等,微课最大的特点在于篇幅短小,时长一般控制在5~10分钟。目的在于帮助学习者利用碎片化时间,学习新知识,掌握新技能。同时,随着人们审美意识的提高,观看者已经不再仅仅满足于视频内容实用,对视觉享受也提出了更高的要求。微课作为一种以视频形式呈现的课程,如何在保证教学目标完美实现的同时呈现出符合大众审美的视觉效果,也是对制作者的审美能力的考验。微课视频中的色彩搭配、动画设置、特效制作等等,都需要制作者精心设计以满足学习者的美学需求。例如,《脸谱知多少》这节微课作品中的色彩,围绕中国风以及脸谱色彩斑斓的特点展开,如图1-15所示。动画制作形式多变,传达出了戏曲人物活灵活现的姿态。微课设计与主题紧紧相扣,令人眼前一亮。

图 1-15 首届全国师范生微课大赛作品《脸谱知多少》

二、主题突出,节奏紧凑

受限于时长,微课无法做到同其他学习视频一样,容许授课教师针对丰富的教学内容"娓娓道来"。因此,鉴于微课教学时长短小的特点,需要制作者慎重选择知识点,并且在整个授课过程中,做到重点突出明确,节奏紧凑,思路顺畅清晰。唯有如此,才能保证微课教学的有效性和高效性。如在《表情畅想曲》这一微课中(如图 1-16 所示),将所讲内容分为三个"结构密码",在每个环节之前先行亮相,提醒观看者本环节所讲内容,逻辑鲜明,层层递进,微课内容讲解一气呵成,简明扼要,值得借鉴学习。

图 1-16 首届全国师范生微课大赛作品《表情畅想曲》

三、生动有趣,互动多样

微课不同于线下面授课程,视频播放的形式决定了其有一个无法忽视的弱点——无法实时监控学生状态与行为,从而无法给予即时反馈。传统线下面授课程往往是教师和学生共同构成学习情境。无论是"一对一"或"一对多"的教学组织形式,教师通常能够观察学生的精神状态、学习行为并做出及时的调整与反馈,从而保证学生的注意力始终保持在课堂当中,随着教师教学行为的转变而转移。而微课视频的形式,无法达到这一效果。那么,微课制作者应如何让学习者在短短的十分钟内保持专注,不随周围环境的变化而受到影响呢?那就必然要将微课视频设计得生动有趣,互动多样!研究表明,随着学习者年龄特征的不断变化,其注意力保持时间也不尽相同。

对于低级段学生来说,其注意力很容易受到周遭事物影响,呈现出保持时间短、不稳定的特点。针对这一现象,制作者就需要在制作微课时对教学过程进行精心设计,可以通过添加视频、音频、动画等各种素材充实微课,使其达到吸引眼球、陶醉其中的效果。例如图1-17所示的《认识钟表》这一微课作品,将教学内容贯穿于整个故事中,寓教于学,让学生在游戏中获得知识,感受学习的美好。

图1-17 第二届全国师范生微课大赛作品《认识钟表》

而对于高年级段的学生,微课视频是不是就不用精心设计了呢?并非如此!高年龄阶段的学生,其注意力保持时长、稳定程度虽明显高于低年龄段学生,但其接触的学习内容,逐渐困难,复杂烦琐。对于这样的教学内容的设计,更需要取巧、求精。如果只是将教学内容一板一眼、空洞乏味地呈现出来,只会助长学生的畏难情绪,从而使学生对微课教学失去兴趣,对学习失去信心。图1-18所示微课中就以最常见发热食品的导入,通过解释其中原理,吸引学生对课程产生兴趣。

图1-18 第二届全国师范生微课大赛作品《化学能与热能》

微课视频当中的互动也不失为一种吸引学生注意力的手段。当前微课视频中的互动,最常见的便是设置问题—学生作答—公布答案—继续学习这样一种形式。在关键问题处设置互动问题,既能吸引学生注意力,又能检测学生在学习过程中对所学知识的掌握情况,可谓一举两得。

四、学生主体,教师主导

教育改革要求一改传统的教师"教",学生"学"的形式,倡导以教师为主导,学生为主体的新型教育形式。站在教学设计角度,要求教师在备课过程中,站在学生的角度,用学生的思维方式看待教学内容,用学生能看懂、能听懂、能学会的方式方法对知识展开讲解。而不是以成人的、"过来人"的思维看待教学任务。从教学形式上看,国外已出现的翻转课堂、可汗学院等的教学形式,充分给予了学生很大的自主学习空间,让学生成为学习的主人。作为新兴的教学形式,我国的微课教学必然要与时俱进,朝着以学生为中心的方向、立足于网络学习空间的建设,蓬勃发展,真正为学生的学习服务。

五、单个独立,彼此联系

单个独立,彼此联系具体来说就是微课的系统性原则。我们所说的微课通常指一节单独的微课作品。但微课的教学内容往往只是一连串系统的知识中的一点,如同一串手链中,取出了其中一个珠子。我们在研究一个珠子的同时也不能忘了与其相连的珠子也同样有价值。微课也是如此。针对一系列的知识内容,我们可以开发出相应的一系列的微课作品。各节微课彼此独立但微课间又相互联系。这就需要制作者根据教学大纲、教材内容、教学需要,开发出完整的、连贯的系列微课,以满足学习者学习连贯内容的需要。例如,第二届全国师范生微课大赛作品中的一节微课作品《饮酒·其五》(如图1-19所示),制作者就可以依据这一系列内容制作出《饮酒》系列微课作品,帮助学习者更加连贯地了解作者的写诗意图与诗中所表达的含义。相比于单独一节微课作品来说,一系列微课作品更加完整,也更有意义。

图1-19 第二届全国师范生微课大赛作品《饮酒·其五》

六、及时反馈,持续改进

微课既然作为一种新型教学形式出现并有所发展,必然有其"过人之处"。教材通常有固定的改版审核时间,周期较长,所涉及信息繁多且复杂。而微课允许制作者在较短时间内,多次针对其使用过程中表现出来的教学设计、呈现形式等各个方面的缺点或漏洞,重新制作新的视频进行上传,供学习者观摩学习,周期较短且方便快捷,具有极强的发展性和灵活性。微课制作者应该秉持这一原则,不断精进自己的微课,将新素材、新内容、新形势与微课相结合,不断创新,与时俱进。

第六节　微课的应用及前景

微课作为一种与时俱进的教学形式,具有时代性与前瞻性。越来越多的学者、教师利用微课进行教育教学活动。相信在不远的将来,这一教学形式将得到更加广泛并更为深入的应用,与传统教学紧密结合,并在变革中得到发展。

学者付丽萍等介绍了录屏式微课的优势特点,结合初中信息技术课程和微课的特点,录制了初中信息技术学科中"社团小海报"的微课,旨在提高信息技术教学效率。学者王宁以通用技术中的《结构与稳定性》一课为例,介绍如何进行微课的教学设计,利用 Camtasia Studio 8 软件进行课程录制、编辑、合成与输出的过程。学者蔡旻君等从微课与师生关系的角度提出了"影子教学"的构想。"影子教学"中一个重要的支撑结构就是"影子视频"——将教师在传统课堂上的授课过程进行实录,再取这个大的"影子视频"的精华(即选取对学生学习有实质性帮助的内容)进行加工。

国内的中国微课网、中国大学 MOOC、爱课程等平台将一些优秀微课分类收录整理在一起,便于教师间相互交流,也为学习者寻找微课资源提供了便利。

一、课程应用范围

国内微课的应用实践主要涉及中小学各类学科和高等教育中的部分课程,其中微课在中小学学科课程中实践应用研究占据大部分。

从学科性质来看,微课实践应用研究在文科课程和理科课程中都有,主要涉及小学的语文、英语、数学,初中的信息技术和物理,高中的信息技术课程等多种学科。这些研究通过教学实践来分析微课应用于学科课程教学中所体现的优势和不足,为微课相关研究提供了宝贵的第一手实践资料。

1. 课前学习使用

教师可将具有一定针对性的微课作为学生的自主学习资源,还可以用于课前新知识的预习,让学生将新知识与已有知识结构产生联系,对新知识的学习充满期待,提高学习兴趣,提高教学效率。

2. 课堂学习的使用

教师将微课穿插在传统教学过程之中,转变原有的教学方式,使得教学内容丰富多样,转变学生思维,再次吸引学生的注意力,提高学生学习兴趣,促进知识的构建。

3. 课后学习的使用

传统教学中,对于难以理解的知识点无法做到有针对性的解决,使用微课是一种有效补充。若教师将教学中的重点、难点做成微课,学生就能课后随时观看学习,不限次数,有助于对知识点的理解。

4. 自主学习的使用

微课短小精便、主题明确、占用资源容量小,在当前互联网环境下,学生只要有时间、有精力,就可以观看微课,进行自主学习。

二、微课应用的现行形式

随着微时代的来临与"微学习"的迅速发展,为了推进教育教学改革,借鉴"翻转课堂"与"可汗学院"的成功经验,微课的应用越来越广泛。从教学光盘到平板教学、从幻灯片的播放到慕课的呈现,把传统的课堂带到远程教育、翻转课堂……微课正在逐步向多样化的方向发展。

1. 录播课

录播课就是优秀的教师,将自己的教学视频放在网上,对录播课进行后期加工,让大家更直观、更清晰地理解并且能创造出更多的优秀资源,给师生更多学习共享的机会。随着互联网的发展,录播课模式的优点逐渐显现,而且越来越被广大师生所接受。

微课很大程度上属于录播课,但是又区别于传统录播课。传统录播课大多数以课堂实录为主要形式,时间长而内容繁杂,精彩片段不易定位,学习者只能按部就班地听课,缺少选择的权利,本质上仍是以教师为主体的教学。与其相对应的微课,更像是一种一对一的教学模式,区别于一对多课堂教学,更好地体现了学习者的自主选择性,在较短的时间内讲授一个知识点,学习者也可更快更精准地找到自己的所需与所求。由此得出,微课不但要避免黑板搬家,而且要解决用传统教学很难解决的重点、难点问题。微课具有时间短、制作简单、容量小、易搜索、易传播的特点,适合学习者自主学习、探究学习。

2. 平板模式

现如今,我们的教学手段越来越先进,从笨重的台式电脑到轻便的可携带的笔记本电脑,数字化学习已经成为信息时代学习的重要方式。现在我们可以用平板真正实现随时随地学习,平板已逐步走入我国中小学课堂。平板模式悄然改变着传统的教学模式,它不仅提高了教学过程的效率,也在教师减负、让孩子真正爱上学习等方面起到了关键作用。

平板模式是利用网络进行"双主"(教师主导作用与学生主体作用)教学,利用平板电脑资源开展的教学,根据学生与教师登录网络时间不同分为同步式教学和异步式教学。

(1) 同步式教学:教师和学生在同一时间登录网络,进行网络教学。师生通过平板电脑设备上的资源教育平台进行师生互动。最后教师对学生的平板电脑反馈的学习结果进行检查。教学材料及学生的作业通过平板电脑实时在师生之间进行呈现和传送。

(2) 异步式教学:学生通过平板电脑收看网络课程,将教师授课实录进行播放观看。学习方式自由,可以反复观看。问题通过教育平台发送给老师进行咨询。

作为一种有机组合的教学资源,微课在平板模式中大放异彩。同步式教学中,资源教育平台是平板模式的核心,而微课就是平台中最为重要的组成部分。在大数据技术支持下的资源平台收集了不同地区、不同学科、不同学段的众多微课资源,授课教师在课前就可以根据课程内容与课程目标对不同微课进行有机组合,在任何一个教学环节使用。异步式教学中,学生的主体地位得到充分显现。海量的微课资源,使学生有了不同选择的同时也充分满足了学习的需求,而微课"短小精便"的特点也使学生的学习兴趣得到充分提升的同时,缓解了互联网时代中"微注意力"的情况,学生的学习效率随之大大提高。

目前已经存在平板模式教育的实例,例如由香港言爱基金投资,位于洛阳市嵩县的思源学校。嵩县思源学校是全国两百多所思源学校中仅有的四个平板教学试验点之一。这所学校利用平板电脑与智慧课堂相联系的教学方法,通过教育资源智慧云平台,充分使用微课带来的便利,使学生在学习中占据主导地位。同时,利用智慧教学,教师可以更加全面完善和及时了解学生的学习情况。这大大提高了老师的教学水平和学生对知识的吸收和理解,使得教育质量大幅度提升。

3. 翻转课堂

翻转课堂是指重新调整课堂内外的时间,将学习的决定权从教师转移给学生。在这种教学模式下,课堂内的宝贵时间,学生能够更专注于主动的基于项目的学习,共同研究解决本地化或全球化的挑战以及其他现实世界面临的问题,从而获得更深层次的理解。

教师不再占用课堂的时间来讲授信息,这些信息需要学生在课前完成自主学习。微课时间短,讲授知识点明确,且具备无限制反复的特性,因此它具备了学生自主化学习的可能,只有将学生的被动式学习变为主动式学习才算得上是真正意义上的翻转。教师也能有更多的时间与每个人交流。在课后,学生自主规划学习内容、学习节奏、风格和呈现知识的方式,教师则采用讲授法和协作法满足学生的需要和促成他们的个性化学习,其目的是为了让学生通过实践获得更真实的学习。

三、发展与前景

微课的出现为教育信息化的发展贡献了一定的力量,也为教育教学变革提供了资源支持,还为教师的教与学生的学提供了更好的服务。毋庸置疑,微课这种新型教学资源在丰富学习方式、优化学习体验、提高教学效果、促进教师交流等方面发挥了重要作用,也具有良好的应用前景。

《国务院关于积极推进"互联网+"行动的指导意见》(国发〔2015〕40号)中指出:探索新型教育服务供给方式。鼓励互联网企业与社会教育机构根据市场需求开发数字教育资源,提供网络化教育服务。鼓励学校利用数字教育资源及教育服务平台,逐步探索网络化教育新模式,扩大优质教育资源覆盖面,促进教育公平。鼓励学校通过与互联网企业合作等方式,对接线上线下教育资源,探索基础教育、职业教育等教育公共服务提供新方式。推动开展学历教育在线课程资源共享,推广大规模在线开放课程等网络学习模式,探索建立网络学习学分认定与学分转换等制度,加快推动高等教育服务模式变革。该意见对于"互联网+教育"的指示是十分具有前瞻性的,那么作为"互联网+教育"的重要组成部分,微课程下一步怎么发展?

首先,要明确一点,就是微课程的内容和形式的发展,要注意,内容是核心,内容是主体。千万不要去追求那种漂亮的或者说是有创意的形式,而忽略了内容。但是,好的形式可以提高内容的表达效果。同时,还要注意创意和简易。微课程最好是简明的,越简单越好,学生一看就明白了。那么在这个基础上有新的创意就更好,创意和简明是一对,内容和形式是一对。把这几对矛盾处理好,这是第一个前提。

其次,我们在确保核心竞争力不丢失的前提下,也要利用新技术,建设形成以大数据库为枢纽,集教育活动、教务管理、教学评价为一体的多维互联系统,具体操作就是改良教育体系中现成的大数据库——教务管理系统,通俗意义上讲,就是每个学生的电子档案。该档案记录有学生的成绩、发育情况、家庭情况、就读情况等,出于多方面考虑,国家未将此档案进行公开。笔者认为,如将该档案进一步完善(加入心理测试结果、课堂反馈等)以适应"互联网+教育"的需要,国家先对一批具有优良资质的"互联网+教育"企业或教师进行审核,通过审核后,向其提供学校的学生档案,由企业或教师对其进行研究、探索,制定适合该学校的网络课程,实现学校真正拿到适合自己的优质资源,实现微课质量和效率的进一步提升。如此假想成立,将形成:学校提供一手资料→企业或教师研究并提供精准优质微课→学校享受资源提高教学质量的良性循环,另外有了政府部门的监管,企业和教师也会受到相应的监督,个人的隐私和档案也不会受到泄露。微课教学在现阶段大多是单向输出,没有针对性,不能够完全符合学生学习心理及习惯。而经选择后具有一定针对性的微课可以照顾到大多数学生的学习欲望和习惯,从而增加学生对于微课的兴趣。由单向输出变双向选择是互联网教学要突破的难题之一,更是微课亟待解决的问题之一。

此外,虚拟现实技术也可能是未来微课的发展方向。虚拟现实(Virtual Reality,以下简称VR)技术已可以被消费者真切地体验到,人们看好VR,因为它不仅是一项代表未来的新技术,而且是互联网科技产业链发展同人们日益增加的娱乐需求相交的产物,是顺势而生的新事物。VR的核心价值,是能将视听体验带到一个新高度。

既然现行的微课存在带入性弱、互动性弱等不足,那我们何不将VR技术引入微课教学,使师生通过VR技术实现跨越空间维度上的互联。引入VR技术后,老师可以观察学生上课的一举一动,学生也是如此,也真正意义上实现了教育"言传身教"的本质。虽然VR技术刚刚起步,但拓展其运用至教育,也未尝不可。

思考与练习

1. 简述微课的概念及其特点。
2. 微课的类型有哪些?试述不同类型微课的特点。
3. 简述微课的制作流程。
4. 微课的制作原则有哪些?
5. 简述微课的应用范围。

第二章 微课的基本呈现形式

 学习目标

1. 了解微课的基本呈现形式。
2. 掌握可汗学院式微课、虚拟抠像式微课、课件剪辑式微课、演播室讲解式微课的特点、适用范围。
3. 掌握"手机+白纸"微课制作方式。
4. 掌握课件剪辑式微课的两种制作方式。
5. 了解访谈式微课、讨论式微课、Focusky 动画式微课、二维或三维动画式微课和 H5 微课的特点及适用范围。
6. 能够根据不同课程特点选择合适的微课呈现方式。

 **思维导图**

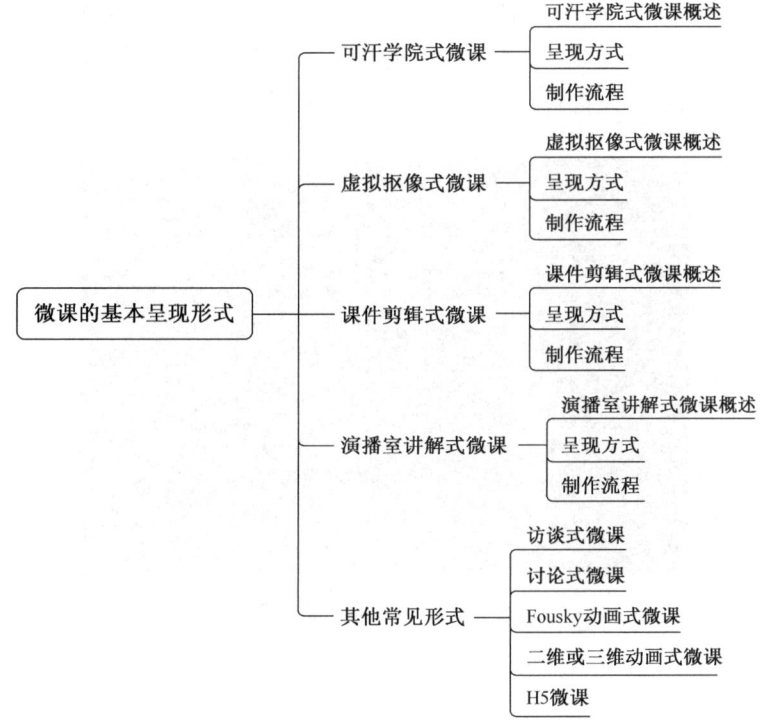

微课的呈现形式多种多样,概括起来可以分成五类:第一类是视频类微课,如可汗学院式、实景拍摄式、虚拟抠像式、电脑录屏或 PPT 录屏式等都属于视频类微课。第二类是音频类微课,它只有声音。第三类是 H5 页面型微课,多半是以 H5 的格式呈现的。第四类是动画类微课,如 Prezi 动画式、Focusky 动画式、flash 动画或 3D 动画式的微课。第五类是静态图文,我们称之为长图文类微课。本章重点介绍视频类微课呈现形式,其他类型简单介绍。

第一节 可汗学院式微课

一、可汗学院式微课概述

(一) 可汗学院式微课的由来

可汗学院(Khan Academy),是由孟加拉裔美国人萨尔曼·可汗创立的一家教育性非营利组织,主旨在于利用网络视频进行免费授课,现有关于数学、历史、金融、物理、化学、生物、天文学等科目的内容,到目前为止,教学视频超过 4800 段,机构的宗旨是向世界各地的人们提供免费的高品质教育,加快各年龄学生的学习速度。该项目由萨尔曼·可汗给亲戚的孩子讲授的在线视频课程开始,迅速向周围蔓延,并从家庭走进了学校。萨尔曼·可汗制作的在线视频课程就是可汗学院式微课的基本形式。

(二) 可汗学院式微课的定义

可汗学院式微课是萨尔曼·可汗及其可汗学院创作的极具个性特点的一类微课作品的统称。可汗学院式微课是教师使用屏幕录制工具将其在数位板、数位屏、电子白板、电视一体机上的所有演示、操作、推导过程及其讲解声音录制成视频,或者用手机、摄像机等记录老师书写或推理的过程,如图 2-1 所示。

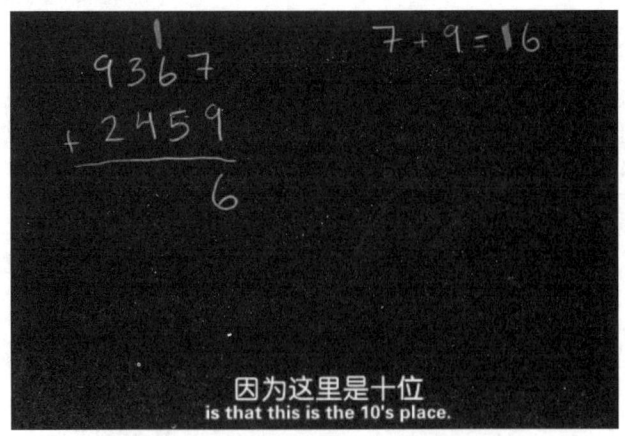

图 2-1 可汗学院式微课

(三) 可汗学院式微课的特点

可汗学院式微课的特点是只闻其声不见其面,教师不出现在微课画面中,它主要通过文字、公式、手绘图形、数字、线条、教学互动等将知识点和思维过程可视化地清晰呈现,辅以恰当的举例、巧妙的提问和风趣、幽默、个性化的语言,吸引学习者,帮助学习者建构知识。

可汗学院式微课另一个特点是制作简单,只需一台电脑外加一个手写板或者手机加白纸就可以制作一节生动的微课,不需要太多的专业技术。

可汗学院式微课的缺点是不够生动,只通过数字、图形呈现教学内容,形式单一,不利于学生注意力的保持。

(四) 适用范围

可汗学院式微课适用于数学推理、计算过程讲解、公式分析、图形设计、绘画等具有缜密的推理和演算过程的课程。

二、呈现方式

可汗学院式微课根据使用设备不同,分为数位板＋录屏软件、数位屏＋录屏软件、电子白板、一体机、手机＋白纸等 5 种方式。[①]

(一) 数位板＋录屏软件录制微课

数位板,又名绘图板、绘画板、手绘板等等,是计算机输入设备的一种,通常是由一块板子和一支压感笔组成。教师可以做到边写边讲,批注、公式、草图内容这些还是像在纸上写字一样手写进去比较舒服。数位板并不能显示图像,必须配合屏幕和主机使用,方便携带,如图 2-2 所示。

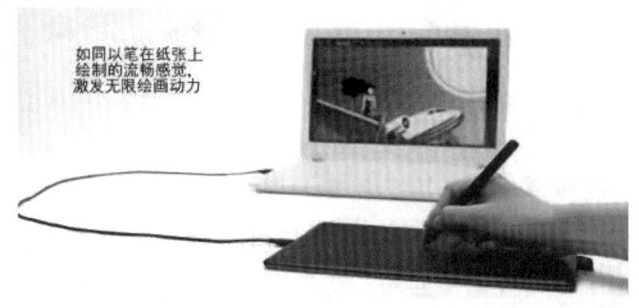

图 2-2 数位板＋录屏软件录制微课

(二) 数位屏＋录屏软件录制微课

数位屏,又名手绘屏、书写屏,是计算机输入兼输出设备的一种。与数位板相比,数位屏本身既可以画图,又可以显示,但还是需要配合主机来使用,如图 2-3 所示。

---

① 刘万辉.微课教学设计[M].北京:高等教育出版社,2015:7.

图 2-3　数位屏＋录屏软件录制微课

（三）电子白板录制微课

电子白板就像一个面积特别大的手写板，可以在上面任意书写、绘画并即时地在 PC 上显示，而且可以实现交互，如图 2-4 所示。

图 2-4　电子白板录制微课　　　　　　图 2-5　一体机录制微课

（四）一体机录制微课

一体机采用触摸屏的形式，可以多点触摸，更加智能。画质高清，可以播放 PPT 等教学软件，极大地方便教师备课。如图 2-5 所示。

（五）手机＋白纸录制微课

手机＋白纸录制微课只需能录像的手机、固定手机的支架、白纸、不同颜色的笔，就可以录制微课。设备容易获得、操作简单、容易上手。如图 2-6 所示。

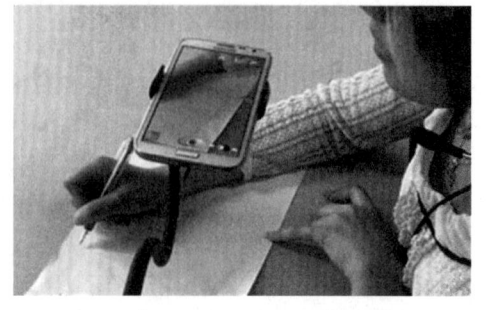

图 2-6　手机＋白纸录制微课

三、可汗学院式微课制作流程

可汗学院式微课通过手写板或交互白板配合使用录屏软件对教学过程进行讲解演示,或者使用手机＋白纸方式录制教学过程,下面我们重点介绍一下手写板＋电脑和手机＋白纸录制微课的制作流程。

(一)"手写板＋电脑"录制微课流程

在微课制作过程中,使用书写的方式讲解推理和演算过程是常用的方式之一。如果在计算机上用鼠标模仿书写过程,难度较大,不容易控制。使用手写板可以在计算机中准确地模仿书写的过程,就像用笔在纸上书写一样自然。

手写板与数位板略有不同,手写板基本上仅限于输入文本或绘图,个别款式具有一些鼠标的功能,它针对普通用户;数位板通常是专业的动漫人员或学习者使用的工具,它的绘图功能是键盘和手写板无法媲美的。手写板要便宜些,其功能可以满足微课制作要求,所以在这里我们选择手写板来录制可汗学院式微课。

1. 设备配置

计算机、手写板(或交互白板)、麦克风耳机,录屏软件,演示软件(如 PowerPoint、画图软件、SmoothDraw、几何画板等)。

2. 准备工作

(1) 音量调节

将电脑输入设置为麦克风输入,调节好音量,麦克风音量要足够大,90％左右即可,音量过高,则噪音比较明显,甚至出现爆音。如果感觉声音不够大,可以设置麦克风加强,具体方法如下:

第一步,右键单击桌面右下角的小喇叭,打开"声音"对话框,如图 2-7 所示。

图 2-7 "声音"对话框

图 2-8 "麦克风属性"对话框

第二步,在"麦克风"上单击鼠标右键,在弹出的菜单中选择"属性",弹出"麦克风属性"对话框。

第三步,在"麦克风属性"对话框中,设置"麦克风音量"和"麦克风加强",如图2-8所示。

(2) 安装设备

将手写板或交互白板与计算机连接好,并安装好驱动程序,调试设备,直到计算机识别该设备并可以同步书写。

(3) 安装软件

在计算机上安装一款录屏软件,如 oCam 或 Camtasia Studio,演示软件可以使用 PowerPoint 或 Windows 自带画图面板,也可以安装 SmoothDraw 或几何画板。

3. 制作流程

(1) 前期准备

选择微课主题,搜集教学材料和多媒体素材,制作相关课件或指定书写步骤。

(2) 录制视频

在计算机上连接手写板及配套的专用笔等,打开录屏软件,戴好耳麦,调整好话筒的位置,调出需要演示的工作界面,启动录屏软件进行录制,按照教学设计,教师使用手写板和演示软件对教学过程进行演示,并配合同步讲解。

(3) 后期编辑

利用视频编辑软件对录制的视频进行剪辑、美化,最终输出视频。

(二)"手机+白纸"录制微课流程

1. 设备配置

智能手机一台、手机支架一个、白纸若干、粗细不同的笔。

2. 准备工作

选择合适的录制环境,要保证录制环境安静;光线要明亮,必要时可使用台灯进行补光。

3. 制作流程

(1) 前期准备

① 选择微课主题,进行详细的教学设计,形成教案。

② 将支架固定于写字桌的左边或前边,手机固定在手机支架上,调整手机高度,手机摄像头观察白纸刚好能呈现在取景框中。

③ 将手机设置为飞行模式,同时开启录像模式。

④ 在桌子上手动画个定位框以辅助录制,防止出界。

(2) 录制视频

单击"录像"按钮,开始录制视频,教师保持坐姿,边书写边讲解,录制完成,点击"停止录制"按钮。

(3) 后期编辑

利用视频编辑软件对录制的视频进行剪辑、美化、添加字幕等,最终输出视频。

4. 注意事项

（1）手机录制方向要根据具体设计要求，设置成横向或纵向，录制过程中尽量不要切换方向。

（2）教师手上尽量不要有装饰物，比如戒指、指甲油，以免干扰学生注意力。

（3）录制过程中，教师要坐姿端正，不要低头，以免遮住摄像头。

（4）使用台灯进行补光时注意光源的方向，不要有阴影。

第二节　虚拟抠像式微课

一、虚拟抠像式微课概述

（一）虚拟抠像式微课的定义

虚拟抠像是指采用绿色或蓝色背景拍摄，在后期处理中将背景处理成透明色，将它从画面中抠去，从而使预置背景显现出来，形成两层画面的叠加合成。这样在室内拍摄的人物经抠像后与各种景物叠加在一起，形成神奇的艺术效果。

虚拟抠像又称绿幕抠像，因为摄像机对绿色是最敏感的，而且绿色对人眼的刺激也比较大，此外绿色和蓝色是人体肤色最少的颜色，在拍摄时多采用绿色背景拍摄，由此虚拟抠像又称绿幕抠像。

虚拟抠像式微课通常运用绿幕拍摄来创造一个虚拟的教学环境或者背景，融合教师真实的教学过程，营造一种真实的师生互动的教学场景。虚拟抠像式微课可以实时更换教学背景或 PPT 页面，也可以将多画面同时展现在同一视频中，增强了微课的画面表现力和张力。

（二）虚拟抠像式微课的特点

1. 丰富的表现力

虚拟抠像式微课画面结构生动，可以实时变换背景，视觉感官新颖。教学表现力丰富，虚拟抠像式微课将教学过程与教学场景有效整合，不但能够调动学生学习的积极性，还可以增加互动，帮助学生更好地理解和吸收教学内容。

2. 突破时空限制

虚拟抠像式微课中教师与场景分离，这样不但可以缩短拍摄时间和制作周期，还可以突破时空限制，大大节约了拍摄成本，因此是目前比较受欢迎的一种制作微课的方式。

（三）适用范围

虚拟抠像式微课适用于特殊规定场景、科普类课程等，可以创设一种真实的教学环境，增强师生互动，营造良好的一对一的学习环境。

二、呈现方式

虚拟抠像式微课呈现方式比较复杂,需要在绿幕背景下拍摄教师教学过程,然后将视频上传到计算机上,利用视频编辑软件对教学视频进行抠图,去除绿色背景,再合成到虚拟的教学场景或教学 PPT 中,如图 2-9 所示,将教师讲课影像与 PPT 合成。

图 2-9 虚拟抠像式微课

三、虚拟抠像式微课制作流程

虚拟抠像式微课将虚拟场景与摄像机现场拍摄的人物活动图像进行实时合成,两者同步变化以获得完美的合成画面。

1. 设备配置

数码摄像机(也可以是电脑的摄像头或手机)、无线话筒、绿幕一块、计算机。

2. 准备工作

(1)设备调试

摄像机使用前要设置拍摄画面比例,一般采用 16:9;分辨率不低于 1280*720;调整白平衡,无明显偏色,多机位拍摄的镜头衔接处无明显色差,保证拍摄图像的色温、亮度、对比度等参数正确。调整话筒位置,保证声音清晰,无杂音。

(2)灯光调试

抠像拍摄对现场灯光要求很高,最简单的就是三点布光。三点布光是创作过程中最常用的一种布光方式,它主要由主光、辅光、轮廓光构成。通常情况下主光与摄像机呈 45 度角,处于视平面斜上方 45 度角的位置,辅助光放置在主光相反的摄像机另一侧同一水平位置,轮廓光一般位于拍摄者正后方的位置,主要用作凸显被拍摄者的头部、肩部轮廓,所以光线相对柔和很多,如图 2-10 所示。布光要尽可能均匀,人像要有轮廓光,这样才能保证抠像效果。

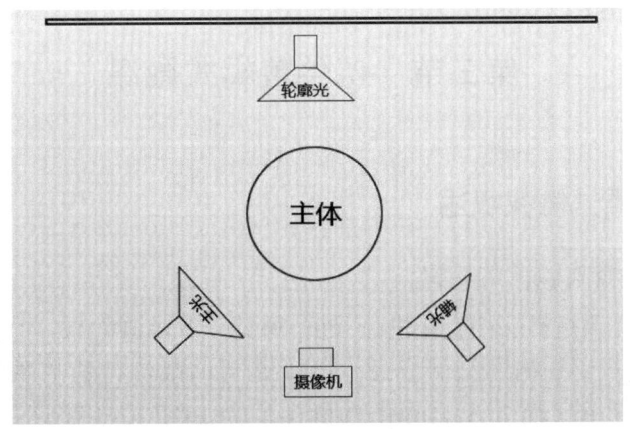

图 2-10 三点布光

（3）绿幕调整

放置绿幕，调整位置，绿幕要平整，可以使用支架进行固定。

3. 制作流程

（1）前期准备

选择微课主题，进行详细的教学设计，以及根据拍摄需要形成拍摄脚本和撰写解说词。拍摄前主讲人需提前熟悉解说词，如果解说词比较多，为了避免出现忘词、错词，可以使用提词器。

（2）录制视频

调整好摄像机角度、焦距，固定摄像机位置，单击"录制"按钮开始录制，教师在绿幕前根据教学设计完成整个教学过程，录制过程中，教师注意不要走出绿幕的范围。拍摄时注意画面构图，保证画质清楚，音质清晰。

（3）后期编辑

虚拟抠像式微课后期编辑非常重要，首先是将拍摄内容做抠像处理，要精心调整抠图参数，既要保证人像色彩正确，又要保证边缘无痕；其次，要设计制作合适的背景、字幕、图像，将人像与之完美重合在一起。

4. 注意事项

（1）拍摄现场光线要柔和、均匀，环境安静、整洁。

（2）话筒最大限度地靠近讲者，尽量隐藏，不在画面中显示。如果使用无线话筒，可以隐藏在衣服里面；如果是台式话筒，把它放置在拍摄范围外且离讲者最近的位置；如果条件允许可以使用挑杆话筒。

（3）拍摄者的衣服颜色尽量跟肤色匹配，衣服要简洁大方得体，不含有绿色修饰元素。

（4）绿幕建议大家不要购买太便宜的，否则有可能到手的绿幕是透光的，到时录下来的绿色不纯，抠图效果不好；绿幕放置时要平整、无明显褶皱，否则也会给抠图增加困难，建议最好购买带边框的绿幕。

第三节　课件剪辑式微课

一、课件剪辑式微课概述

（一）课件剪辑式微课的定义

课件剪辑式微课是将课件直接进行录屏，保持原有动画效果，同步或异步录入语音讲解，并适当剪辑最终输出的微课成品。PPT 是目前最流行的微课制作工具，简单上手，制作空间大，目前市面上 80% 以上的微课均为 PPT 转换微课。PPT 课件制作精美，让人眼前一亮，PPT 动画可以在课堂上快速吸引学习者的注意力，再配合精彩汇报演讲，就可以呈现最佳传播效果，因此 PPT 是最受欢迎的微课制作工具。

此外。随着 PPT 新版本的迭代，PPT 不仅支持触发器交互功能，还可以组合多个动画，因此 PPT 也是目前最常用的动画微课制作软件。

（二）课件剪辑式微课的特点

课件剪辑式微课制作过程简单，教学内容通过可视化方式呈现，更能激发学习者的学习兴趣，让学习者更容易快速掌握知识。

1. 操作简单

课件剪辑式微课最显著的特点是操作简单，便于传播分享，直观讲解能够加深学生对知识的理解和吸收。

PPT 是每一个教师或者职场人士都掌握的工具软件，利用已有的 PPT 加上语音讲解录制成微课，是绝大多数用户制作微课的首选方式，也是最简单的方式。此外，将 PPT 动画操作＋"排练计时"的功能结合起来，再加上精彩的动画、动听的背景音乐，就可以做出一些精致的微课动画作品。

2. 内容直观

一个好的微课课件需要有简洁、舒适且符合视觉化阅读习惯的界面，因此尽量将教学内容进行可视化呈现。课件上的每一页面无论是字体还是图片，小到每张幻灯片字体大小颜色，大到整个课件的版式及配色都是高度统一的。课件整合文字、图像、动画、视频、音频等多媒体元素，通过最佳的媒体组合方式呈现教学内容，直观形象、一目了然。

3. 效果良好

微课的质量主要取决于对其进行的教学设计，合理的教学设计是保持我们学习者有意注意的最佳方式。课件剪辑式微课无论是课件制作过程中，还是讲解演示中，都加入了教师的教学设计。因此，课件剪辑式微课能够很好地突出教学重难点，抓住学生的注意力，取得预期的教学效果。

（三）适用范围

课件剪辑式微课适用于以多媒体演示为主的课程。

二、呈现方式

课件剪辑式微课最便利的制作方式是 PPT 直接讲解或演示,所以它的呈现方式是课件加同步解说,如图 2-11 所示,教师和学生都不出镜,因此课件的质量决定了微课的好坏。好的课件就是生动有趣的画面配上精彩的解说,教师需要根据学科特点和学习者特点,尽可能地使用最直观的表现媒体呈现教学内容,再根据教学设计配上富有感染力的解说,就是一门优秀的微课。

图 2-11 课件剪辑式微课

三、课件剪辑式微课制作流程

课件剪辑式微课的制作方式相对简单,可以声画同步录制,也可以采用先音后画的录制方式。声画同步即录制课件的同时同步讲解,得到高度同步的画面和音频,减少后期声画同步的步骤和后期剪辑的工作量,可以快速生成微课。这种方法对录音环境要求较高,制作步骤相对简单。先音后画即先录制讲解音频,再根据讲解音频录制课件播放视频,最后使用视频编辑软件将音频和视频进行同步,输出视频。先音后画的录制方式教师每次只需完成一个任务,避免出错,制作效率更高一些。

下面我们重点介绍一下声画同步录制微课的两种方法,一种是采用 PPT 中自带的"录制演示文稿"功能录制微课,一种是使用录屏软件录制微课。

(一)课件转换视频

利用 PowerPoint 2010 及以上版本自带的"录制幻灯片演示"功能,边演示边讲解,然后直接导出视频,后期适当编辑,这是目前最简单的微课制作方式。

1. 设备配置

计算机、麦克风耳机、演示软件(如 PowerPoint 2010 及以上版本均可)。

2. 准备工作

将电脑声音输入设置为麦克风,调整好麦克风音量,具体设置参考图 2-7、2-8;调出要讲解的课件,调整好界面显示。

3. 制作流程

（1）前期准备

针对选定的教学主题，进行教学设计，明确目标，确定教学内容和课件框架结构。搜集教学材料和媒体素材，具体方法可参考本书第三章。选择熟悉的软件制作课件，注意课件文本内容的加工，保证课件的简约性和实用性，同时注意课件的美化，保证视觉美观；文本内容过多影响信息传递，将文本内容转换为直观生动的图表，可以更有效地传递信息。课件的美化设计是一门艺术，需要通过整体设计统一课件风格，注意字体的选择、颜色的搭配、版式的设计等问题。

（2）录制视频

利用 PPT 的录制幻灯片演示功能开始录制，教师讲解并演示课件。

第一步，选择 PPT 中"幻灯片放映"—"录制幻灯片演示"菜单命令，在弹出的下拉菜单选择"从头开始录制"，如图 2-12 所示，勾选"播放旁白""使用计时"以及"显示媒体控件"复选框，即可逐页录制幻灯片。

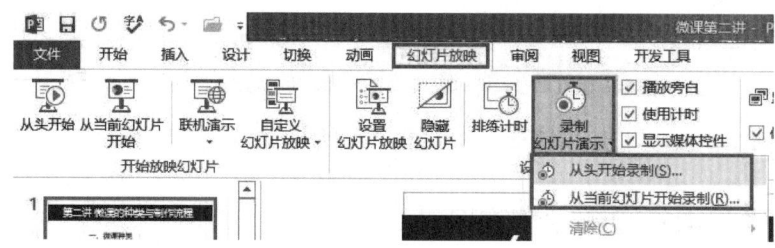

图 2-12 录制幻灯片演示设置

第二步，教师边播放边讲解，完成录制后，单击"文件"—"导出"—"创建视频"命令，如图 2-13 所示，输出视频。

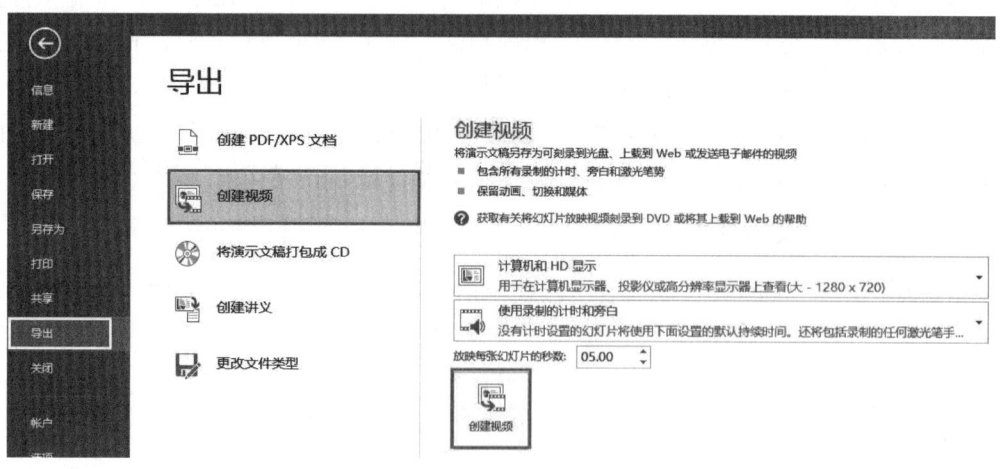

图 2-13 输出视频

(3) 编辑美化

教师边播放边讲解,难免出现手忙脚乱、卡顿、口误或口头禅等情况,因此在编辑视频时,要去掉杂音或与讲授无关的声音,必要时可重新录制。在编辑过程中要保证声画同步,播放流畅,过渡自然。

(二) 录屏软件＋课件

演示课件并进行屏幕录制,辅以录音和字幕。

1. 设备配置

计算机、麦克风耳机、录屏软件(如 Camtasia Studio、oCam 或超级录屏)。

2. 准备工作

将电脑声音输入设置为麦克风,调整好麦克风音量;调整电脑的屏幕分辨率,屏幕分辨率过大会导致视频文件过大,不便于网络传输,建议屏幕分辨率调整为 1024＊768 或者 1280＊720;调出要讲解的课件,调整好界面显示。

3. 制作流程

(1) 前期准备

选定教学主题,进行教学设计,搜集素材,制成课件。

(2) 录制视频

第一步,启动录屏软件,设置录制屏幕。

第二步,进入屏幕录制界面,设置录制选项,单击"录制"按钮。

第三步,根据需要,选择幻灯片或录制场景,主讲人一边演示课件,一边讲解。

第四步,录制完成,停止录制,预览效果。

第五步,选择保存路径,设置文件名,保存录制文件。

(3) 编辑美化

对录制的视频用编辑视频软件进行适当的编辑和美化。

4. 注意事项

(1) PPT 页面设置为 16∶9,更适合内容的放置与播放。

(2) 在幻灯片演示过程中,移动鼠标可以引起学习者注意,鼠标点击速度不能过快,要有适当停顿,不要晃动鼠标。

(3) 针对小学生的认知特点,建议 PPT 画面要简洁,色彩丰富,用鲜明的色块装饰文字,多采用多图少字的画面结构。

(4) 讲解避免照本宣科,语调略快且要富有变化。

(5) 话筒放在离嘴远一点靠下的位置,不要太近,避免把爆破音和杂音录进来。

第四节　演播室讲解式微课

一、演播室讲解式微课概述

（一）演播室讲解式微课的定义

演播室讲解式微课是指在一个固定的场地，搭配各种布景以及精美的灯光，录制教师讲解过程或教学过程的一种视频课程。当然，根据不同的节目风格以及预算，演播室呈现在画面中的感觉也不一样。演播室讲解式微课可以根据不同的课程呈现不同的教学场景，还会在屏幕下方提供同步字幕显示，某些情况下还会展现出教师远景和近景镜头的切换，以加强画面的动态变化性，吸引学习者的注意力。

（二）演播室讲解式微课的特点

演播室讲解式微课的特点是针对性、感染力强，真实直观，通过营造真实的课堂氛围，增强师生互动，有助于情感态度价值观目标的实现。缺点是制作成本高。

（三）适用范围

演播室讲解式微课适合人物访谈、专题探讨类课程。

二、呈现方式

演播室讲解式微课通过演播室制景或实景拍摄的手法，现场实地，多机位拍摄切换，后期经过剪辑特效包装，最大限度还原真实授课场景，如图 2-14 所示。

图 2-14　演播室实录制作方式

三、演播室讲解式微课制作流程

1. 设备配置

演播室、摄像机、无线话筒、专业灯光等。

2. 准备工作

(1) 设备调试

为保证录制效果,对摄像机、话筒等设备预先进行调试,保证拍摄画面质量,保证声音清晰,无杂音。

(2) 灯光调试

要保证布光均匀,人像要有轮廓光,可采用三点布光,如图 2-10 所示。

3. 制作流程

(1) 前期准备

选择微课主题,并进行教学设计,形成教案。

(2) 录制视频

技术人员利用多台摄像机将主讲人讲解的整个过程拍摄下来,或者采用现场切换方式,将多机位摄像信号与电脑信号进行选择,现场制作视频。

(3) 后期编辑

将拍摄的视频做剪辑处理,插入相关字幕、图像或演示文件,最终制作出视频。

第五节　其他常见形式

一、访谈式微课

1. 概念

访谈式微课是指师生采用面对面采访的形式录制的微课。

访谈式微课基于真实的场景,通过访谈的形式使学习更加具有参与感和互动性。这种微课形式新颖有趣,层次分明,更符合学习者的心理特征。

2. 特点

(1) 真实性

访谈式微课的特点是师生共同出镜,教学过程真实自然,可以获得较为真实的信息。访谈法直接进行语言交流,采用一问一答的方式,被访者需要在很短时间内对问题做出回应,无法进行长时间的思考,这时他们做出的回答往往是出于自发性的反应。

访谈式微课可以灵活地安排访谈的内容、时间及提问的次序,能有效避免其他因素的干扰,有利于被访者客观地回答问题。

(2) 深入性

访谈式微课采用面对面方式访谈,研究者可以适当引导和进一步追问,与被访者探讨一些深层次的问题。此外,访谈中研究者可以观察被访者的表情、动作等肢体行为,以此来了解被访者当时的心态。

(3) 灵活性

在访谈过程中,研究者可以根据被访者的具体反应对提纲进行调整或完善,如果被访者对提问的含义没有领会清楚,误解题意,研究者也可以进一步对问题进行解释说明。

访谈式微课拍摄过程中可以根据需要变换场景,使教学场景服务于教学内容。

访谈式微课的缺点是制作技术要求较高,制作周期长,制作成本高,如果处理不好很难摆脱传统课堂的影子。

3. 呈现方式

访谈式微课是通过摄像机在特定的场景下,采用一问一答形式的教学过程,对场景及教学设计要求较高。教学场景可以是真实的场景,如教室、图书馆、演播厅等,也可以是虚拟教学场景。

4. 适用范围

访谈式微课适用于教育调查、求职、咨询等,既有事实的调查,也有意见的征询,更多用于个性、个别化研究。

二、讨论式微课

1. 概念

讨论式微课主要是教师主导,对学生的思维加以引导和启发,学生则是在教师的指导下进行有意识的思维探索活动。[1]

教师针对教学需要,对学生进行引导和启发,学生通过"明确问题—思考问题—探索问题—解决问题"的思维探索活动进行学习。讨论式微课是学生在教师的指导下为解决某个问题而进行探讨、辨明是非真伪以获取知识。

2. 特点

(1) 能充分调动学生的学习主动性和积极性

讨论式微课充分体现了"教师主导,学生主体"的教学思想,学生既是信息的接收者,也是信息的发出者,学生的思维不受教师的限制,为了证明自己的观点,他们积极、主动地去准备资料,进行思考。

(2) 有利于培养学生独立思维能力

在讨论式微课中,学生对已有的知识进行分析、加工、推理、论证,在短时间内明确问题、分析问题、解决问题,以达到学习目的。整个思维过程需要学习者独立完成,能有效地培养和提高学生思维的敏捷性、灵活性和独立性。

(3) 有利于培养学生的口语表达能力

学生参与到讨论式微课教学过程中,讨论的过程就是学生阐述自己的观点和驳斥

---

[1] 刘万辉. 微课教学设计[M]. 北京:高等教育出版社,2015:9-10.

对方观点的过程。整个活动过程不但要求学生思维敏捷,而且能够准确、清晰、全面地表达自己的观点,此外,学生在讨论中听取别人的发言并做比较,取长补短,扩大视野,有利于培养学生的口语表达能力和人际交往能力。

3. 呈现方式

讨论式微课中,教师和学生同时出镜,通过讨论的方式完成教学过程。讨论式微课可以是一个老师与两个或者两个以上的学生讨论,可以是整个讨论过程,也可以是部分引用。

4. 适用范围

讨论式微课适合人文和社会科学课程教学,讨论能使学生彼此启迪,深化认识。但讨论不适宜低年级的或心理发展水平尚低以及缺乏有关知识背景的学生,也不适宜某些学科(如数学、语言等)的基础内容的教学。

三、Focusky 动画式微课

1. 概念

Focusky 动画演示大师是一款免费的幻灯片、微课及动画视频制作软件,可以轻松导入 PPT,所有操作即点即得,能轻松创建思维导图风格的动态幻灯片。Focusky 的切换方式模仿电影视频转场特效,加入 3D 镜头缩放、旋转和平移特效,让演示文稿更加生动形象。

Focusky 动画式微课属于录屏类微课的一种形式,除了内嵌动画平移、缩放和旋转外,支持图片、视频、PDF 等各种媒体素材的嵌入,Focusky 可以自动生成视频格式,也可以输出 *.exe,*.app,*.zip 格式,无须下载其他软件便可离线播放。

2. 特点

Focusky 动画式微课最主要的特点是简单易用。Focusky 拥有丰富的模板库,并进行了详细的分类,各种不同类型、不同风格的模板适用于不同的场合,基本可以满足我们日常学习工作中的大部分需求。

Focusky 动画式微课最明显的优点就是通过缩放式用户界面,让观众的注意力从整体到局部,再从局部到整体,并做出 3D 的效果。旋转移动使动画更生动有趣,带入感更强烈。

3. 呈现方式

Focusky 动画式微课先制作图文并茂的演示文稿,配上解说和字幕,然后生成视频的过程,如图 2-15 所示。

4. 适用范围

Focusky 动画式微课操作简单,动画效果生动有趣,适合各种类型的课程。

图 2-15 Focusky 动画式微课

四、二维或三维动画式微课

1. 概念

二维或三维动画式微课主要指 Flash 动画或 3D 动画式微课,微课设计者根据教学需求,设计角色和场景,然后进行拍摄和编辑,最终生成二维或三维动画形式的微课视频。

二维或三维动画式微课打破了传统课堂讲课的方式,让优质的教育资源得到充分的利用与整合,学生学习也更加轻松有效。Flash 动画和 3D 动画通过演算功能实现一些几何体、方位、颜色的过度变化,制作简单快捷,应用在微课件制作中能够丰富教学内容,帮助学生更好地理解信息。

2. 特点

二维或三维动画式微课最大的优点是制作过程安全、节省开支,有交互性。通过这种类型的微课可以让学生了解真实世界中无法实现的危险性操作,而且二维或三维动画式微课在制作过程中能够及时纠正制作中的疏漏和不符合教学意图的地方,先把动画扫描进电脑,再使用软件进行上色、编辑、合成、配音等完成制作。通过多种元素的融合增强了微课件制作的趣味性和吸引力,从而更好地达到教学目的。

二维或三维动画式微课适合在网上传播和跨媒体传播,能够实现网络互动的功能,具有很高的实用性价值。

3. 呈现方式

二维或三维动画式微课通过确定动画剧本和分镜头脚本、设计绘制动画人物、制作动画和剪辑配音等步骤,而后制作成微课视频,如图 2-16、2-17 所示。

4. 适用范围

二维或三维动画式微课适合制作低年级微课和动画演示类的微课,这类微课对技术的要求较高,一般都是团队制作。

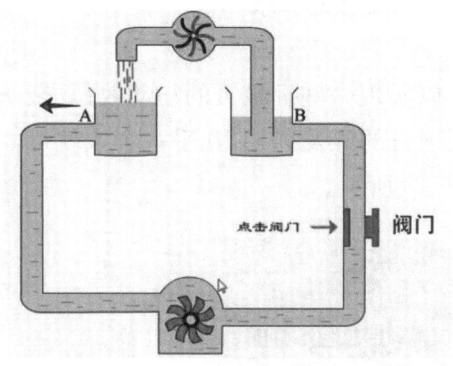 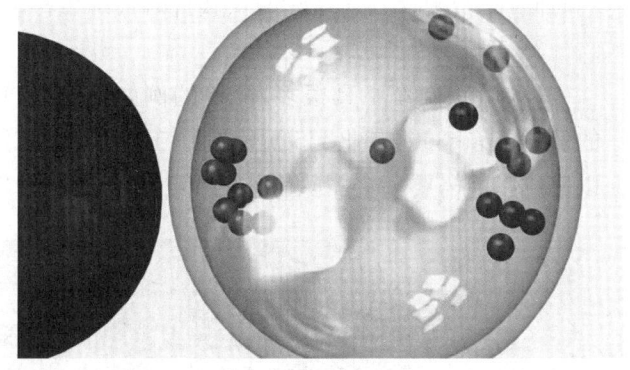

图 2‑16　二维动画式微课《电流的形成》　　图 2‑17　三维动画式微课《3D 电势差动画微课》

五、H5 微课

1. 概念

H5 微课也称为 H5 页面型微课,就是由很多网页组成的微课。

H5 是 HTML5 的缩写形式,HTML5 是一个技术标准,是万维网的核心语言 HTML 的第五次重要修订。HTML5 作为新生一代的 web 语言,实际指的是包括 HTML、CSS、JavaScript 在内的一整套技术组合。

在一个典型的 H5 微课中,我们可以有文本、图片,还可以有视频和交互。显然,H5 微课使得学习内容的表现形式变得更加丰富,能极大地提升学生学习兴趣,增强学习效果。H5 微课体积小,便于网络传输,适宜在微信、QQ 等渠道进行浏览、分享及收藏等。

2. 特点

(1) 交互性

H5 微课最大的魅力在于交互,可以制作出交互微课。在开发设计微课时,教学设计人员可充分发挥出这一技术优势,结合内容特点,设计一些学习交互点,提升学员的学习参与度。

(2) 可扩展性

在观看 H5 微课时,系统可以做更多的数据分析,从而在未来帮助学生做更大的个性化改进。此外,系统后台可以根据学员的阅读时间、互动操作、答题准确率等进行统计,从而对学习效果做出更专业的评价,而视频课件难以获取这些信息。

(3) 体积小,便于传输

H5 微课尺寸小,在下载速度、流量费用、占用硬盘尺寸等方面的优势都将是显而易见。H5 微课一般由若干网页和语音旁白构成。按照录课经验,15 分钟图文并茂含动画,附加语音旁白的课件,整体大小不会超过 10 M。只有视频课件的 1/6。同时由于是矢量化的存在,即使放大了也不失真,质量超高清。

H5 微课能支持跨平台、跨分辨率、终端自适应学习,有助于在不同学习终端获得一致的良好学习体验。H5 在终端设备上有更好的体验和交互,节省了老师制作课件的时间,完全契合当前互联网+教育时代师生移动学习、交互的需求。

3. 呈现方式

H5微课制作工具很多,简单的例如易企秀,可以实现一些翻翻页的小动效;复杂的例如Epub360,专业H5页面制作工具,大大缩短项目的开发周期,几乎一个人就可以完成以前需要一个团队制作的H5项目。如图2-18所示。

图2-18 H5微课案例图

4. 适用范围

H5微课适合讲解演示类的微课,不适合实际操作类的课程如音乐教学、劳技实操等。

思考与练习

1. 简述可汗学院式微课的呈现方式。尝试使用其中一种方式录制一段2～5分钟的微课。
2. 简述虚拟抠像式微课的特点及适用范围。
3. 课件剪辑式微课制作方式有哪些?选择一种方式录制一段3～6分钟的微课。
4. 简述演播室讲解式微课的特点及适用范围。
5. 简述访谈式微课的特点及适用范围。
6. 简述讨论式微课的特点及适用范围。
7. 简述Focusky动画式微课的特点及适用范围。

第三章
微课素材的获取和处理

学习目标

1. 掌握不同类型微课素材的特点。
2. 掌握在 PPT 中处理文本素材的常用方法。
3. 掌握在 PPT 中处理图片的方法。
4. 掌握 SnagIt 和 oCam 录制视频的方法。
5. 掌握 Goldwave 处理音频的方法。
6. 掌握视频和动画的获取方法。
7. 掌握格式工厂处理视频的方法。
8. 能够根据微课制作要求处理相应的素材。

思维导图

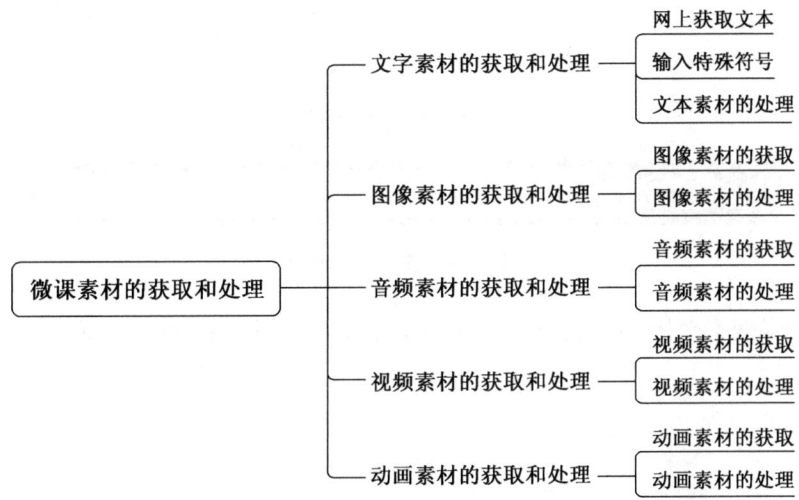

微课是由文本、图形、图像、动画、音频、视频等元素构成的有机整体。微课制作需要搜集不同类型的素材，不同类型的素材获取的方式不尽相同，而获取原始素材常常不符合微课制作的要求，需要进行一定的编辑处理，因此各种素材的获取和加工成了微课制作的关键。

第一节　文字素材的获取和处理

一个优秀的微课,文本内容不可或缺,如片头的课题、教材版本等信息,微课中添加字幕说明等内容需要由文字展现出来,文字具有概括性和抽象性,当图像和声音是微课的主要表现形式时,文字能弥补图像和声音的不足,所以恰当地使用文本,将会提高微课的整体品质。

一、网上获取文本

微课的文本素材可以自己编辑,也可以从网络上获取。从网络上获取文本虽然可以节省时间,但是要注意鉴别内容的真伪,更要注意版权问题。

从网络上获取文本,首先选择搜索引擎,如百度、Bing、搜狗等。百度作为较大的中文搜索引擎,提供了在线文档分享平台——百度文库;Bing(必应)是微软公司推出的全新搜索引擎,搜索更加精准,而且还给出了"相关搜索"菜单;搜狗搜索支持微信公众号文章搜索和知乎搜索,进行格式搜索后可以直接下载。其次,输入关键词进行搜索,关键词越具体,搜索结果越精准。最后是选择合适的方法进行下载。

下面以获取百度文库文本信息为例介绍获取的方法。

(一)基本方法

(1)进入百度文库。打开浏览器,输入网址 wenku.baidu.com,按 Enter 键进入百度文库首页。

(2)注册、登录。单击"注册"按钮,根据页面提示进行注册百度账号,注册后登录账号。

(3)输入搜索关键词。在搜索栏输入关键词,如图 3-1 所示。

图 3-1　搜索文本内容

(4)选择搜索范围、格式、时间。在搜索结果页面进一步确定文本内容,如图 3-2 所示。

图 3-2　筛选搜索内容

（5）下载内容。单击"下载"按钮，进入下载页面，选择"另存为"命令，选择保存位置并命名文件，然后保存即可。

(二) 百度快照

百度文库下载文本，有的需要下载券，可以通过做任务或开通文库 VIP 获取下载券。如果不想通过下载券或付费下载，可以试一下使用"百度快照"下载。

具体方法：在百度搜索框中输入关键词"site：wenku. baidu. com＋（或空格）文档标题"，在搜索列表中找到需要的文档，单击"百度快照"进入显示页面，选中文本，复制粘贴到 word 中即可。如图 3-3 所示。

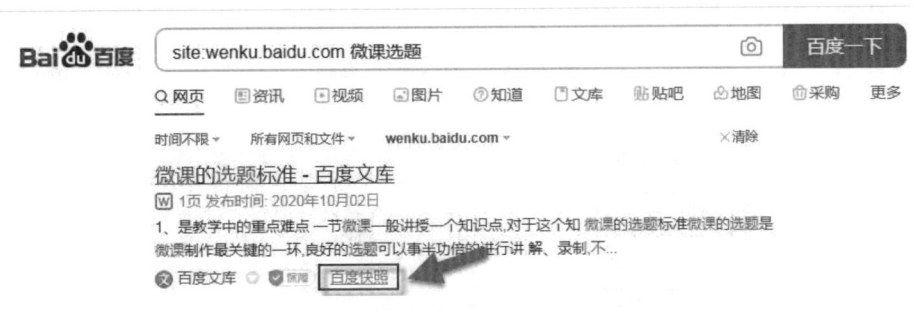

图 3-3　使用"百度快照"下载文本内容

二、输入特殊符号

在制作数学、物理、化学等学科微课时，经常需要输入一些公式和特殊符号，一些常用的特殊符号可以直接通过键盘、软键盘输入。对于复杂的公式，则需要通过插入公式命令来完成。如在 PowerPoint 中插入公式，单击"插入"—"公式"，启动"公式"工具箱，如图 3-4 所示，使用"公式工具"编辑公式，点击公式或符号即可插入幻灯片中。

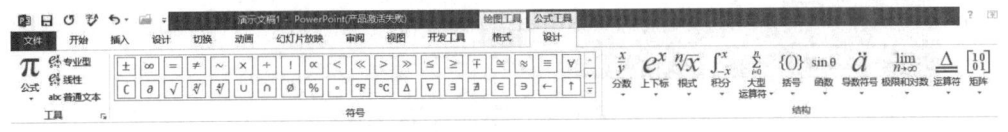

图 3-4　PowerPoint 2013 公式工具

在小学语文课件中常使用带声调的汉语拼音，在 PPT 中插入带声调的汉语拼音方法有两种，一是"插入符号"法。选择"插入"—"符号"菜单，弹出"符号"对话框，设置字体为"新宋体"，滑动滑块找到带音调的字母，点击插入即可，如图 3-5 所示。二是"软键盘"法。在输入法的软键盘上单击，在弹出的菜单中选择拼音，打开"拼音"键盘，点击即可输入带声调的字母，如图 3-6 所示，也可以使用这种方法输入"数学符号"和"特殊符号"。

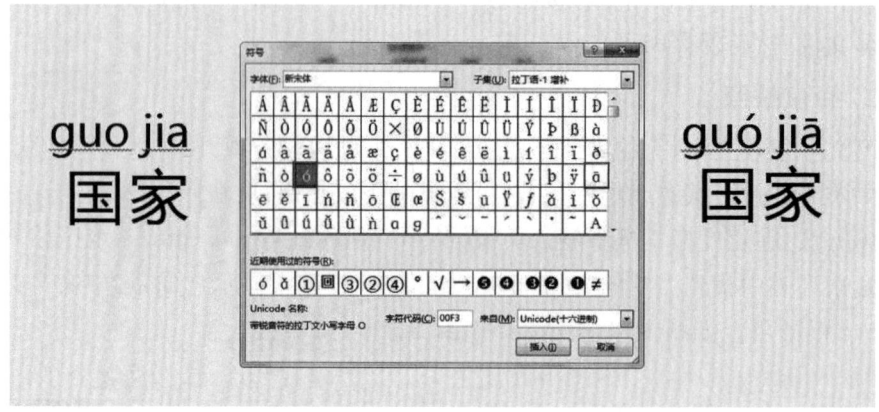

图 3-5 "插入符号"法

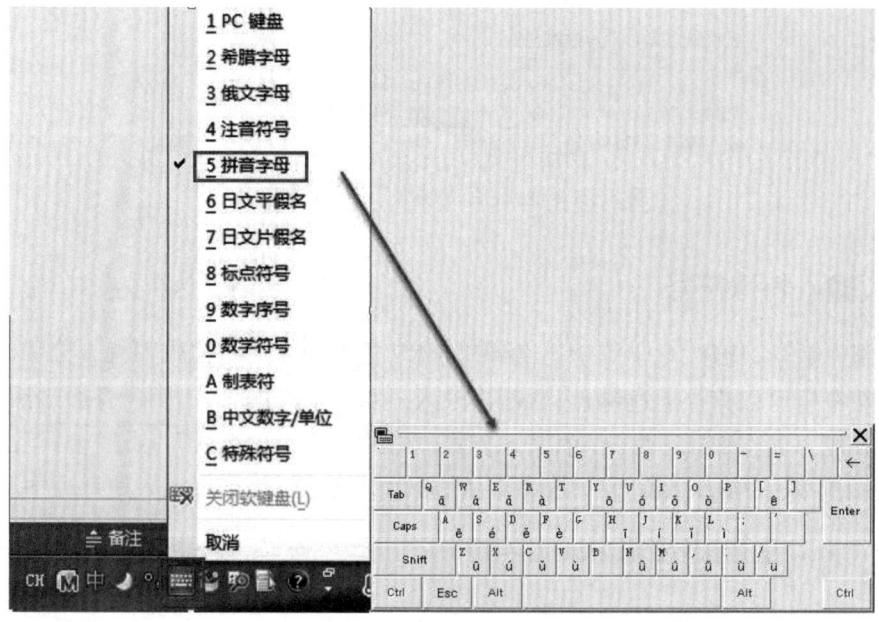

图 3-6 "软键盘"法

三、文本素材的处理

微课中添加的文本素材,对大小、颜色、位置都有很高的要求,不仅让学习者感官舒适,而且要有利于学习者的学习,所以文本的风格必须与主题保持一致。

(一)设置文字的格式

直接输入文字采用的是默认格式,需要更改字体、字号和颜色。微课中标题文本的字体可以采用与主题内涵相匹配的艺术字体,这样不仅表达了主题,而且能起到美化的作用;微课中正文文本字体推荐使用非衬线字体,如微软雅黑,非衬线字体开始和结束的地方没有修饰,笔画粗细差不多,更容易识别。微课中文字的字号要足够大,一般标题用 44 或 40 号,正文用 32 号,最好不要小于 24 号,同级别字号大小一致,强调文字字号至少要加大 4 磅。微课中文字的颜色既要与背景色成明显的对比,又要与主题相适应,不能过于花哨。

(二) 特效文字

微课对标题文本的处理除了使用艺术字体外,也可以制作成特效文字,如渐变字、双色字、图片文字等。下面介绍两种特效文字的制作方法。

1. 双色字

(1) 打开 PowerPoint 2013,插入文本框,输入"微课设计与制作",字体"微软雅黑",字号 96,加粗。

(2) 选中文字,单击鼠标右键,在弹出的快捷菜单中选择"设置形状格式"。

(3) 选择"文本填充"—"渐变填充",类型"线性",角度 135°,渐变光圈 5 个,分别是"黄—黄—红—红—黄",如图 3-7 所示,最终双色字效果如图 3-8 所示。

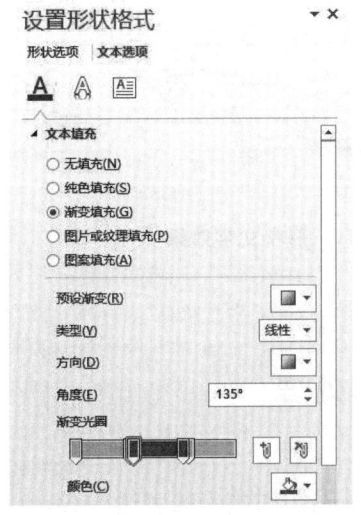

图 3-7 "双色字"形状格式　　　　　图 3-8 "双色字"效果

2. 图片文字

(1) 打开 PowerPoint 2013,插入文本框,输入"荷塘月色",字体"微软雅黑",字号 120,加粗。

(2) 选中文字,单击鼠标右键,在弹出的快捷菜单中选择"设置形状格式"。

(3) 选择"文本填充"—"图片或纹理填充",插入图片来自"文件",选择图片即可,如图 3-9 所示。

图 3-9 "图片文字"效果

(三) 改变文本形状

使用文本框输入文字,默认方向为水平或垂直效果,如果想改变文字形状,只需为文字添加"文本效果"—"转换"—"跟随路径",如图3-10所示,在"跟随路径"中选择"圆"的效果,如图3-11所示。

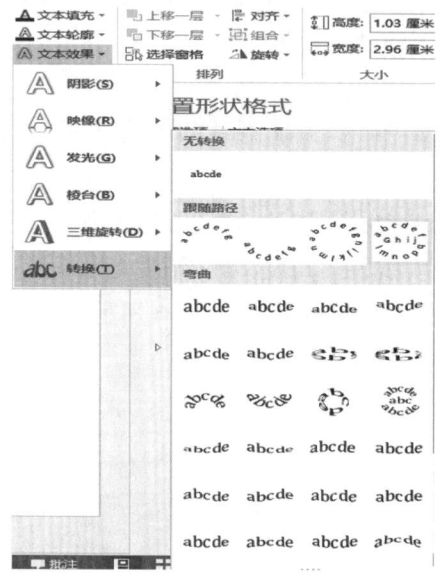

图3-10 "文本效果"对话框

图3-11 形状文字效果

第二节 图像素材的获取和处理

图像是微课制作中最重要的媒体形式之一,是学生最易感知和接受的表达方式,也是分析教学内容、解释概念及现象最常使用的媒体形式。图像可以生动、直观地表现教学信息,帮助学习者分析、理解教学内容,能对学习者产生快速的、直接的影响,表达方式倾向于外露。利用图像的这种特性可以弥补文本素材在信息表达上的不足。图形是PPT课件中常用的元素之一,它不仅能够展示空间逻辑关系,而且可以修饰和美化页面,因此图形、图像是微课制作中不可或缺的元素。

一、图像素材的获取

图形、图像的获取有多种方式,可以网上下载,可以从电脑上截取,也可以通过手机、数码相机拍照和扫描仪直接采集。

(一) 网上下载图片

好图胜千言,一张好的图片会讲故事,可以节约大量的文字去交代背景,从而节约了沟通的时间。一张好的图片最基本要满足三个条件:高清、无水印、合适,除此之外还要有美感,最好还要有创意!

1. 图片的搜索

那么怎样在网上找到一张好图呢?

首先,选择一个合适的网站,如中文图片网站有昵图网、花瓣网、摄图网、素材天下、千库网等,付费网站全景网;外文图片网站有免费图库 Pixabay、Pexels、Gratiso,付费网站 500px。

其次,掌握搜图方法,搜图方法很多,这里主要介绍四种方法。

(1) 联想思维搜索

联想思维搜图就是为你需要的图片,想出确切的关键词。如,找一张代表时间的图片,我们可以对时间化抽象为具体,会联想到"钟表",在百度图片中以"钟表"为关键词搜索的结果,如图 3-12 所示。

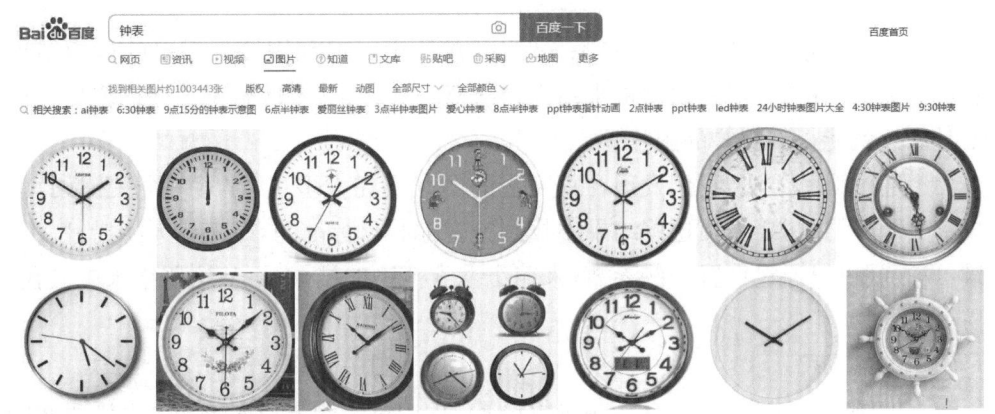

图 3-12 以"钟表"为关键词搜索结果

(2) 组合关键词搜索

如果感觉图 3-12 搜索结果没有新意,可以使用组合关键词搜索。组合关键词搜索即用多个关键词来搜索,关键词越具体,搜索结果越精确。试试搜索"创意钟表""简约钟表""创意鼠标"看看,以"创意钟表"为组合关键词搜索的结果,如图 3-13 所示。如果需要大图,不妨试试"高清"或者"壁纸",如图 3-14 所示。

图 3-13 以"创意钟表"为关键词搜索结果

图 3-14　以"钟表壁纸"为关键词搜索结果

检索比较抽象、概念模糊、不熟悉等图片时,我们可以利用搜索引擎的检索结果初步确定大致的关键词,然后根据检索结果再次修正关键词,多次修正关键词之后再进行检索时往往就能得到想要的图片了。

无论通过哪种方法,我们发现在百度上的图片实在太多了,搜索一个关键词,就出来成千上万个结果,要想在这些结果中找到符合你心目标准的,简直如大海捞针。那这时候,我们就可以通过设置一些参数,来缩小搜索范围的结果,再从这些结果中去找,就容易很多了。

（3）高级搜索

在百度图片搜索栏下方,有一些参数设置,我们可以设置这些参数,调整搜索的结果。在全部尺寸方面提供了 4 个尺寸可供选择,也可以设置自定义尺寸,选择"特大尺寸"的搜索结果如图 3-15 所示,搜索的图片数量是原来结果的 1/10。再来看尺寸旁边的颜色,在颜色这方面,提供了 12 种颜色选项,如果你想找某种色系的图片,选择相应的颜色,结果就会改变,如图 3-16 所示,选择"黑白"颜色结果只有 99 张图片。

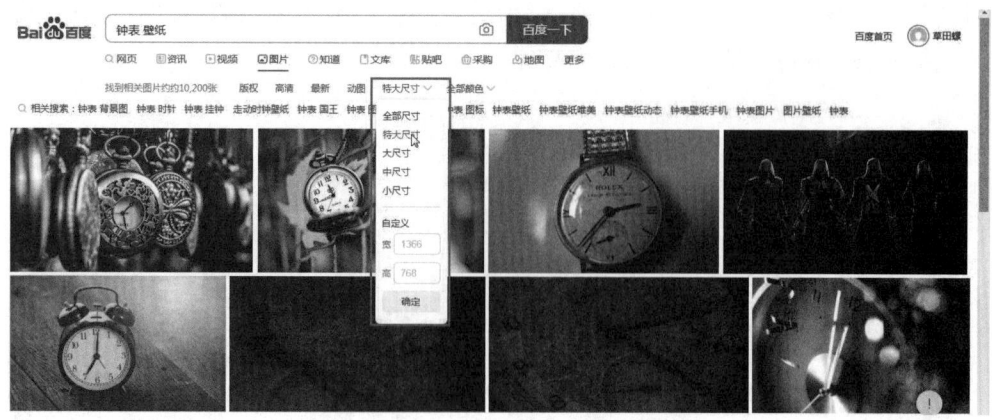

图 3-15　"特大尺寸"的搜索结果

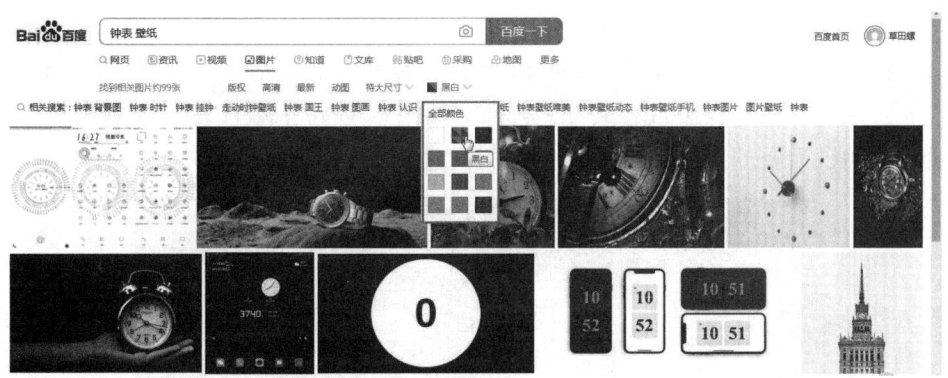

图 3-16 "黑白"颜色的搜索结果

(4) 以图搜图

有时候,我们找到的某张图片太小,不符合我们的要求,或者想找跟这张图片风格相近的图片,这时候我们就可以通过以图搜图的方式去找。

比如说,在百度上搜索大海,我挺喜欢下面这张图片,如图 3-17 所示,但是图片的尺寸太小了,想要一个大尺寸图片。这时候,我们可以先把图片保存到本地,然后打开百度图片,在搜索框的右边有个照相机的小图标,如图 3-18 所示,点击图标,上传图片,进行图片搜索。在搜索结果中,可以看到这张图片的名字,以及出处,如图 3-19 所示,还出现了尺寸为 2180×1547 的图片。不仅如此,通过相似图片,我们还能找到与这张图片风格相近的图片,其中可能会有比刚才那张更好的图片出现。

图 3-17 "大海"小图　　　　　图 3-18 以图搜图

图 3-19 以图搜图"大海"结果图

2. 图片的下载

找到图片后,右键单击图片,在弹出的快捷菜单中选择"图片另存为",如图 3‐20 所示,根据提示选择保存位置和文件名,单击"保存",即可下载图片。下载图片时注意图片版权,如果需要商用的话要选择付费的正版素材。

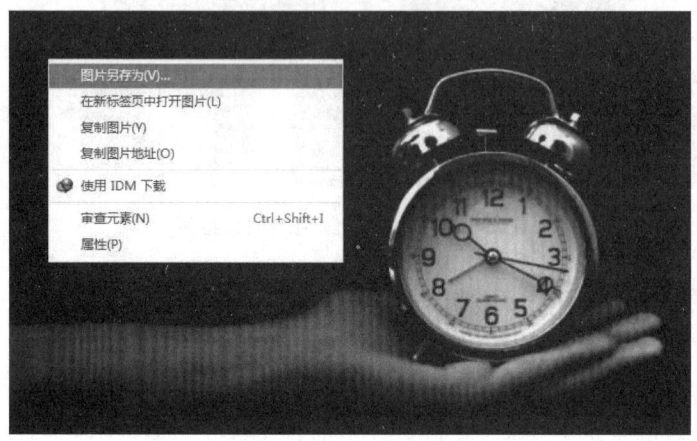

图 3‐20　下载图片

(二) 截取图片

如果我们需要的图片无法下载,遇到这种情况,我们可以采用截取图片的方法来保存图片。

1. 键盘截图

最简单的截图方法是利用键盘上的硬拷贝键 Print Screen 截取全屏图像,或者同时按下 Alt+Print Screen 组合键截取活动窗口图片。

截取全屏图像具体做法如下:

(1) 打开要截图的窗口。如果只是截取桌面,直接按下 Print Screen 键即可。

(2) 按下 Print Screen 键,即可完成截图,此时截取的图片暂存于剪贴板中。

(3) 在 PowerPoint 工作区中按 Ctrl+V 组合键,将图片粘贴到 PowerPoint 中;或者打开"开始"—"程序"—"附件"—"画图",打开 Windows 自带的画图软件,按 Ctrl+V 组合键将图片粘贴到画图软件中,保存即可。

2. SnagIt 截图

截取图片的另一种方法是使用专用的软件截图,其中最常用的截图软件是 SnagIt,该软件有多种截取方案,如图 3‐21 所示。SnagIt 在保存屏幕捕获的图像之前,可以用其自带的编

图 3‐21　SnagIt "管理配置文件"窗口

辑器编辑;也可选择自动将其送至 SnagIt 虚拟打印机或 Windows 剪贴板中,或直接用 E-mail 发送。在 SnagIt 编辑器中,可以对图片进行简单的编辑,可以选择是否包括光标,添加水印,另外还具有自动缩放、颜色减少、单色转换、抖动,以及转换为灰度级等。

Snagt 捕捉的种类多,不仅可以捕捉静止的图像,而且可以获得动态的图像和声音,另外还可以在选中的范围内只获取文本。

下面介绍使用 SnagIt 12 截图方法(以区域截图为例):

(1) 在网上下载并安装 SnagIt 12 软件,安装完毕后,SnagIt 12 窗口隐藏在桌面上方,当鼠标经过时显示操作界面如图 3-22 所示。

(2) 打开网站,找到图片,单击 SnagIt 12 红色按钮进行捕捉。此时,鼠标变成一个大"十"字形,如图 3-23 所示。

图 3-22　SnagIt 12 操作界面

图 3-23　SnagIt 12 捕捉图片

(3) 拖动鼠标选取区域,松开鼠标,在选取图片下方出现一个工具栏,如图 3-24 所示,选择"截取图片"。

图 3-24　选择捕捉类型

(4) 捕捉的图片默认情况下在 SnagIt 12 编辑器中显示,如图 3-25 所示。

图 3-25　SnagIt 12 编辑器

(5) 保存图片。

如果你的电脑操作系统是 Windows 10,你也可以使用附件中的截图工具截取图片。

(三) 扫描图像

有时我们需要教材、教辅上的图片,或者报刊、杂志上的图片,这时我们可以通过扫描仪将图片扫描、保存下来。

具体操作如下:

(1) 首先将需要扫描的图片正面向下,放在扫描仪的面板上。

(2) 打开控制面板后,找到"硬件和声音",在"硬件和声音"下有个"查看设备和打印机",点击进入找到扫描仪设备。

(3) 点击"扫描文档或照片"的按钮,进入扫描仪设置页面,根据需要选择需要保存的扫描图片的类型。

(4) 选择扫描图像的颜色模式,点击扫描按钮即可等待扫描仪操作。

(5) 保存扫描成功的图片。

二、图像素材的处理

我们收集的图片需要经过合适的处理、美化才能使用,处理图片的方法很多,可以使用 PowerPoint 中自带的图片工具、SnagIt 编辑器处理图片,也可以使用专业图片处理软件 Photoshop、美图秀秀等处理图片。

(一) PowerPoint 中的图片工具

在 PowerPoint(下面介绍 PowerPoint 2013 版本)中使用图片工具可以处理图片,

如图 3-26 所示,使用"调整"选项卡中的命令改变图片的亮度、对比度、饱和度、重新着色,为图片添加艺术效果,以及使用删除背景进行抠图;使用"图像样式"选项卡中的命令为图片添加样式效果;使用"大小"选项卡中的命令可以裁剪图片和改变图片的大小。

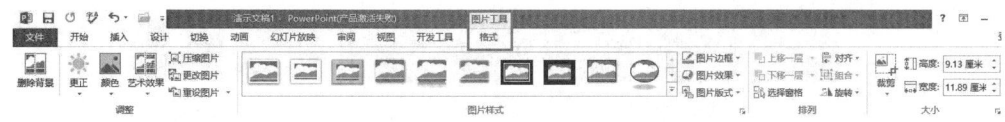

图 3-26　PowerPoint 中的图片工具

1. 亮度、对比度

选中目标图片,切换到"图片工具"的"格式"选项卡,在"调整"选项组中,单击"更正"按钮,下拉列表中给出了一系列预定义的"锐化和柔化"与"亮度和对比度"选项,如图 3-27 所示,您可以实时预览各个效果并快速从中选择。简单利用亮度和对比度可以有效改善曝光不足的图片和使图片更加清晰,而无须经过 Photoshop 等软件。

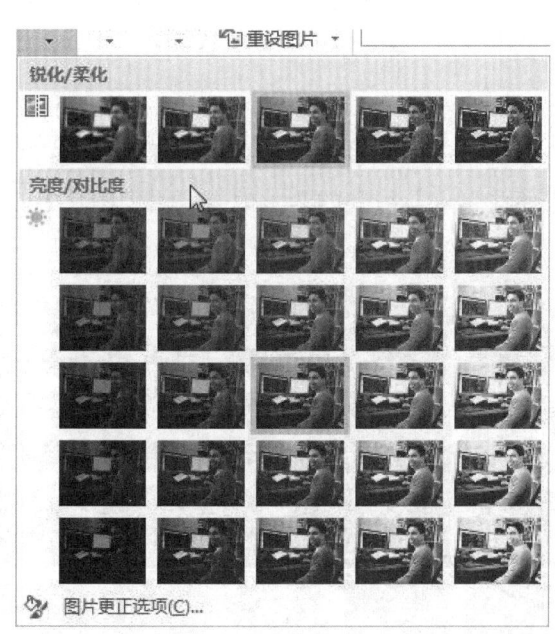

图 3-27　"更正"选项卡

2. 颜色饱和度、色调

单击"颜色"按钮,下拉列表中给出了一系列预定义的"颜色饱和度""色调"与"重新着色"选项,如图 3-28 所示,移动鼠标便可实时预览各个效果,单击即可应用。

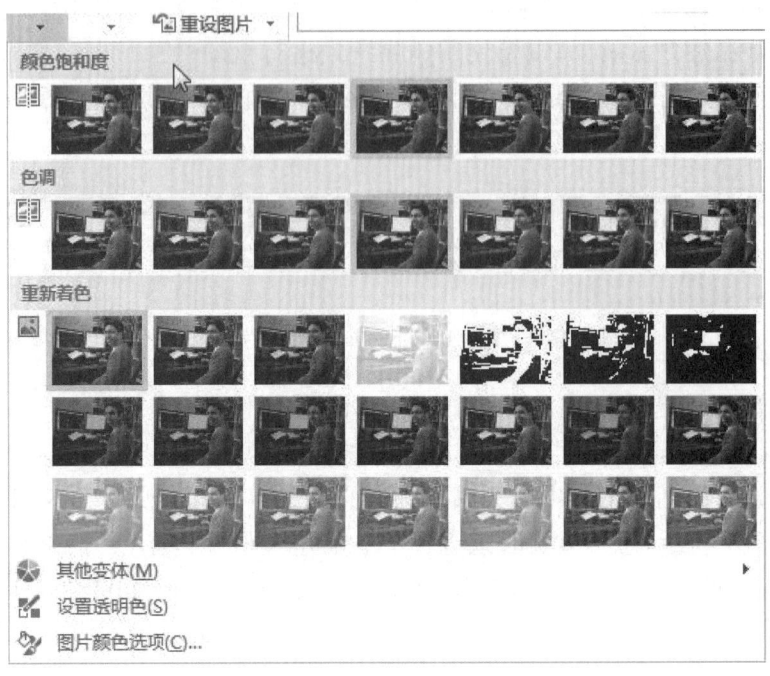

图 3-28 "颜色"选项卡

3. 艺术效果

单击"艺术效果"按钮,下拉列表中给出了一系列预定义的"艺术效果"选项,如图 3-29 所示,鼠标单击便可将专业级别的艺术效果应用到图片中。

图 3-29 "艺术效果"选项卡

4. 图片样式

PowerPoint 2013 提供丰富的图片样式,如图 3-30 所示,选择图片,鼠标单击便可将系统自带的样式应用到图片中。PowerPoint 2013 可自定义图片样式,用户可以根据自己的需求,修改图片边框、图片效果等。

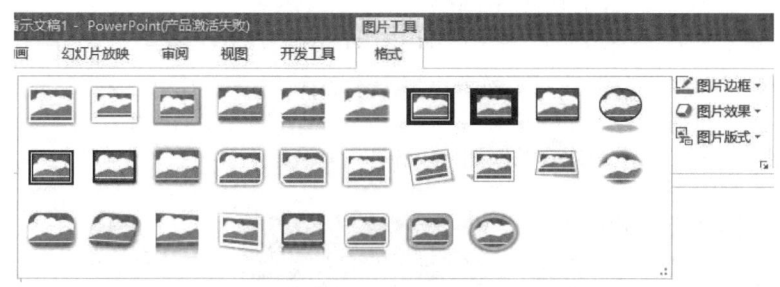

图 3-30 "图片样式"选项卡

5. 裁剪

在 PowerPoint 2013 中可以将图片裁剪为任意形状,将一个长方形的图片裁剪为圆形的具体方法如下:

(1) 先将图片裁为正方形。选中图片,单击"裁剪"—"纵横比"—"1∶1"。

(2) 单击"裁剪"—"裁剪为形状"—"椭圆",即可得到一个圆形图片,效果如图 3-31 所示。

图 3-31 长方形的图片裁剪为圆形

6. 抠图

在 PowerPoint 2013 中,可以对背景比较单一,且背景色与主体颜色反差较大的进行比较完美的抠图。如果背景比较复杂,且要扣的主体与周围的颜色都比较接近,那么基本上很难利用 PPT 来进行比较完美的抠图。

抠图方法有两种,一是设置透明色,适用于背景是纯色且与主体颜色反差比较大的图片;二是删除背景,适用于背景不太复杂的图片,方法如下:

(1) 选中图片,在"图片工具"格式菜单选择"删除背景"。

(2) 调节主体选择框,可以配合使用"标记要保留的区域"和"标记要删除的区域"命令,如图 3-32 所示,选择完整的主体。

图 3-32 背景消除

（3）单击"保留更改"完成抠图，如图 3-33 所示。

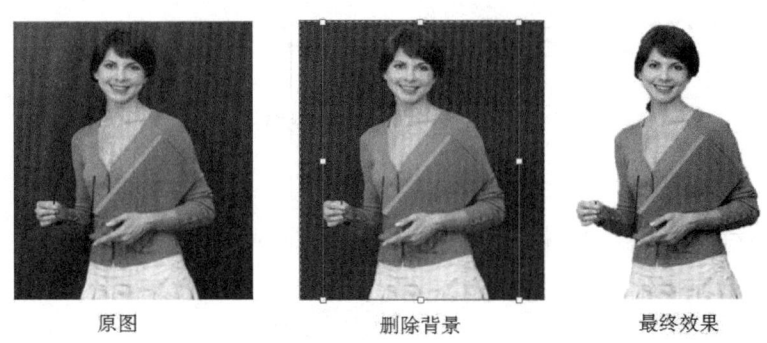

原图　　　　　　删除背景　　　　　　最终效果

图 3-33 使用"删除背景"进行抠图

(二) 美图秀秀

美图秀秀是一款免费图片处理软件，与专业的图片处理软件相比，操作简单，独有的图片特效、美容、拼图、场景、边框、饰品等功能，加上每天更新的精选素材，可以让你轻松做出精美照片，还能一键分享到新浪微博、微信等。美图秀秀有电脑版、手机版和网页版，能够满足人们不同层次的需求。

美图秀秀可从官网下载，电脑版安装后的软件界面如图 3-34 所示。

图 3-34 软件界面

1. 美化图片

美图秀秀的"美化图片"功能有"一键美化""图片增强""各种画笔"和"特色滤镜",如图3-35所示。

图3-35 "美化图片"功能界面

(1)"一键美化"功能可对图片进行自动美化处理。

(2)"图片增强"功能分为"基础""高级""调色"三个选项,功能界面如图3-36所示。"基础"选项可调节图片的亮度、对比度、色彩饱和度和清晰度;"高级"选项可以对图片进行智能补光;"调色"选项可以调节图片的色相。

图3-36 "图片增强"功能界面

（3）"各种画笔"功能可实现图片的模糊、去色、局部变色、背景虚化、消除部分图片元素等功能，操作简单且实用。

① 消除笔。消除笔可以消除图片上印有的文字或者图标和网址。消除笔可以消除图片上的多余部分，减少多余元素，避免学习者分散注意力。单击"消除笔"按钮，打开"消除笔"窗口，如图 3-37 所示，根据消除物体大小调整画笔大小，然后在要消除的物体上涂抹，直至消失，消除效果如图 3-38 所示。注意涂抹时尽量不要超出该物体的范围，如果物体太小可先放大图片再进行涂抹。

图 3-37 "消除笔"窗口

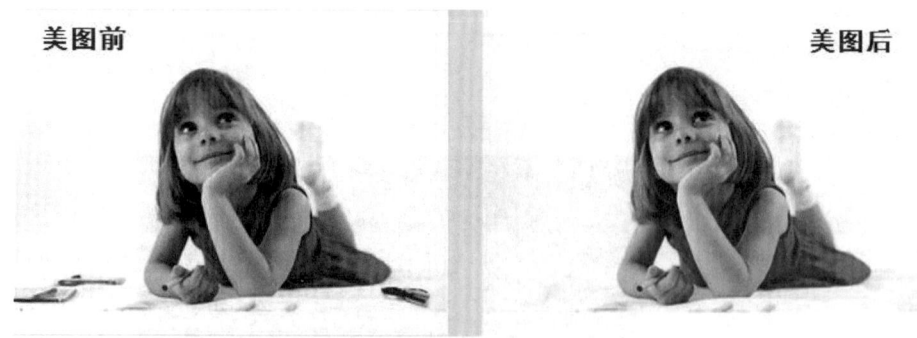

图 3-38 消除效果

② 局部彩色笔。"局部彩色笔"可以去除整体图片颜色，只保留主体的颜色，通过这种方式可以突出主体。单击"局部彩色笔"按钮，打开"局部彩色笔"窗口，调整画笔大小，然后对要保留物体进行涂抹，局部彩色笔效果如图 3-39 所示。

图 3-39　局部彩色笔效果

③ 背景虚化。"背景虚化"功能可以清楚展示主体事物,将其他部分虚化,从而使学习者的注意力集中在主体上,背景虚化效果如图 3-40 所示。

图 3-40　背景虚化效果

背景虚化有两种方法:"涂抹虚化"和"圆形虚化"。单击"背景虚化"按钮,进入"背景虚化"窗口。调整画笔大小,涂抹时尽量不超出物体范围,超出部分可用"橡皮擦"继续虚化。调整虚化力度,虚化力度值越大,模糊程度越高。

"圆形虚化"不需要涂抹,软件自动形成一个圆形虚化范围,只需调整"焦点大小"和

"渐变范围"滑块即可,圆形虚化效果如图3-41所示。

图3-41 圆形虚化效果

(4)特效滤镜。美图秀秀的特效滤镜能够一键美化图片、改变图片的风格和给图片增加艺术效果,也可以根据需要进行特效的叠加,增强效果。如图3-42,图片添加了"时尚"分类里的"香水"效果。

图3-42 添加"香水"效果

2. 抠图

"抠图"是图像处理中最常做的操作之一,指的是将图像中需要的部分从画面中精确地提取出来。美图秀秀中的"抠图"功能分为四种:自动抠图、手动抠图、形状抠图和AI人像抠图。"自动抠图"操作非常简单,只需用"抠图笔"选中保留的物体,即虚线选中的部分,用"删除笔"删除多余的部分,如图3-43所示。

图 3-43 "自动抠图"效果

美图秀秀完成抠图后,单击下方的"换背景"按钮,进入"抠图换背景"窗口,默认是透明背景,如图 3-44 所示。不需要背景直接保存即可,也可以将背景设置为纯色背景、图片背景或添加背景图。抠下来的图像可以使用"前景编辑"窗口给图像描边,设置透明度、放大或旋转图片。

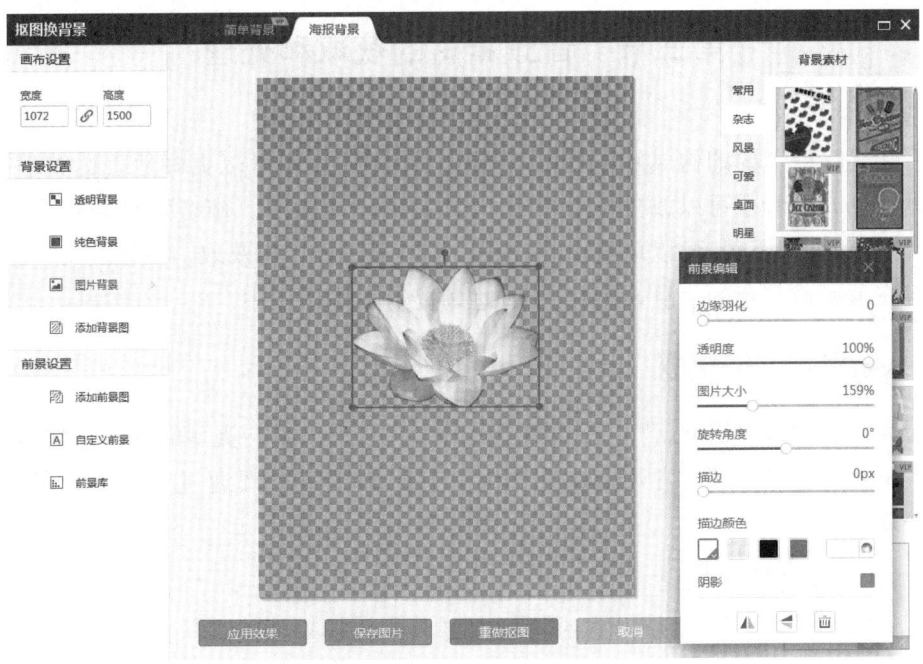

图 3-44 "抠图换背景"窗口

3. 拼图

美图秀秀可以将多张图片拼接成一张图片，如图 3-45 所示。美图秀秀拼图种类很多，有智能拼图、图片拼接、海报拼接、自由拼图、模板拼图和海报拼图六种类型。

图 3-45 拼图效果

第三节 音频素材的获取和处理

音频是微课重要的构成元素之一，清晰、无杂音的声音可以更好地表达教学内容，优美动听的背景音乐可以放松学习者的心情，提高学习效率。声音素材的获取有多种渠道，可以从网上下载，可以草根录制，也可以从 CD、DVD 中获取。获取的第一手声音资料存在瑕疵或多余的信息，需要加工处理才能应用到微课中。

一、音频素材的获取

音频素材常以解说词、背景音乐和音效的形式呈现。不同类型的音频素材，获取方法也大不相同，背景音乐、音效可以通过网上下载，解说词需要通过录制或语音合成等方法获取。

（一）网上下载音频

因特网是音频素材的宝库，在因特网上可以找到很多音频素材。我们去哪里找背景音乐或音效呢？推荐"爱给网"（www.aigei.com）。"爱给网"是中国最大的数字娱乐免费素材下载网站，免费提供 50 万首音效配乐、短视频音乐、影视配乐、游戏背景音乐等,正版品质,每日更新,支持一键打包下载。爱给网首页如图 3-46 所示。

图 3-46 爱给网首页

除此之外,"中国声音网"(www.shengyin.com/sucai.asp)、"中国素材网音效库"(http://www.sucai.com/Audio/)、"音效网"(http://www.yisell.com/)、"PPT 之家(背景音乐)"(http://www.52ppt.com/music/),这几个网站也非常不错,我们可以根据个人习惯选择其中的一个或多个网站搜集音频素材。下面以在"爱给网"上下载音频为例,介绍音频下载方法。

(1) 在浏览器地址栏输入网址 www.aigei.com,进入"爱给网"网站,使用 QQ 账号登录,在搜索栏输入"快乐的精灵",类型选择"配乐",如图 3-47 所示。

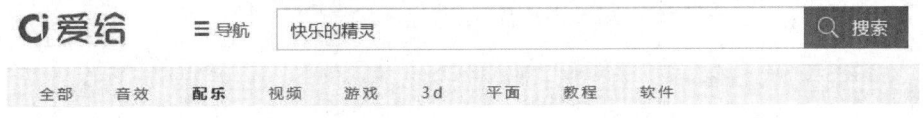

图 3-47 "爱给网"搜索音乐

(2) 在搜索结果页面,单击"下载"按钮,如图 3-48 所示,在音乐"格式、品质、大小"上单击,弹出"新建下载任务"对话框。

图 3-48 下载页面

(3) 输入文件名,选择文件夹,单击"下载",如图 3-49 所示。

图 3-49 "新建下载任务"对话框

(二) 录制音频

微课制作需要的背景音乐、音效可以网上下载,但同步解说往往需要自己录制。录制音频的方法很多,可以使用 Windows 自带的录音机,也可以使用专业的录音软件录制,本书以功能强大的音频处理软件 Goldwave 为例,介绍录音的方法。

(1) 将话筒正确地连接到计算机上,话筒试音正常。

(2) 双击 Goldwave 图标,打开软件,Goldwave 工作界面如图 3-50 所示。

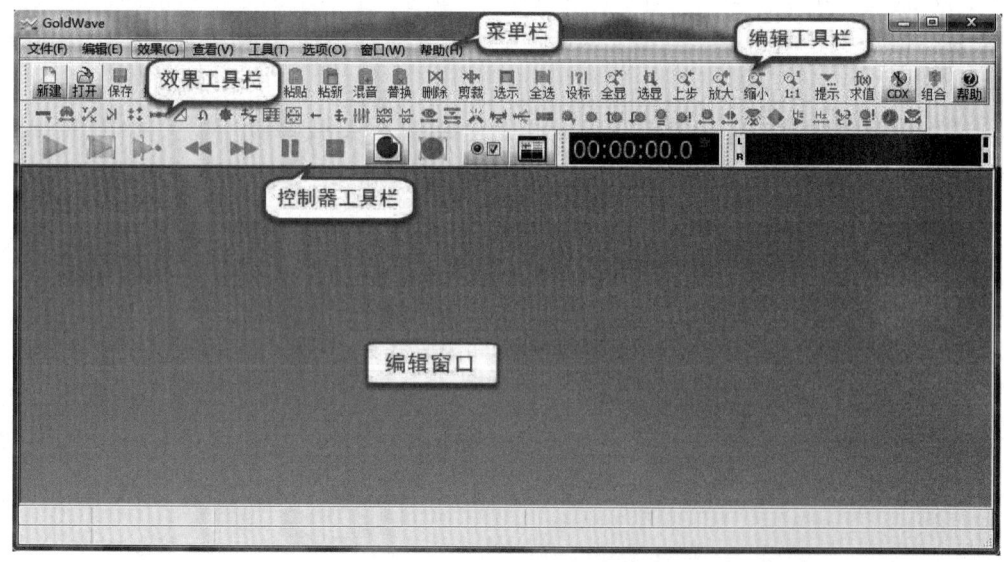

图 3-50 Goldwave 工作界面

(3) 单击"新建"按钮,设置"声道数""采样速率""初始化长度",单击"确定"新建一个声音文件,如图 3-51 所示。

声道数:就是声音录制时的音源数量或回放时相应的扬声器数量。包括 1(单声道)和 2(立体声),立体声包含左声道以及右声道。

采样速率:指每秒从连续信号中提取并组成

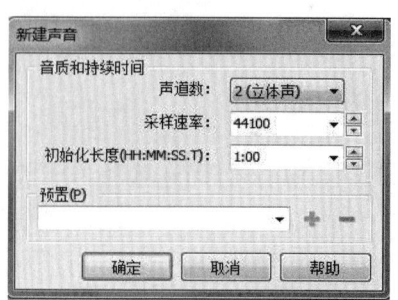

图 3-51 "新建声音"对话框

离散信号的采样个数,用赫兹(Hz)来表示。

初始化长度:新建音频文件的长度。

(4) 单击"控制器"工具栏上的"在当前选区内录音"按钮 , 或同时按快捷键 Ctrl+F9,开始录音。

(5) 录音完成之后,单击"停止"按钮 , 停止录音。

(6) 选择"文件"—"保存"命令,选择保存文件夹,输入文件名,保存文件。

(三) 合成语音

有的老师普通话不标准或需要特殊的发声效果,可以使用语音合成软件合成语音。目前语音合成软件有很多,如百度语音、讯飞语音合成、语音合成工具软件等。通过语音合成软件获取的音频素材,操作简单,合成速度快,朗读标准,是获取音频素材的常用方法之一。

下面以"语音合成工具"为例介绍语音合成方法。

(1) 下载并安装"语音合成工具"软件,准备好解说词。

(2) 打开"语音合成工具"软件,工具界面如图 3-52 所示。

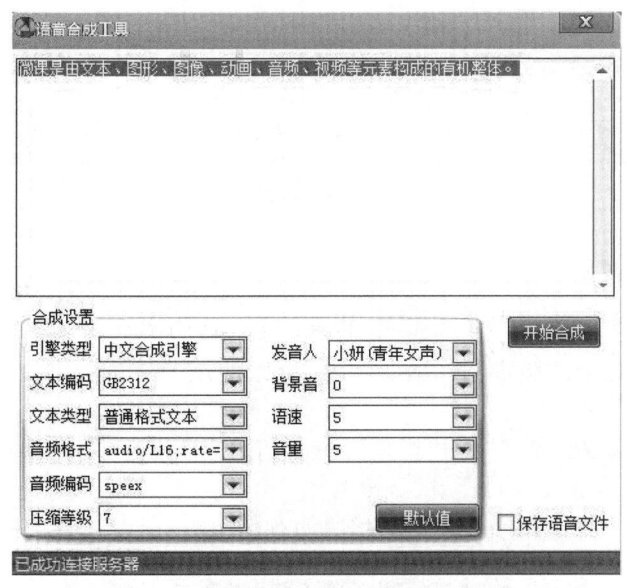

图 3-52 "语音合成工具"软件工具界面

(3) 将解说词粘贴到"语音合成工具"窗口,设置"发音人""语速""音量",单击"开始合成"按钮,合成语音。

(4) 打开软件安装文件夹,查找"合成语音.wav"文件,即为合成的音频文件。

二、音频素材的处理

网络下载或自己录制的音频,有时不能符合微课的制作要求,需要处理后才能使用,如格式转换、截取、合并等操作。下面我们以 Goldwave 为例介绍音频处理的具体方法。

(一) 音频格式转换

不同的微课制作软件,所支持的音频文件格式不同,需要进行格式转换。

(1) 打开 Goldwave,单击编辑工具栏上的"打开"按钮,打开"配乐文件.wav"。

(2) 选择"文件"—"另存为"命令,打开"保存声音为"对话框,设置"保存类型"为 mp3 格式,单击保存即可。

如果有多个文件需要格式转换,选择"文件"—"批处理"命令,打开"批处理"对话框,如图 3-53 所示。在"来源"窗口添加音频文件,在"转换"窗口设置音频格式,在"目标"窗口设置音频保存的位置,设置完毕后,单击"开始"按钮进行转换。

图 3-53 "批处理"对话框

(二) 音频截取

在制作微课时只需要音频素材中的某一段,这时就需要截取音频。如果使用 PowerPoint 2010 以上的版本制作微课课件,可以使用 PowerPoint 自带的"剪裁音频"工具 进行截取。单击"剪裁音频"按钮,打开"剪裁音频"对话框,如图 3-54 所示,通过拖动"开始"和"结束"滑块确定截取的音频位置,单击"确定",完成截取。

图 3-54 "剪裁音频"对话框

软件截取法,推荐 Goldwave 软件,使用 Goldwave 软件进行截取的方法如下:

(1) 打开 Goldwave,单击编辑工具栏上的"打开"按钮,打开"My Soul. mp3"。

(2) 播放音频,单击鼠标左键"设置开始标记",单击鼠标右键,在弹出的快捷菜单中选择"设置结束标记",开始标记和结束标记中间区域就是选取的音频,如图 3-55 所示。

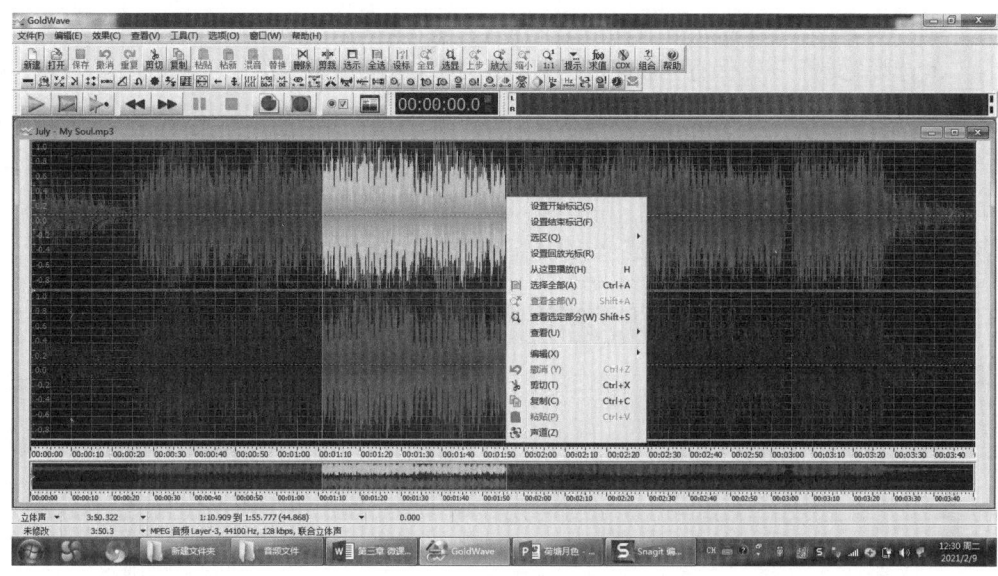

图 3-55 选取音频

(3) 单击编辑工具栏上的"复制"—"粘新",将选取的音频粘贴到一个新的文件中,如图 3-56 所示。

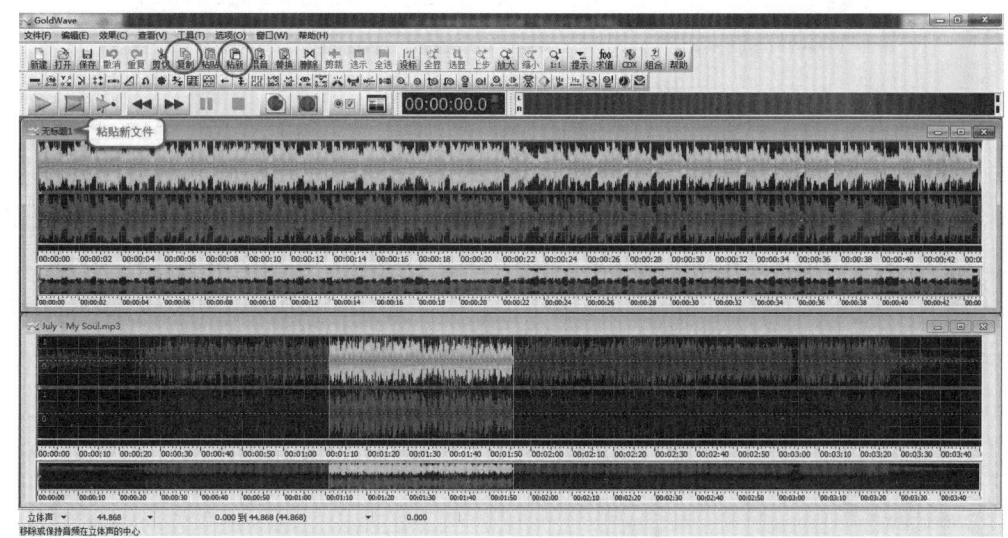

图 3-56 复制粘贴音频文件

(4) 选择"文件"—"保存"命令,保存文件。

(三) 音频合并

有时背景音乐时长不够或需要前后风格不一样的背景音乐,这种情况就需要合并音频文件。

(1) 打开 Goldwave,单击编辑工具栏上的"打开"按钮,打开两首音频文件。

(2) 选择一首音频文件,单击"复制",再单击另一个音频文件,通过拖动开始标记确定合并位置,单击"粘贴",即可完成合并。

(3) 选择"文件"—"保存"命令,设置保存类型,保存合并文件。

如果合并多首音频文件,可以使用 Goldwave 中的"文件合并器"命令。单击"工具"菜单,在下拉菜单中选择"文件合并器"命令,打开"文件合并器"对话框,如图 3-57 所示,添加文件,单击"合并"按钮,弹出"保存声音为"对话框,选择保存文件夹,设置文件名和保存类型,单击"保存"完成音频合并。

图 3-57 "文件合并器"对话框

(四) 调节音量

微课中的音频由多个音频文件组成时,需要均衡各个音频的音量,改变音频音量的方法比较简单。单击 Goldwave 中的"效果"菜单,在弹出的下拉菜单中选择"音量",弹出"音量"二级菜单,如图 3-58 所示。单击"更改音量"命令,弹出"更改音量"对话框,如图 3-59 所示,拖动滑块更改音量,也可以在"预置"下拉菜单中设置音量。

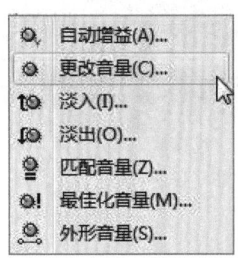 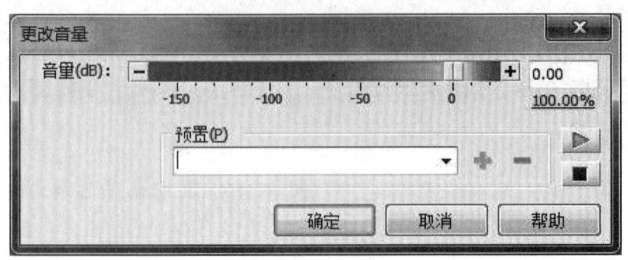

图 3-58 "音量"二级菜单　　图 3-59 "更改音量"对话框

(五) 音频降噪

使用话筒或手机录制微课时,常常会有一些噪音,这些噪音不但影响微课的质量,而且会影响学习者的学习,为此,我们可以使用音频处理软件降低噪声,提高音频质量。

单击 Goldwave 中的"效果"菜单,在弹出的下拉菜单中选择"滤波器",在弹出的二级菜单中单击"降噪"命令,弹出"降噪"对话框,如图 3-60 所示。选择"预置"下拉菜单中的选项,完成降噪。

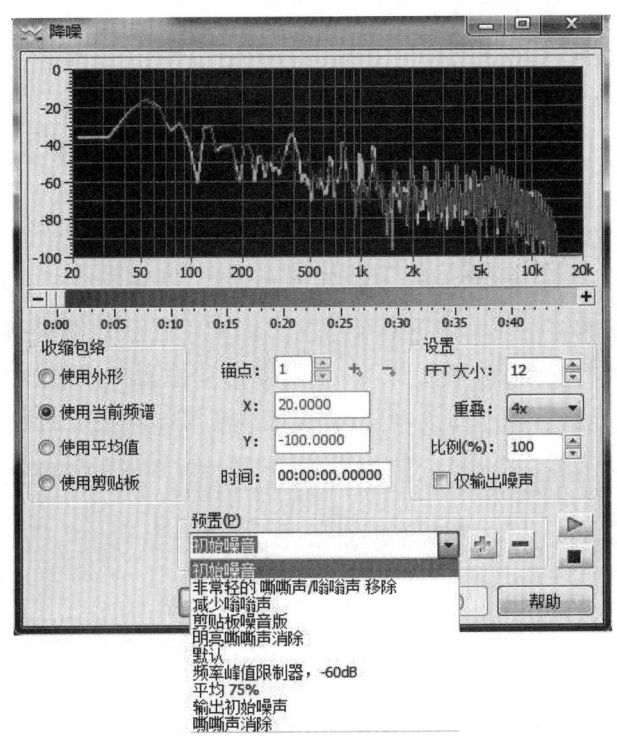

图 3-60 "降噪"对话框

为了使声音更加纯净,我们在使用话筒或手机录音时,可以在录音开始时空录 10 秒钟,作为降噪的样本,这样在后期降噪时效果更好。

第四节 视频素材的获取和处理

视频素材是微课制作中重要的组成部分,既有听觉信息,又能呈现视觉信息,富于感染力,在情感转化方面有独特的作用。具体、形象、生动,通过视听觉两个通道提供教学信息更容易被学生接受和理解。优美画面配上悦耳的声音,从不同侧面提示事物的规律,特别适合于人文学科情感教育。

一、视频素材的获取

微课中的视频素材可以自己用手机、摄像机拍摄,可以使用录屏软件录制,也可以从网上下载,或者从 VCD、DVD 光盘中截取视频。

(一)网上下载视频

因特网上有很多精彩的视频,将这些视频选择性地下载下来应用到微课中,不但能生动、直观地呈现教学信息,而且使微课更有实用价值。

1. 常用下载软件

下载视频的工具很多,如迅雷、维棠、IDM 等,不同的下载工具基本操作方法大同小异,本书主要介绍一下 IDM。

IDM 全称互联网下载管理器 Internet Download Manager,是一款多线程下载工具软件,可以将下载速度提升 5 倍,可以恢复和制定下载时间表的工具。IDM 除了下载视频,还可以下载一些软件、文档、百度网盘文件,因其良好的下载性能而著称。IDM 软件提供了下载队列、站点抓取和映射服务器、多媒体下载、静默下载等功能,还支持多款浏览器,对于经常有文件下载需求的用户来说,是一个非常不错的选择。

在网上搜索 IDM 破解中文版,下载软件并安装,安装后启动 IDM 工作界面,如图 3-61 所示。IDM 能够在使用浏览器下载文件时自动捕获下载链接并添加下载任务,只要打开想要下载的视频、音频页面,IDM 就会自动检测在线播放器发出的多媒体请求,并在播放器上显示下载浮动条,可以直接下载流媒体网站中的视频进行离线观看。

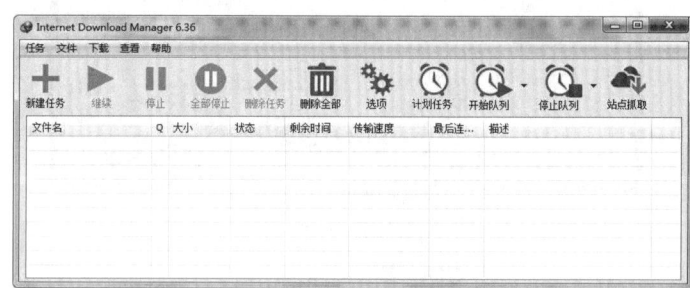

图 3-61 IDM 工作界面

2. 下载方法

本书以下载"微课制作常用方式"为例,介绍使用 IDM 下载视频的方法。

(1)打开百度浏览器,搜索类型为"视频",输入关键词"微课制作常用方式",打开合适的视频资源,如图 3-62 所示。

图 3-62 打开视频界面

(2) 单击视频右上角的 IDM 插件"下载该视频"按钮,IDM 自动弹出"下载文件信息"对话框,如图 3-63 所示,选择保存文件夹,点击"开始下载"选项。

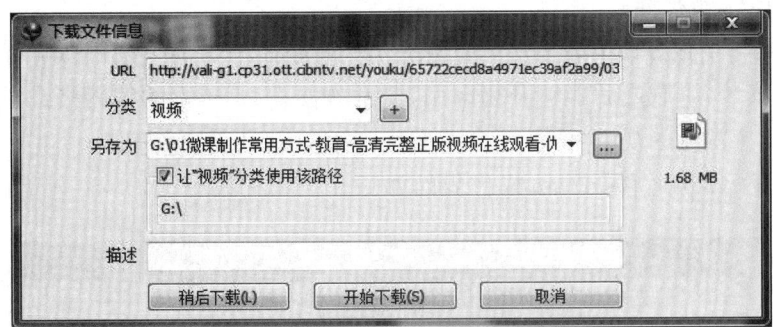

图 3-63 "下载文件信息"对话框

(3) 下载完成,打开文件夹可以看到下载的视频文件。

(二) 录制视频

录制视频可以通过录屏软件对计算机屏幕操作或计算机上播放的视频进行录制。录屏软件有很多,如集录编于一体的 Camtasia Studio、操作简单的 SnagIt、oCam、格式工厂等,Camtasia Studio 我们在后面的章节详细讲解,这里主要介绍 SnagIt 和 oCam。

1. SnagIt 录制视频

(1) 打开 SnagIt 软件,选择"视频"方案,如图 3-64 所示。

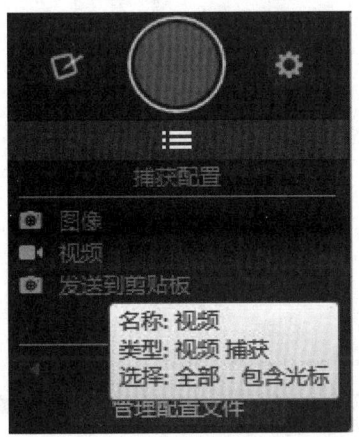

图 3-64 SnagIt 操作界面

(2) 选择或绘制录制窗口,弹出"录制"命令面板,如图 3-65 所示,单击"红色"按钮或按下组合键 Shift+F9,开始录制。

图 3-65 "录制"命令面板

(3) 录制完成,单击"停止"按钮或按下组合键 Shift+F10,停止录制。

(4) 视频停止录制后,在 SnagIt 编辑器中预览视频,单击"保存"按钮,保存视频。

2. oCam 录制视频

oCam 是一个很方便的录制屏幕的软件,界面简洁、使用简单。oCam 有两个优点,一是绿色免安装,下载之后能够开箱即用,非常方便;二是丰富的编码格式,录制内容的输出,不仅支持常见的视频格式,还支持 GIF 这种轻量化的文件输出。

(1) 打开 oCam 软件,oCam 操作界面如图 3-66 所示。

图 3-66　oCam 操作界面

(2) 选择"菜单"—"选项",弹出"设置"对话框,如图 3-67 所示,选择"保存路径",单击"确定"即可。

(3) 调整录制区域,如图 3-68 所示。

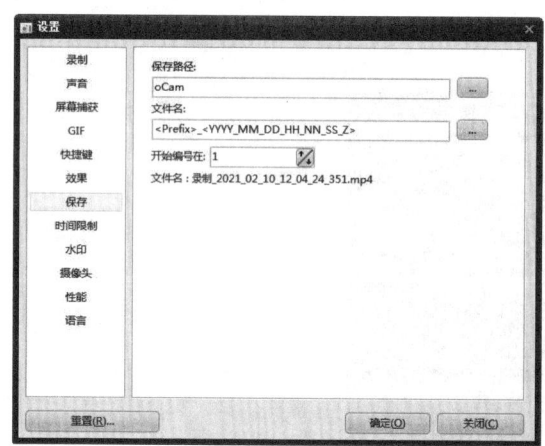

图 3-67　"设置"对话框

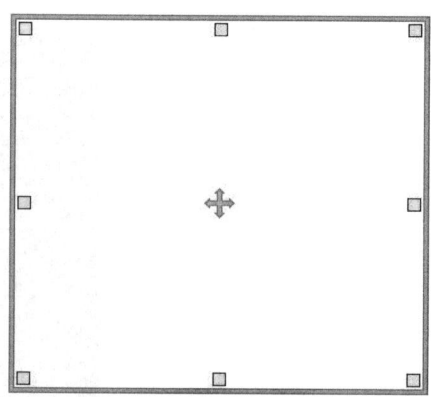

图 3-68　调整录制区域

(4) 单击"录制"按钮,开始录制,如图 3-69 所示。录制完成后,单击"停止"按钮,停止录制(即保存)。

图 3-69　录制界面

oCam 不仅可以录制屏幕,还可以录制游戏和声音,操作简单,容易掌握,是录制视频素材的不错选择。

(三) 拍摄视频

拍摄视频主要采用手机、DV 或专业摄像机对真人实景进行拍摄,制成教学视频素材。此类视频素材以真实的记录风格展现真人实物操作示范过程、物体连续运动过程等内容,形声兼备,形象生动。这种方式操作制作比较简单,视频素材的质量很大程度上取决于录像水平。

二、视频素材的处理

我们从网上下载的视频素材或者录制的视频素材,常常需要处理后才符合微课制作要求,例如,有的需要转换格式,有的需要截取视频片段,有的需要视频合并。视频处理软件很多,如快剪辑、Movie Maker、Premiere、格式工厂等,本书以格式工厂为例介绍视频的处理方法。

(一) 视频格式转换

格式工厂最主要的功能就是格式转换,可以转换视频、音频、文档、图片的格式。
(1) 双击"格式工厂"快捷图标,打开软件,"格式工厂"工作界面如图 3-70 所示。

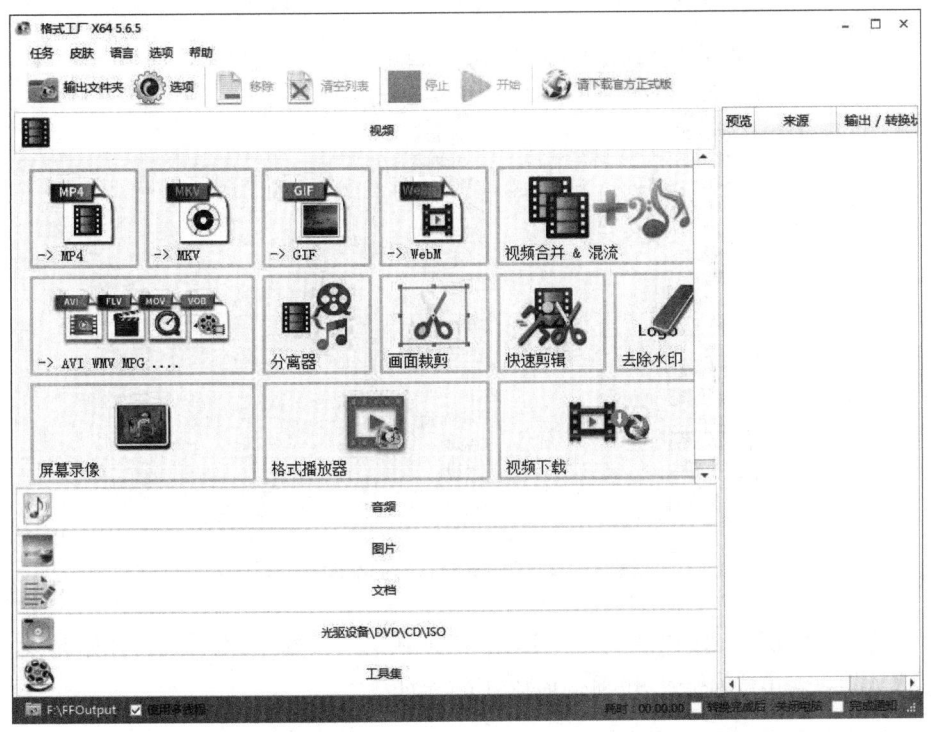

图 3-70 "格式工厂"工作界面

(2)单击"→MP4"按钮,打开"→MP4"对话框,单击"添加文件"按钮添加视频文件,如图 3-71 所示。

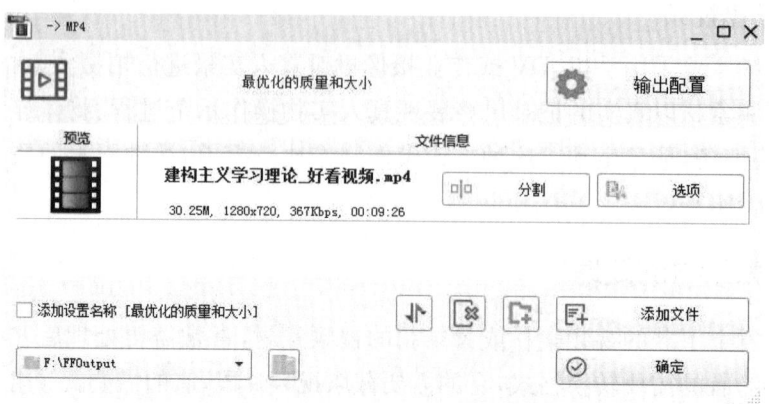

图 3-71 "→MP4"对话框

(3)单击"输出配置"按钮,在弹出的"输出配置"对话框中,如图 3-72 所示,设置文件大小、颠倒画面、淡入淡出等,单击"确定",退出"输出配置"。

图 3-72 "输出配置"对话框中

(4)单击"确定",返回"格式工厂"工作界面,单击"开始"命令 ▶开始,开始转换。
(5)单击"输出文件夹",找到转换格式的文件。

(二)视频截取

"格式工厂"不仅可以转换视频格式,而且可以截取视频片段。

1. 视频分割

视频在转换格式时可以同时进行截取视频片段,单击图 3-71 的"分割"按钮,弹出

"分割"对话框,如图 3-73 所示,可以将视频"按时间长度划分""按文件个数"或者"按文件大小"三种类型进行分割。

图 3-73 "分割"对话框

2. 视频截取

单击图 3-71 的"选项"按钮,或者单击"格式工厂"工作界面上的"快速剪辑"按钮,弹出对话框,如图 3-74 所示,预览视频,设置"开始时间"和"结束时间",单击"确定"按钮,关闭对话框,再次单击"确定",返回"格式工厂"工作界面,单击"开始"命令,开始转换。单击"输出文件夹",找到截取的视频文件。

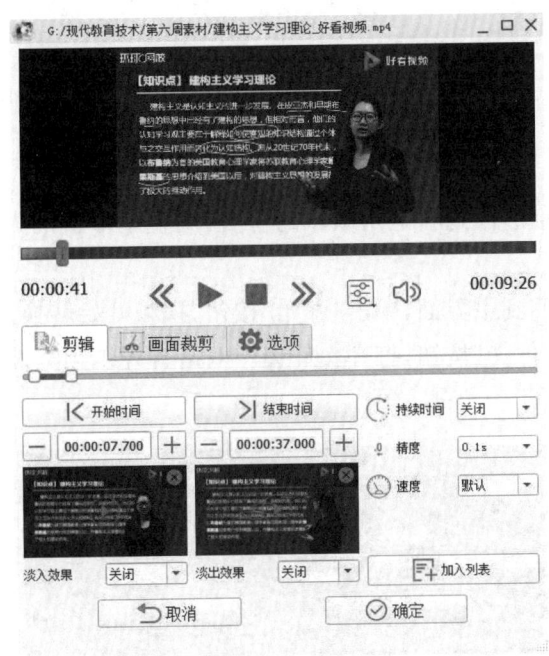

图 3-74 视频截取

(三) 视频合并

单击"格式工厂"工作界面上的"视频合并 & 混流"按钮,在弹出的"视频合

并 & 混流"对话框中,添加两个以上视频文件或一个视频文件和一个音频文件,之后单击"确定"按钮,回到主界面,单击"开始"按钮进行合并。

(四)视频去除水印

在网上下载的视频往往带有水印,使用"格式工厂"可以去除水印。

(1)单击"格式工厂"主界面上的"去除水印"按钮,弹出"去除水印"对话框,如图 3-75 所示。

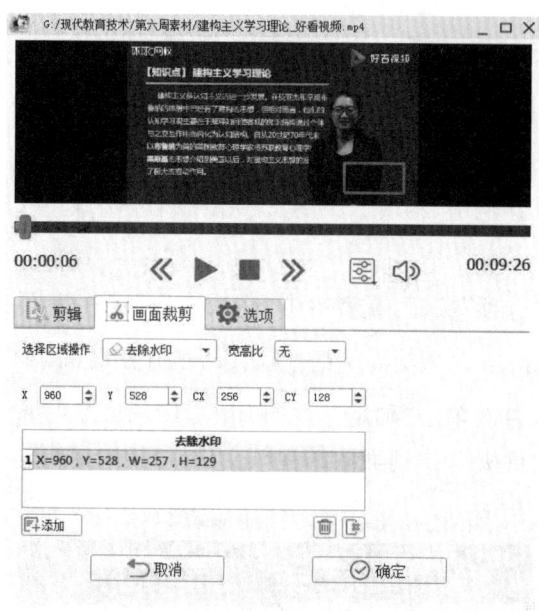

图 3-75 "去除水印"对话框

(2)移动黄色的矩形框到右上角水印的位置,调整矩形框的大小,直至框住所有的水印。

(3)单击"确定"回到主界面,单击"开始"按钮,视频开始转换。

(4)单击"输出文件夹"按钮,打开文件夹。双击打开视频文件,查看"去除水印"视频效果,如图 3-76 所示。

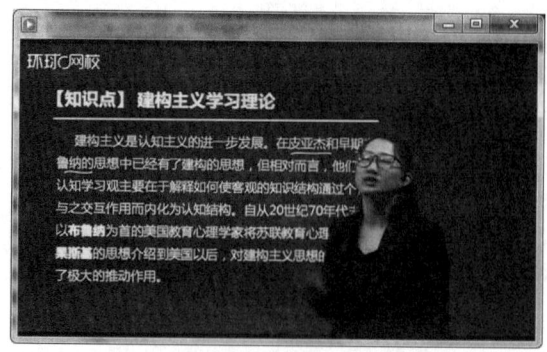

图 3-76 "去除水印"视频效果

第五节　动画素材的获取和处理

动画表现形式丰富,分为二维动画和三维动画。二维动画运动流畅,故事、画面表现力强。三维动画画面、人物真实生动,运动流畅。当我们制作微课时,如果能恰当地使用动画,一定会使作品更加形象生动。

一、动画素材的获取

那么从哪里才能获取这些动画素材呢？首先,我们考虑从网页上下载动画,网络上有许多优秀的动画作品,可以将其下载下来,应用到微课作品中；其次,可以考虑从光盘上获取；最后,如果通过以上两种方法都没有找到合适的动画,就需要自己使用动画制作软件制作动画。

(一) 网上下载动画

我们经常下载的动画有两种格式,一是 swf 动画,另一个是 Gif 动画。对 Gif 动画文件保存比较简单,只需把鼠标移动到动画上,点击鼠标右键,在弹出的快捷菜单中执行"图片另存为"命令即可保存文件。

swf 动画的下载方法与视频下载方法相似,安装 IDM 插件后,自动使用 IDM 进行下载。如在站长素材网站上下载《京剧脸谱》flash 课件。

(1) 打开"站长素材网站",单击"flash 动画"按钮,打开"flash 动画"页面,在搜索栏输入"京剧脸谱",单击"搜索"按钮。

(2) 在搜索结果中打开"京剧脸谱课件 flash 动画",如图 3-77 所示,单击右上角的"下载地址"按钮,切换到下载地址页面,如图 3-78 所示。

图 3-77　"京剧脸谱课件 flash 动画"页面

图 3‑78　下载地址页面

（3）单击下载地址，弹出下载对话框，如图 3‑79 所示，单击"开始下载"按钮，即可下载 flash 动画。

图 3‑79　下载对话框

（4）打开下载文件夹，flash 动画解压后即可播放。

（二）制作动画

二维动画制作一般使用 Flash 软件来完成，flash 动画类型主要有三种，即"动作动画""形状动画"和"逐帧动画"。三维动画制作使用 Maya、3ds Max 等软件，在虚拟三维空间建模，添加材质、灯光和摄像机，制作关键帧动画。二维动画和三维动画的制作过程比较复杂，需要参见相关书籍或教程进行学习，这里不再赘述。

此外，PowerPoint 软件提供了移动、旋转、缩放、擦除等动画效果，配合图形功能，也可以制作二维动画，下面以在 PowerPoint 中制作"月亮绕地球转"为例，介绍具体制作方法。

（1）打开 PowerPoint 软件，新建一个"空白"版式幻灯片。

（2）在幻灯片上，绘制一个椭圆形，填充无色，轮廓线为黑色，粗细为 2.25 磅，命名为"路径"。再绘制一个正圆，填充"黄—橙"渐变色，类型为"路径"，轮廓线为无色，命名为"月亮"，如图 3‑80 所示。

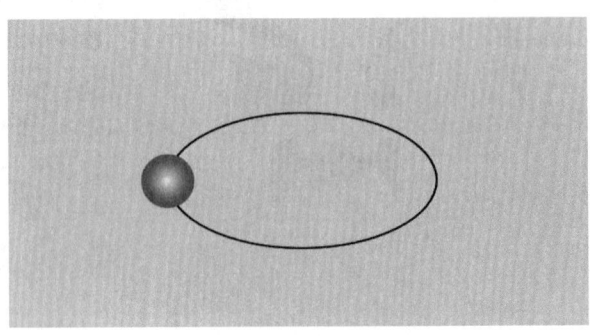

图 3‑80　绘制图形

(3) 选中"月亮"图形,单击"动画"菜单,在"动画"选项卡中单击"其他动作路径",在弹出的"更改动作路径"对话框中,选择"橄榄球形",如图3-81所示。

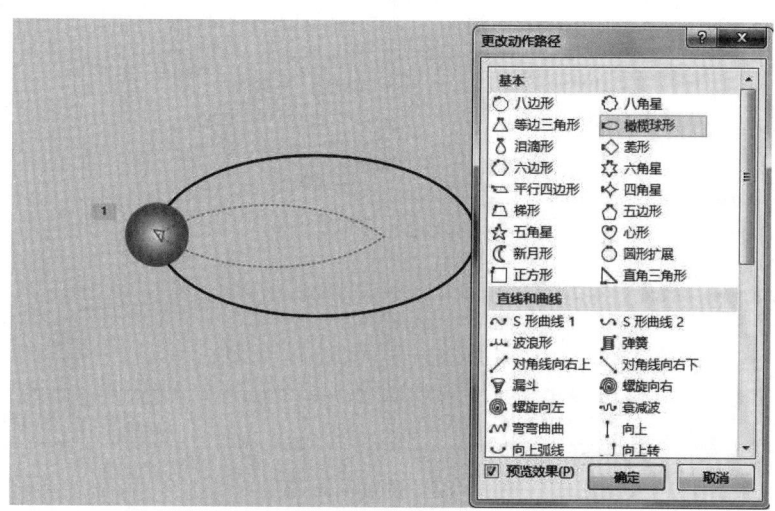

图3-81 添加"橄榄球形"动画

(4) 单击"效果选项"命令,在弹出的下拉菜单中选择"编辑顶点",调整"橄榄球形"动作路径,最终效果如图3-82所示。

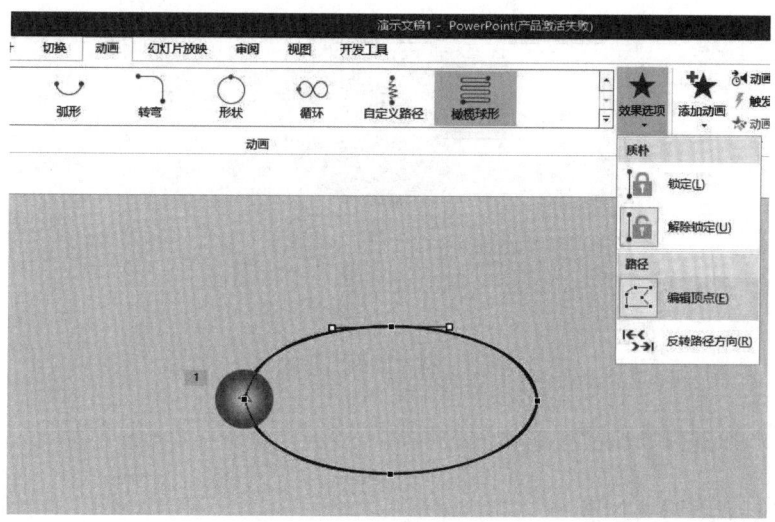

图3-82 调整动作路径

(5) 单击"动画窗格"按钮,在"动画窗格"窗口中单击 ▼ 按钮,在弹出的下拉菜单中选择"效果"选项,在打开的对话框中,将"平滑开始"和"平滑结束"调整为"0秒",使"月亮匀速运动"。单击"计时"标签,设置"开始"选项为"与上一动画同时","重复"为"直到下一次单击",如图3-83所示。

图 3-83　设置动画选项

（6）在幻灯片中绘制一个正圆，填充"浅蓝—深蓝"渐变色，类型为"路径"，轮廓线为无色，命名为"地球"，调整位置，如图 3-84 所示。

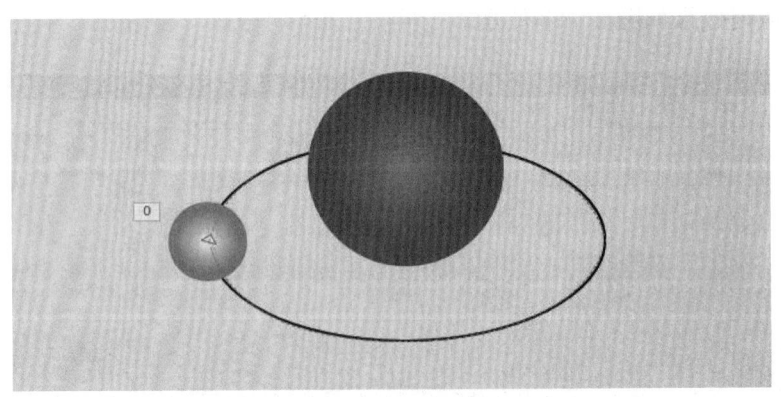

图 3-84　绘制"地球"

（7）单击"幻灯片放映"按钮，播放动画。

二、动画素材的处理

通过站长素材网站下载的 flash 动画有 fla 和 swf 两种格式，我们可以直接编辑和使用。如果只有 swf 格式，需要转换成 fla 格式，再进行编辑。

下面以 Flash Decompiler Trillix 软件为例，介绍 swf 格式动画文件转换成 fla 格式动画文件的具体方法。

（1）打开百度搜索引擎，输入关键词"flash decompiler trillix"，单击"搜索"按钮，在搜索结果页面选择"Flash Decompiler Trillix 官方电脑版"，如图 3-85 所示，下载并根据提示安装软件。

图 3-85　下载软件

（2）双击"Flash Decompiler Trillix"图标，打开软件，如图 3-86 所示。

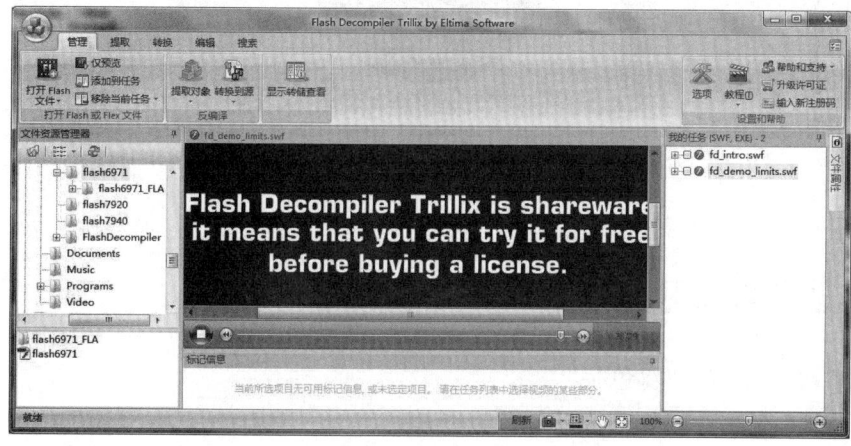

图 3-86　"Flash Decompiler Trillix"工作窗口

（3）单击"打开 Flash 文件"按钮 ，打开 Flash 文件。

（4）选择"转换"菜单命令，设置"转换路径"，如图 3-87 所示，然后单击"全部转换"按钮，即可将 swf 格式动画文件转换成 fla 格式动画文件。

图 3-87　"转换"菜单

（5）打开文件夹，双击打开 Flash 文件，如图 3-88 所示。

图 3-88　转换后的 Flash 文件

思考与练习

1. 在 PPT 中制作"双色字"。
2. 下载一张图片并处理成课件背景图片。
3. 使用美图秀秀将三张图片合成一张图片。
4. 使用 Goldwave 制作一首 MP3 铃声。
5. 使用 Goldwave 制作一首"配音朗诵"。
6. 使用 SnagIt 或 oCam 录制"在 Word 中插入图片"的教学视频。
7. 尝试安装并使用 IDM 下载一个视频或动画。
8. 使用格式工厂截取一个视频片段。

第四章
微课教学设计

学习目标

1. 了解微课教学设计对微课开发的意义和作用。
2. 能够根据教与学的需求确定合适的微课主题。
3. 结合课程学习要求和学生学习需求设计合理的微课教学目标。
4. 选择与教学目标密切相关的微课内容。
5. 组织有利于教学目标达成的微课结构。
6. 会编写微课脚本。

思维导图

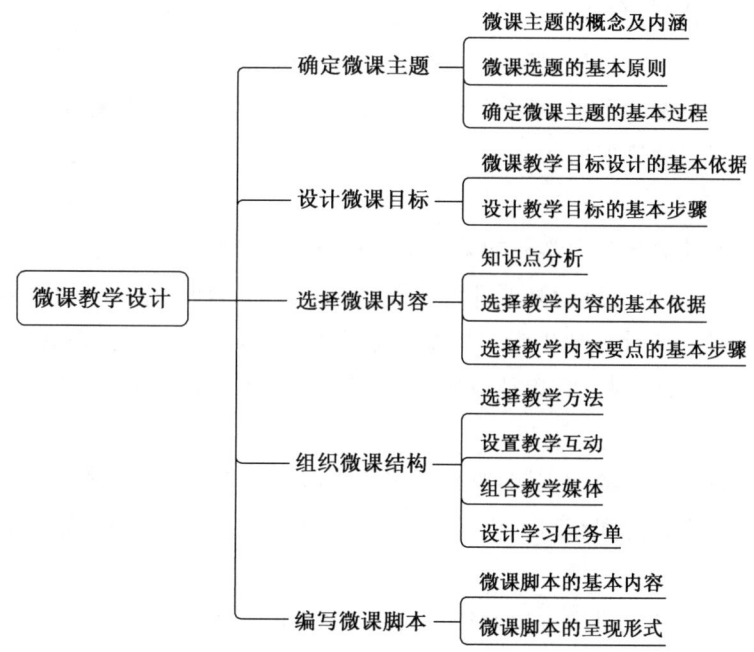

微课设计与制作

  微课教学设计是根据微课的教学目标与功能,应用系统方法综合考虑教学中各要素之间及其与整体的本质联系,并在设计微课时综合协调它们的关系,以形成时间短、内容精、视频为主要载体的微课[①]。良好的教学设计有助于使隐性知识、情感价值和教学知识等很好地融合。微课教学设计主要包括确定微课主题、设计微课目标、选择微课内容、组织微课结构和编写微课脚本等内容。

第一节 确定微课主题

  确定微课主题是微课教学设计的首要工作,好的选题可以实现事半功倍的讲解和录制,不好的选题同样可以使得微课变得平凡乃至平庸。

一、微课主题的概念及内涵

(一) 微课主题的概念

  微课主题是微课主体思想、主要内容的集中体现,是微课教学设计的基础。微课主题反映了微课的学习方向、目标、内容和范围等基本信息。

  微课主题通常也叫微课选题,微课选题通常针对教学中的某个知识点展开。在教育实践中,知识点是对某个知识的泛称,指任何单独的一项知识。因此,一个单独的字、词、概念、定理、定律、公式、规律、观点等,都可以认为是一个知识点[②]。

(二) 微课主题的分类

  理论上,任何一个知识点都可以成为微课主题的来源。在实际的微课主题设计中,应根据知识点颗粒度的大小、学生的认知基础、学科间的融合等要素综合考虑。微课主题有以下几种不同的呈现形式。

  1. 单一主题

  单一主题是针对某一门学科的某一个知识点而形成的微课主题。这一类主题通常独立成课,不依赖其他主题的微课即可实现教学目标。例如,小学语文微课"傻傻分不清的'的、地、得'",针对小学生学习中的难点和疑点问题——三个发音相同的结构助词,而开发出的一节微课。它单独成课,帮助小学生认清、会用这三个字。

  2. 系列主题

  对于信息量较大的教学主题,则可以采用内容分解的方式,化整为零、逐一制作,形成系列微课。各主题之间相对独立又相互支持,各自从不同的角度或切入点完成一个大的主题内容的呈现。

  小学二年级数学上册第一单元的单元主题是"长度单位",由于低年级学生生活阅

---

 ① 陈智敏,吕巾娇,刘美凤. 我国高校教师微课教学设计现状研究[J]. 现代教育技术,2014(8).
 ② 陈智,隋光远,皮秀云. 论知识点是人的认知单位[J]. 心理科学,2001(3).

历缺乏,他们对厘米、米等常用的长度单位认识模糊。单元教学的重点是认识长度单位,建立1厘米和1米的长度概念,并且会用刻度尺进行简单的测量,并进一步学会估测生活中常见物品的长度或高度。可以看出,这一单元的教学层层递进,学习内容间的逻辑关系呈螺旋上升的趋势,前一阶段的学习一旦存在问题,出现认识和理解不到位的情况,会对后面内容的学习造成直接的影响。为解决这一难题,教师可以开发系列微课学习资源,如"3步教你用尺子""线段与小动物的前世今生""画线段?快,用尺子""到底有多长(高)"。这个系列的主题以"长度单位"为核心展开,涵盖本单元学习重点、难点和疑点,为学生课后学习中遇到困难时及时获得学习帮助提供支持。

(三) 微课主题的要求

衡量一节微课主题是否成功的重要指标是达意传神,其中达意是基本要求,传神是内涵要求。

达意是指通过微课主题要能准确反映出微课的主要内容,是对微课内容的映射。一节微课,学习者首先看到的是微课主题,通过主题要能直观判断出这节微课是否能够满足自身的学习需求,如是否能满足对知识点学习上的诸如了解、巩固、提高等某个层次的学习需求,这样才有继续学习的动力。

传神是指通过微课主题能反映出微课的优势价值所在,能激发学习者主动学习的欲望。两个同样内容的微课呈现在学习者面前,学习者会选择哪一个,主题起到关键的作用。通常,传神的主题更能吸引学习者的眼球。从文字上讲,需要进行精心的提炼与组织,而不只是教材中基本内容的罗列,如"四种提高小学三年级学生速算水平的技巧"。从形式上讲,可以设计某种特殊的学习体验,而这种体验对当前学习内容来讲,是新奇而特别的,如"几笔教你数字变'动物'"。从活动上讲,通过主题就可以看出采用了某种特别的教学策略,可以帮助学习者有效达成学习目标,如"'横看成岭侧成峰'——表格的常用优化方法"。

二、微课选题的基本原则

(一) 使用价值高

微课的选题要选取教学使用价值较高的课题来制作微课。比如,教学中的重点、难点、疑点、考点、热点,平时需要老师反复讲解和强调的内容,学生容易出错的知识点,学生经常提问的问题等,都可以作为微课的选题对象。此类选题通过微课的形式解决问题越快速、讲解问题越清晰,选题的价值也就越高。

(二) 适合视频传播

微课是以视频为载体的教学资源,选取符合视频传播特征的教学内容能够最大化地发挥微课的优势和作用。众所周知,视频是以连续的动态画面来呈现信息的,因此,一些具备"动态特征"的教学内容,比如动作技能、操作过程、工作原理、变化过程等,就非常适合使用微课。此外,视频传播的两大信息通道是图像和声音,如果教学内容本身需要使用较多的图像和声音,也非常适合使用微课。

（三）内容相对独立，信息量不大

微课是相对完整、独立的小型教学资源，时间长度一般不超过十分钟。调查数据表明，超过6分钟的视频受欢迎程度直线下降。所以，微课的选题必须要小，内容少且相对独立。选题时，可以选取一个独立的小话题作为切入口，把内容讲通讲透，宁可"小题大做"，不宜"大题小做"。比如，"怎样写请假条""电话号码的读法（英语）"等选题就属于内容独立、体量适宜的选题。

三、确定微课主题的基本过程

确定微课主题的过程是把微课从想法变成可操作和可执行的具体的微课实体的过程，这个过程主要包括明确需求、绘制地图、锁定主题和编写主题四个阶段。

（一）明确需求

学习需求是指学生在学习活动中感到学习上的缺失或不平衡而力求获得满足的心理状态。在我国小学教育领域中，从当下微课发展的趋势来看，微课是课堂教学的有益补充，是课堂教学资源的重要组成部分。因此，微课的学习需求分析，一方面要考虑微课与课堂教学之间的互动和支持关系，即课堂学习对微课的需求；另一方面要从学生学习的角度分析学生在认知和技能等能力提升方面对微课资源的需要，即学习者对微课的需求。

1. 确定微课的使用对象

在选择微课主题时，首先要明确微课的使用对象。使用对象可以分为本班学生、本年级学生、本校处于某个年龄段之间的学生，以及更大范围内某个年龄段的群体性使用对象。微课选题应针对使用对象存在的共有问题展开，符合这个群体对微课资源的需求。

2. 确定微课的功能

微课作为课堂教学资源的有益补充，其价值在于促进教学目标的达成，帮助学生提升对知识点的认知以及应用能力。一般来讲，学生对微课的需求有以下几种情况，分别是参考预习教材内容、对照准备学习材料、温习巩固新知识和自学提高水平。在制作微课时，可基于以上需求，找准微课选题的切入点。

（1）参考预习教材内容。微课在课前提供给学生，为学生预习课文中的新知识提供支持和帮助，可以从教学内容、学习工具、学习方法等角度切入，为学生解决预习过程中可能遇到的困难。

（2）对照准备学习材料。当课堂学习中用到的材料需要由学生自主完成而又存在一定的难度或有特殊的要求时，教师可制作微课为学生准确准备材料提供指导或标准。

（3）温习巩固新知识。微课在新知识点学习结束后提供给学生，针对新知识的关键点、疑难点以及学生存在的共性问题展开，为学生课后复习及完成作业提供支持。

（4）自学提高自身水平。微课为学有余力及对当前内容感兴趣的学生提供，内容通常是对教材内容在深度、宽度或高度上的拓展，支持学生在某一领域进一步提升认知水平。

3. 确定微课与课堂教学的关系

微课不是单独存在的独立学习资源,而是要与课堂学习过程存在互动和映射关系。这种互动和映射关系有三种表现,分别为微课是课堂教学的前奏、微课是课堂教学的内容、微课是课堂教学的延伸。

其一,微课是课堂教学的前奏。当微课以课堂教学的前奏出现,本质上是使学生提前接触课堂学习内容或相关内容,使学生带着对教材的初步认识和理解走向课堂。一个重要的问题在于,基于微课的"自学",学习者需要学习哪些内容,学习到哪种程度,才能起到"学同时发现问题"的作用。并且,基于微课"先"学到的内容又将以什么样的形式在课堂学习中发挥作用,发现的问题又如何在课堂学习中得到解决。

其二,微课是课堂教学的内容。当微课以课堂教学的内容出现,微课是课堂教学资源的必要组成部分。这时需要重点考虑的问题是,微课中需要呈现哪些内容、这些内容以什么样的方式支持课堂教学活动的顺利实施、希望达到什么样的教学效果以及教学目标。

其三,微课是课堂教学的延伸。微课作为课堂教学的延伸,是对课堂学习的补充和拓展。那么,微课选题的一个重要前提是,通过课堂学习,学生对当前知识点的掌握程度如何,在什么地方还有欠缺,需要以什么样的方式给予支持和帮助。

(二) 绘制知识点地图

绘制地图是指绘制知识点地图,是对该知识点内容的细化处理,有助于建立相对完善和系统的知识点框架。

1. 内容来源

在绘制时,应把知识点放在整个单元或篇(部分)的大环境下,从横向和纵向两个角度入手。一方面有利于分析知识点在整个单元学习中的地位和作用,另一方面有利于把握知识点与单元中其他内容之间的关系和区别,从而更加客观和科学地找准合适的微课主题切入点。

知识点地图绘制的依据是教材和对教材的分析。教材是课程的载体,各门学科的教科书是根据学科课程标准对教学材料做出的具体设计,包括学习要求、学习内容和作业设置等。[1] 因此,绘制知识点地图也应从这几个方面入手来进行。

2. 工具选择

绘制知识点地图可采用思维导图软件进行。20 世纪 60 年代,英国人东尼·博赞为了提高学生学习效果,在对大量笔记进行研究后,发明了思维导图。思维导图具有特定结构和表达形式,从中心主题向外延伸发散,精练的关键词要写在线条上等是思维导图的基本特征。这使得思维导图焦点集中,主题突出;由内向外,主干发散;层次分明,节点连结;关键词语,理清关系;图符形象,颜色增彩。因此,思维导图的本质功能是促进人们的思维激发和思维整理,并将思维结果进行外部化呈现。

---

[1] 胡定荣. 教材分析:要素、关系和组织原理[J]. 课程·教材·教法,2013(2):17-21.

由此可见，思维导图是做规划、梳理文章脉络、总结单元知识结构等的非常好用的工具。同时在绘制过程中还兼具思维的激发和整理作用，理清各部分的层级和顺序关系，使思维"可视"且"有序"。

关于制作思维导图的软件和操作方法，有很多参考书和在线课程可以借鉴，这里不做过多的介绍，本书采用 iMind 软件绘制思维导图。

3. 方法步骤

绘制知识点地图有以下三个关键步骤，即确定知识点、选择图形类别、分级绘制。下面以部编版小学语文三年级上册第四单元的内容为例，针对其中的一个知识点展示绘制知识点地图的方法。

（1）找准知识点

阅读教材是找准知识点的关键，教材越来越注重和凸显单元内容前后甚至是单元间的联系和互动，因此阅读教材时要做到通篇阅读。从微课制作的角度，找准知识点不是找准单元有哪些知识点、知识点的具体内容是什么，而是找准符合微课学习需求的知识点是什么，发现该知识点在教材中的呈现方式及与其他内容之间的关系。

部编版小学语文教材第四单元内容的主题是"猜测与推想，使我们的阅读之旅充满了乐趣"。本单元是三年级学段中首次出现独立的阅读策略单元，旨在加强阅读方法的指导，激发学生的阅读兴趣，提高阅读能力。①

从教学目标的角度分析，单元教学目标有三个，分别是"一边读一边预测，顺着故事情节去猜想""学习预测的一些基本方法"和"尝试续编故事"。由此可见，本单元教学除了常规的生字生词教学、阅读方法教学之外，教学主要围绕"阅读中的猜测与推想"展开，因此这就是本单元教学的重点和难点，不言而喻，这也将是微课主题选择的主要切入点。

从教学内容的角度分析主题，关于"猜测与推想"，本单元共安排了《总也倒不了的老屋》《胡萝卜先生的长胡子》和《不会叫的狗》三篇课文。

从教学要求和作业的角度分析，教材精读课文《总也倒不了的老屋》用了七处旁批，将小读者边读故事边预测的过程展示出来，目的是给学生提供学习预测的示范，体会"边读故事边预测"的方法。略读课文《胡萝卜先生的长胡子》没有旁批，而是以阅读提示的方法，引导和鼓励学生尝试借鉴前文的预测方法，体验"边读故事边预测"。略读课文《不会叫的狗》也没有旁批，直截了当地要求学生做到"边读故事边预测"。

（2）导图类型

常见的思维导图有八种类型，不同类型的思维导图在内容表达侧重点上有所区别。知识点地图的绘制主要目的在于弄清知识要点是什么以及它们之间的关系，因此常用的是树状图和流程图。树状图常用于概念、事实、原理等认知类知识地图的制作，流程图常用于过程、步骤等技能类知识地图的制作。

---

① 顾兴明.预测策略的教学定位与教学方式——以统编教材三年级上册《总也倒不了的老屋》为例[J].教学月刊小学版（语文），2019(2).

(3) 分级绘制

最需要表达的内容是知识点地图的中心主题,最邻近中心主题的下一级节点就是主节点,各个主节点连结成了知识点地图的主体框架。直接隶属于中心主题的节点及该节点的所有节点构成的分支称为主分支,也称为一级分支。隶属于非中心节点的分支称为该节点的子分支,依次称为二级分支、三级分支等。

根据教材内容对"学会预测"知识点的安排意图和内容解析,利用 iMind 思维导图软件绘制知识点地图,如图 4-1 所示。图中,"学会预测"为中心主题,"总也倒不了的老屋""胡萝卜先生的长胡子""不会叫的狗"为主节点,"总也倒不了的老屋"及其子孙节点为一级分支,"课文"及其子孙节点为二级分支,以此类推。

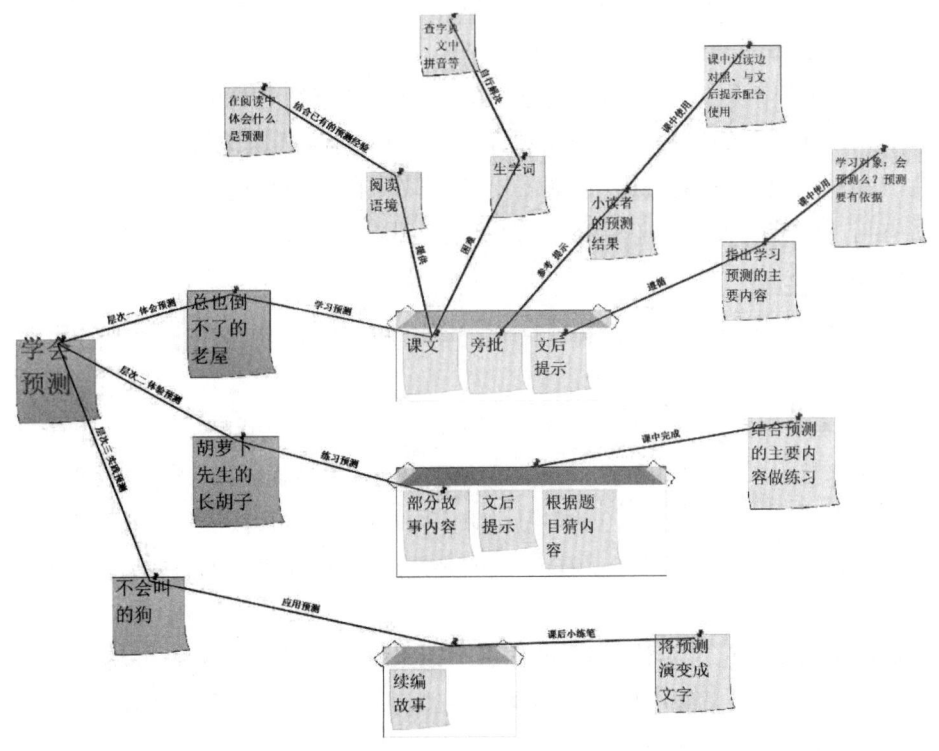

图 4-1 "学会预测"知识点地图

(三) 锁定主题

锁定主题主要依据所绘制的知识点地图展开,知识点地图对该知识点在本单元教学中的地位和作用、与其他知识点之间的关系及与教学内容之间的互动关系都做了清晰的呈现,是锁定主题的直观向导。

1. 排除与微课无关的主题

在排除微课主题时,需把握以下几点:一是课堂上的学习内容微课不学,二是学生能自主完成或解决的微课不学,三是能用语言或文字解释和告知清楚的微课不学。

以"预测"知识点为例,根据该知识点地图,可以看到从学生学习需求的角度来看,涉及预习、课堂学习互动和课后作业三个方面的内容。其中预习主要是熟悉课文内容,以"总也倒不了的老屋"为主,并能解决生字词的读音。根据三年级学生的认知特点和学习阶段,已经学会拼音识字和查字典等方法,所以预习课文和生字词,是学生可以自主完成的内容。课堂互动学习的主要过程围绕"阅读"和"预测"展开,其中"阅读"学习任务通过课前预习和课中教师引导及学生参与,可以完成。"预测"学习任务则需要结合学生已有的生活经验和认知基础,难点在于要求学生能把"阅读"的内容和自己的原始"预测"感觉结合起来。课后小练笔部分,要求学生能结合课堂所学,完成给定题目的续写。通过教师的语言文字描述辅以一定的文字材料,即可完成。

2. 找出需要微课支持的内容

微课通常为以下三个方面的内容提供支持:一是学生不能自主完成的,可以通过微课提供学习支持;二是老师不容易"说"清楚的,可以借助微课系统呈现;三是需要激发学生内在认知准备的,可以借助微课预先热身。

由此,"预测"知识点的学习,唤醒学生的"预测"敏感性是课堂互动学习的关键点。在课堂上完成"唤醒"的过程,显然不能保证学生能及时且迅速地将感知能力调整到"根据所给内容来预测……"的方向,这就需要借助微课在课前帮助学生调整学习状态,提取生活中与"预测"有关的体验和经历,为课堂学习"预测"做好状态上的准备。

(四)编写主题

编写主题是主题的文字化过程,将锁定的主题及其内涵尽可能地用语言文字准确地表达出来。

1. 确定主题核心词

核心词直指微课主旨思想,是微课学习内容的直接表达,同时也预示着微课的学习目标所在。因此,微课核心词通常包括学习对象、学习内容、学习者、学习方式和学习目标等的描述。其中,学习对象是微课主题核心词的必选项,其他项可根据需要适当删减。

2. 选择主题句式

句式是指句子的组织结构,同样的内容可以采用不同的句式来表达,从而传递出不同的主旨意思。因此,微课主题作为微课主题思想表达的缩影,选择合适的句式无疑能增强微课的价值、吸引力和趣味性。

汉语体系博大精深,按照不同的分类标准,可形成不同的分类体系。在微课主题的句式选择中,我们通常采用现代汉语体系中较常见的分类方法,如表4-1所示。

表4-1 汉语常用句式

标准	内容	示例
表达语气	陈述句、疑问句 祈使句、感叹句	亲,你会调色吗?
主语性质	主动句、被动句	来,跟我一起学调色。
判断的性质	肯定句、否定句	等你这么久了,还不会调色吗?
句子成分	长句式、变式句 "把"字句	把调色变成你的必备技能吧!

句式本身并无优劣之分,选择适合所选知识点的特性或与微课预期感情色彩相匹配的表达方式,能更好地体现微课的主题思想和内涵。如疑问句易激发学习者的好奇心和探究的欲望,主动句、肯定句能提升学习者的学习积极性等。

3. 完善主题表达

在确定微课主题的核心词和句式之后,还需要添加必要的修饰语,使主题用常用的语言表达习惯书写出来,从而最终确定微课主题。如使用数字吸引学习者的眼球,突出知识的价值、功能和意义等,应用提问的句式引发学习者的思考,与热点事件、著名人物、有趣的经历等相结合,都可以增强主题的语言表达效果。

第二节 设计微课目标

微课教学目标是微课教学活动的出发点和归宿,也是衡量微课教学效果的唯一标准,是对学习者学科学习结束以后知识和技能等方面的表现的明确而具体的表述。

一、微课教学目标设计的基本依据

当下,随着我国基础教育课程改革的深入和逐步推进,教育改革已经从三维目标时代向核心素养时代过渡。微课教学目标的设计既要符合国家和社会对人才培养的方向性要求,又要符合学生当下所处特定年龄阶段的学习目标的要求。微课教学目标设计的基本依据包括中国学生发展核心素养、国家课程标准和教学目标分类体系。

(一) 中国学生发展核心素养

微课作为新时代课程教学的呈现形式之一,对其教学目标的设计也应体现当下我国教育改革发展的趋势,以学生核心素养的形成和培养为总目标。2016年,教育部正式发布了《中国学生发展核心素养》总体框架,如表4-2所示。[①] 核心素养成为学校课程与教学的重要依据。

表4-2 中国学生发展核心素养基本要点和主要表现

核心素养		基本要点	主要表现描述
文化基础	人文底蕴	人文积淀	重点:具有古今中外人文领域基本知识和成果的积淀;能理解和掌握人文思想中所蕴含的认识方法和实践方法等。
		人文情怀	重点:具有以人为本的意识,尊重、维护人的尊严和价值;能关切人的生存、发展和幸福等。
		审美情趣	重点:具有艺术知识、技能与方法的积累;能理解和尊重文化艺术的多样性,具有发现、感知、欣赏、评价美的意识和基本能力;具有健康的审美价值取向;具有艺术表达和创意表现的兴趣和意识,能在生活中拓展和升华美等。

---

① 核心素养研究课题组. 中国学生发展核心素养[J]. 中国教育学刊,2016(10).

(续表)

核心素养	基本要点		主要表现描述
自主发展	科学精神	理性思维	重点:崇尚真知,能理解和掌握基本的科学原理和方法;尊重事实和证据,有实证意识和严谨的求知态度;逻辑清晰,能运用科学的思维方式认识事物、解决问题、指导行为等。
		批判质疑	重点:具有问题意识;能独立思考、独立判断,思维缜密,能多角度、辩证地分析问题,做出选择和决定等。
		勇于探究	重点:具有好奇心和想象力;能不畏困难,有坚持不懈的探索精神;能大胆尝试,积极寻求有效的问题解决方法等。
	学会学习	乐学善学	重点:能正确认识和理解学习的价值,具有积极的学习态度和浓厚的学习兴趣;能养成良好的学习习惯,掌握适合自身的学习方法;能自主学习,具有终身学习的意识和能力等。
		勤于反思	重点:具有对自己的学习状态进行审视的意识和习惯,善于总结经验;能根据不同情境和自身实际,选择或调整学习策略和方法等。
		信息意识	重点:能自觉、有效地获取、评估、鉴别、使用信息;具有数字化生存能力,主动适应"互联网+"等社会信息化发展趋势;具有网络伦理道德与信息安全意识等。
	健康生活	珍爱生命	重点:理解生命意义和人生价值;具有安全意识与自我保护能力;掌握适合自身的运动方法和技能,养成健康文明的行为习惯和生活方式等。
		健全人格	重点:具有积极的心理品质,自信自爱,坚韧乐观;有自制力,能调节和管理自己的情绪,具有抗挫折能力等。
		自我管理	重点:能正确认识与评估自我;依据自身个性和潜质选择合适的发展方向;合理分配和使用时间;具有达成目标的持续行动力等。
社会参与	责任担当	社会责任	重点:自尊自律,文明礼貌,诚信友善,宽和待人;孝亲敬长,有感恩之心;热心公益和志愿服务,敬业奉献,具有团队意识和互助精神;能主动作为,履职尽责,对自我和他人负责;能明辨是非,具有规则与法制意识,积极履行公民义务,理性行使公民权利;崇尚自由平等,能维护社会公平正义;热爱并尊重自然,具有绿色生活方式和可持续发展理念及行动等。
		国家认同	重点:具有国家意识,了解国情历史,认同国民身份,能自觉捍卫国家主权、尊严和利益;具有文化自信,尊重中华民族的优秀文明成果,能传播弘扬中华优秀传统文化和社会主义先进文化;了解中国共产党的历史和光荣传统,具有热爱党、拥护党的意识和行动;理解、接受并自觉践行社会主义核心价值观,具有中国特色社会主义共同理想,有为实现中华民族伟大复兴中国梦而不懈奋斗的信念和行动。
		国际理解	重点:具有全球意识和开放的心态,了解人类文明进程和世界发展动态;能尊重世界多元文化的多样性和差异性,积极参与跨文化交流;关注人类面临的全球性挑战,理解人类命运共同体的内涵与价值等。
	实践创新	劳动意识	重点:尊重劳动,具有积极的劳动态度和良好的劳动习惯;具有动手操作能力,掌握一定的劳动技能;在主动参加家务劳动、生产劳动、公益活动和社会实践中,具有改进和创新劳动方式、提高劳动效率的意识;具有通过诚实合法劳动创造成功生活的意识和行动等。
		问题解决	重点:善于发现和提出问题,有解决问题的兴趣和热情;能依据特定情境和具体条件,选择制订合理的解决方案;具有在复杂环境中行动的能力等。
		技术应用	重点:理解技术与人类文明的有机联系,具有学习掌握技术的兴趣和意愿;具有工程思维,能将创意和方案转化为有形物品或对已有物品进行改进与优化等。

随着我国学生发展核心素养的发布,各学段各学科在全面反思总结上一轮课程改革的成功与不足的基础上,开展了新一轮课程标准的研究与制定。在课程性质与基本理念、课程目标与学科素养、课程内容与结构、课程实施建议和学业质量标准等方面,均体现并落实核心素养的新理念和新要求。学科核心素养是核心素养在特定学科(或学习领域)的具体化,是学生学习一门学科(或特定学习领域)之后所形成的、具有学科特点的成就(包括必备品格和关键能力),是学科育人价值的集中体现。① 明确微课将从哪个方面促进学生学科核心素养的养成,是微课价值体现和制作方向正确性的重要保障。

从教学的角度,为实现学生核心素养的发展,教学会逐步实现以"学"为核心的内涵式转变。项目式学习、任务式学习等基于真实问题的情境下的学习,成为学习的主旋律。

因此,微课从设计阶段开始,就要关注并贯彻与教育目的实现"人"的发展的一致性,关注微课的开发与课堂教学支持学生学习需求的一致性,突出微课在实现学生核心素养发展方面的重要性和价值,在实现学生自我发展、沟通交流、实践创新、批评反思、解决问题和责任担当等方面发挥应有的作用。

(二) 国家课程标准

有了国家课程标准之后,教学目标要说明的是"为什么教"和"教到什么程度"的问题,它不是来源于教材或教师的经验,而是来源于国家课程标准。②

1. 国家课程标准的性质

国家课程标准是国家对基础教育课程的基本规范和要求,《基础教育课程改革纲要(试行)》明确指出,课程标准是教材编写、教学、评估和考试命题的依据,是国家管理和评价课程的基础。它体现国家对不同阶段的学生在知识与技能、过程与方法、情感态度与价值观等方面的基本要求,规定各门课程的性质、目标、内容框架,提出教学和评价建议。

2. 国家课程标准的框架

国家课程标准的框架是指规范一个国家或地方的各个领域或各门课程在学生学习结果方面的陈述方式。这有利于体现规范文本的严肃性与正统性,有利于标准的宣传、交流与传播,也有利于教师的阅读、理解与接受。

我国课程标准框架的具体内容包括前言、课程目标、内容标准、实施建议和术语解释五大部分。其中各门课程标准在陈述上的差异主要表现在第三部分,即内容标准部分。主要存在三种格式,按"学习领域+学段"陈述标准、按"学习领域+水平"陈述标准和按"目标领域+等级"陈述标准。

3. 对国家课程标准的基本解读

华东师范大学课程与教学研究所崔允漷教授认为以下几点认识对教师研读和应用国家课程标准具有重要意义。

---

① 余文森. 核素养养导向的课堂教学[M]. 上海:上海教育出版社,2017:38.
② 崔允漷. 课程实施的新取向:基于课程标准的教学[J]. 教育研究,2009(1).

(1) 国家课程标准是对学生在经过某一学段之后的学习结果的行为描述,而不是对教学内容的具体规定。

(2) 国家课程标准是国家制定的某一学段的共同的、统一的基本要求,而不是最高要求。

(3) 学生学习结果行为的描述应该尽可能是可理解的、可达到的、可评估的,而不是模糊不清的、可望而不可即的。

(4) 它隐含着教师不是教科书的执行者,而是教学方案(课程)的开发者,即教师是"用教科书,而不是教教科书"。

(5) 课程标准的范围应涉及作为一个完整个体的发展的三个领域:认知、情感与动作技能,而不仅仅是知识方面的要求。

(三) 教学目标分类体系

教学是一项有目的的理性行为,教学目标的确定关系到教师"如何"帮助学生达到目标,也关乎如何测量和评价学生"是否"达到了目标。

20世纪50年代,布鲁姆曾领导一个委员会对教学目标进行了系统的分类研究,把教学活动所要实现的整体目标划分为认知、情感和动作技能三大领域,并从实现各领域的最终目标出发,确定了一个细化的目标序列,被国际教育界广为采用和研究。认知领域的目标分类于1956年被提出,情感领域的教育目标由卡拉斯沃尔(D. R. Krathwohl)于1964年公布,动作技能领域的教育目标由辛普森(E. J. Simpson)于1972年公布。

1. 认知领域(Cognitive domain)教学目标分类

关于教育理论的研究是无止境的,2001年,在布鲁姆的学生Lorin Anderson及相关研究学者的努力下,在布鲁姆原认知领域分类体系的基础上,推出了其修订版。修订版的认知教学目标包含两个维度,分别是知识维度——一个名词(老师"教什么")和认知过程维度——一个动词(学生"怎么学")。修订后的认知领域教学目标分类体系更利于教师理解和陈述教学目标,也更符合21世纪教育教学的改革发展。表4-3是布鲁姆认知领域教学目标分类体系的各认知过程维度的主要内容[①]。

表4-3 认知领域教学目标分类的过程类别及具体认知过程

类别	释义	具体认知过程	举例
1. 记忆/回忆(Remember)	从长时记忆中提取相关的知识	1.1 识别(Recognizing)	认识形近字请、清、晴、蜻、青
		1.2 回忆(Recalling)	能说出10以内进位加法列竖式的基本步骤

---

① 洛林·W.安德森(Lorin W. Anderson)等.布鲁姆教育目标分类学修订版(完整版)分类学视野下的学与教及其测评[M].蒋小平,张琴美,罗晶晶译.北京:外语教学与研究出版社,2009:21-23.

(续表)

类别	释义	具体认知过程	举例
2. 理解 （Understand）	从口头、书面和图像等交流形式的教学信息中建构意义	2.1 解释（Interpreting）	说出气球鼓起来的原因
		2.2 举例（Exemplifying）	找出生活中应用三角形稳定性的情景
		2.3 分类（Classifying）	根据使用目的归类整理搜集到的素材
		2.4 总结（Summarizing）	记录绘制长方形的常用方法
		2.5 推断（Inferring）	实验装置中风扇不转的原因
		2.6 比较（Comparing）	潮来前和潮来后用词的变化
		2.7 说明（Explaining）	就活动设计情况做出说明
3. 应用 （Apply）	在给定的情景中执行或使用程序	3.1 执行（Executing）	能听懂常用指令和要求并做出适当的反应
		3.2 实施（Implementing）	能根据拼读的规律，读出简单的单词
4. 分析 （Analyze）	将材料分解为它的组成部分，确定部分之间的相互关系，以及各部分与总体结构或总目的之间的关系	4.1 区别（Differentiating）	找出课文中描述乡亲美好情感的句子
		4.2 组织（Organizing）	分别说出蔺相如和廉颇两人处事方法的可贵之处
		4.3 归因（Attributing）	实验过程中哪些因素导致了实验的失败
5. 评价 （Evaluate）	基于准则和标准做出判断	5.1 检查（Checking）	检查请假条书写是否正确
		5.2 评论（Critiquing）	按路途最近判断方案一是否为到校的最佳方案
6. 创造 （Create）	将要素组成内在一致的整体或功能性整体；将要素重新组织成新的模型或体系	6.1 产生（Generating）	提出使用排比句表达初春的景色
		6.2 计划（Planning）	绘制作文写作流程图
		6.3 生成（Producing）	创编一首班级主题曲

2. 情感领域(Affective domain)教学目标分类

情感领域教学目标主要与学习者的态度目标、感情目标和价值目标有关,依据价值内化的程度,可细分为接受、反应、价值化、组织和价值体系个性化五个水平[①],如表4-4所示。

表4-4 情感领域教学目标分类

水平	释义	举例
接受(Receiving)	对环境中正在发生的事情的低水平觉知	不经意地听 对教师付出的努力做轻微的反应
反应(Responding)	由经验引起的新的行为反应,由学生主动参与	主动举手回答问题 对恰当的观点表示出兴趣
价值化(Valuing)	学生将特殊的对象、现象或行为与一定的价值标准相联系	欣赏文学作品 刻苦学习英语
组织(Organization)	纳入新的价值观,形成自己的价值系统	参加各种活动 改变行为
价值体系个性化(Characterization by value)	表现出与新价值观一致的行为	愿意做出牺牲以继续参加活动 过去受到批评的行为有所改进

3. 动作技能领域(Psychomotor domain)教学目标分类

动作技能领域教学目标共分为七个水平,分别是知觉、定向、有指导的反应、机械动作、复杂的外显反应、适应和创新[②],如表4-5所示。

表4-5 动作技能领域教学目标分类

水平	释义	举例
知觉	运用感官获得信息以指导动作,包括刺激辨别、线索选择和动作转换,主要了解某动作技能的有关知识、性质和功用等	知道正确的握笔姿势对书写的重要性
定向	对稳定的活动的准备,包括心理定向、生理定向和情绪准备	做好800米跑的准备
有指导的反应	在教师的引导下做出反应,包括跟随模仿和自行尝试错误	参考乐谱完成曲子的演奏
机械动作	反应变为习惯,能以某种熟练和自信水平完成动作;涉及各种形式的操作技能,动作模式并不复杂	尝试自主完成太阳能风车的组装
复杂的外显反应	较为复杂的或包括多种不同反应的动作技能已初步形成,动作的熟练性以迅速、连贯、精确和轻松为指标	能在5秒内向量杯内滴5滴红色色素

---

① R. J. Sternberg & W. M. Williams. 教育心理学[M]. 张厚粲译. 北京:中国轻工业出版社,2003:394.
② Simpson,E. J. (1972). The classification of educational objectives:Psychomotor domain. Champaingn-Urbana:University of illi-nois Press.

(续表)

水平	释义	举例
适应	技能的高度发展水平,能修正自己的动作模式以适应特殊的装置或满足具体情境的需要	为班级墙绘制一幅教师节主题图
创新	个人的动作技能达到熟练程度之后,能够从事超个人经验的创新设计,即技能达到创造性发挥的地步,这是动作技能的最高境界	根据音乐节奏为机器人创编一套动作

布鲁姆的教学目标分类体系,有助于教师从多角度、多层次思考学校的教育教学问题。它提醒教师:有效的教学不仅要考虑认知领域目标的实现,还要促进学生态度和情感的发展,使学生能够积极地参与各学科的学习;除了发展学生的认知和情感外,还要发展学生的各种身体运动技能,以使其拥有健康的体魄。[①]

二、设计教学目标的基本步骤

微课教学目标的设计包括分析核心素养归属领域、确定学习水平、选择行为动词和编写教学目标四个基本步骤。

(一) 分析归属领域

课堂教学是实现学生核心素养发展的主阵地,微课作为课堂教学资源的有益补充,其教学目标的设计应以学生核心素养发展的要求为依据。提高教学目标的教育性、科学性和有效性,进而更好地发挥教学目标导教、导学和导评的作用。教学目标的归属领域分析包括确定教学目标的学科核心素养和在中国学生发展核心素养框架中的基本要点和主要表现。

(二) 确定学习水平

布鲁姆教学目标分类体系将教学目标划分为三大类共31类水平层级。与常规课堂教学不同,微课的教学目标归属领域可以是三大领域中的一个或两个领域的组合,不要求也不建议一个微课教学目标涉及较多领域。

1. 选择一级分类领域名词

选择一级分类领域名词,是确定通过本节微课的学习,希望学生在三大领域的哪一个或哪几个领域有所发展,如知识点属于"认知领域的事实性知识"。

2. 选择二级分类领域动词

选择二级分类领域的动词,是确定希望学生通过对该知识点的学习达到该领域的哪个水平(程度),如达到理解层次的推断水平。

3. 陈述学习水平

将分析结果融入知识点的相关内容,用语言表述出来。如该知识点的教学目标基本框架为"理解某个知识点的……,能根据该知识点对……做出推断"。至此,教学目标定位就浮出水面。这将有助于教师有针对性地组织微课教学内容、设计教学活动及其

---

① 莫雷.教育心理学[M].北京:教育科学出版社,2007:314.

他必要的教学要素,从而有利于学生更好地学。

(三)选择行为动词

教学目标是学生在学习结束之后的行为,这里的行为是对学生预期表现的描述,是学生的学习结果,也是评价学生是否达成教学目标的有力证据。为教学目标选择适当的行为动词,就是教师确定学生经过(微)课的学习能够做什么样的事情的思考过程。在这个过程中,教师对学生的学习结果有了较为明确的思考和设计,为教学内容的选择和教学活动的设计建构了雏形,也为教师评定学习目标是否达成提供了依据。

鉴于教学目标的实现在很大程度上有赖于行为目标,因此在教案设计中编写行为目标时应避免使用"知道""理解""掌握""欣赏"等含义较广的上位动词,必须明确、具体、可观察、可操作和可测量,方便教师观察和搜集证据,从而判定教学目标的达成度。修订后的布鲁姆教学目标分类体系,特别是认知领域教学目标体系及我国《国家课程标准中的学习水平与行为动词》文件,都对不同领域的教学目标层次(水平)做出了明确的规划,给出了每个层次(水平)的概念,并对概念做了清晰的描述。描述主要指向处在该层次(水平)的基本状态,以及处在这个状态的学习者个体能够做什么样的事情的较为抽象的叙述。

《国家课程标准中的学习水平与行为动词》是国家课程标准在充分考虑已有经验与可接受性的前提下,经过多次讨论,对课程标准中学习水平与行为动词使用提出的基本要求。文件大体上按结果性目标与体验性目标陈述,并确定相应的学习水平,规范适当的行为动词,如表4-6所示。其中,结果性目标主要指向知识与技能类的目标,体验性目标主要指向过程与方法、情感态度与价值观类的目标。

表4-6 国家课程标准中的学习水平与行为动词

目标分类		学习水平	行为结果	行为动词
结果性目标	知识	了解	包括再认或回忆知识;识别、辨认事实或证据;举出例子,描述对象的基本特征等	说出、背诵、辨认、回忆、选出、举例、列举、复述、描述、识别、再认等
		理解	包括把握内在逻辑联系,与已有知识建立联系,进行解释、推断、区分、扩展;提供证据;收集、整理信息等	解释、说明、阐明、比较、分类、归纳、概述、概括、判断、区别、提供、把……转换、猜测、预测、估计、推断、检索、收集、整理等
		应用	包括在新的情境中使用抽象的概念、原则;进行总结、推广;建立不同情境下的合理联系等	应用、使用、质疑、辩护、设计、解决、撰写、拟定、检验、计划、总结、推广、证明、评价等
	技能	模仿	包括在原型示范和具体指导下完成操作;对所提供的对象进行模拟、修改等	模拟、重复、再现、模仿、例证、临摹、扩展、缩写等
		独立操作	包括独立完成操作;进行调整与改进;尝试与已有技能建立联系等	完成、表现、制定、解决、拟定、安装、绘制、测量、尝试、试验等

(续表)

目标分类		学习水平	行为结果	行为动词
结果性目标	技能	迁移	包括在新的情境下运用已有技能;理解同一技能在不同情境中的适用性等	联系、转换、灵活运用、举一反三、触类旁通等
体验性目标		经历（感受）	包括独立从事或合作参与相关活动,建立感性认识等	经历、感受、参加、参与、尝试、寻找、讨论、交流、合作、分享、参观、访问、考察、接触、体验等
		反应（认同）	包括在经历基础上表达感受、态度和价值判断;做出相应的反应等	遵守、拒绝、认可、承认、接受、同意、反对、愿意、欣赏、称赞、喜欢、讨厌、感兴趣、关心、关注、重视、采用、采纳、支持、尊重、爱护、珍惜、蔑视、怀疑、摒弃、抵制、克服、拥护、帮助等
		领悟（内化）	包括具有相对稳定的态度;表现出持续的行为;具有个性化的价值观念等	形成、养成、具有、热爱、树立、建立、坚持、保持、确立、追求等

需要说明的是,这两个依据并没有也不可能涵盖各个学科门类的所有学生可能做的事情的每一个行为动词,我们可以根据对学习水平的描述自主制定和编写适合的行为动词。在阐述教学目标时,要注意目标的层次性,体现出梯度和侧重点。其中基础教育阶段对体验性目标的实现重点在经历(感受)水平;对于高水平的目标一般有两种处理方式,一是尽量少用,二是在这类动词后面匹配难度较低的内容,以求得平衡。

（四）编写教学目标

美国学者梅格(Mager)在他的《程序教学目标的编写》中提出:学习目标应该包括行为、条件、标准三个基本要素。在学习目标的表述中首先应明确教学对象,如"小学一年级学生""参加在职教育技术培训的教师",接下来要说明这些学习者通过一定的学习后,应获得怎样的能力,这种关于行为的表述是一定学习目标中最基本的成分。

在编写教学目标时,有学者建议在梅格的教学目标三要素基础上再增加"教学对象"这一要素,这样可以从"教学对象(Audience)、行为(Behaviour)、条件(Condition)和标准(Degree)"四个要素来说明教学目标,这一方法也被称为 ABCD 法。

（1）对象 A(Audience)：即指需要完成行为的学生、学习者或教学对象。如"初中二年级学生"。

（2）行为 B(Behavior)：在教学目标的构成要素中,实际的行为及其结果是一个最基本的要素。它说明了学生通过学习所能够完成的特定而可观察的行为及其内容。

（3）条件 C(Condition)：学生在证实其相应的行为及其结果时,总是在一定的情境条件下进行的,也就是说在学生证实其终点行为时,我们常提出相应的限制条件。

（4）行为的标准 D(Degree)：行为的标准是指行为完成质量的可接受的最低衡量依据。为了使教学目标具有可测量性,应该对学生行为的标准进行具体的描述。

ABCD 法教学目标的优点是它的清晰性,它清楚地告诉教师和学生,这里所指的分

析能力的含义以及如何观察和测量这种能力。因此,ABCD法教学目标强调学习之后的行为变化和变化的条件。在一个好的教学目标中实际上已蕴含了学习结果的检测方式和评价标准。

由于在实际阐明教学目标时,教学对象通常是特定的,如小学二年级的学生,因此这一要素可以省略。

第三节　选择微课内容

教学内容选择实现的是知识点从教材内容向微课内容的转化,解决的是教师"教什么"和学习者"学什么"的问题。① 从教材内容到微课内容的转化是建立在教师对知识点的深刻理解的基础上,并结合教材内容、教学目标及学生学习水平做出选择和调整的过程。

一、知识点分析

课程内容由知识点构成,是处在特定阶段的学生需要学习的事实、概念、原理、技能、策略、方法、态度及价值观念等。② 简单来说,学习者"所学的对象即知识点",对知识点的刻画通常从知识点的深度、广度和贯通度三个方面进行,这是教学内容选择的出发点,为教师正确理解和选择内容提供基本的程序和步骤。

(一) 分析知识点的深度

知识点深度的分析指对该知识点的组织结构的分析,组成知识点组织结构的基本单位是知识点的基本因素。构成知识点的基本因素主要包括"是什么或包含什么""为什么"和"有什么用"等三个方面的规定性。③ 对这三个方面的规定性内容的描述构成该知识点的教学内容要点,知识点深度分析的结果是列出该知识点的教学内容要点。

1. 是什么或包含什么

"是什么或包含什么"指向知识点所要说明和揭示的具体问题,反映了某个具体知识点的基本内容、基本含义和基本问题,是这个知识点区别于其他知识点的质的特殊规定性。

2. 为什么

"为什么"指这个知识点成为一个知识点的形成原因。如知识点的事实根据、理论依据,知识点与其他知识点之间的内在联系,知识点形成的认识论根源、社会历史根源等。

3. 有什么用

人类在实践活动中创造出来的物质产品都具有对人类"有用""有意义"的属性和规

---

① 刘美凤,康翠. 多媒体课件教学设计[M]. 北京:高等教育出版社,2013.
② 俞红珍. 课程内容、教材内容、教学内容的术语之辨——以英语学科为例[J]. 课程·教材·教法,2005(8):50.
③ 郝贵生. 论知识点的基本构成与对知识的理解[J]. 天津师范大学学报(社会科学版),2000(3):25-30.

定性,其本质指知识的价值性。

(二) 分析知识点的广度

知识点的广度是指横向与该知识点具有直接联系的其他知识点的广泛程度。微课通常针对一个知识点展开,从微课与课堂教学的关系分析,微课呈现的是课堂教学中涉及不够深入、不够全面或需要补充提高的部分。因此,微课针对知识点展开,但不是针对该知识点的所有知识要点展开。这就决定了分析知识点的广度的意义在于确定学习微课的认知起点,即用于判断学生是否具备学习这节微课的认知基础。

(三) 分析知识点的贯通度

知识点的贯通度是指教师根据教学内容要点对知识点的意义,对各内容要点之间的逻辑关系进行客观的分析,从而为教学内容要点的选择和呈现顺序提供依据。知识点作为对现实事物的抽象和反映,可以借鉴事物的内部联系认识和理解知识要点之间的逻辑关系。鉴于教学内容要点是对知识点的组成要素之间关系的反映,其主要包括并列关系、递进关系、主次关系和因果关系等四大类。

1. 并列关系

具有并列关系的教学内容要点彼此独立,通常用于说明知识点是什么或包含什么。如生字词的写法、读音、含义等,是生字词的基本属性,彼此之间不存在关联。并列关系的教学内容要点在呈现顺序上没有必然的先后次序,可根据教师的经验和风格、学生的学习习惯、重要性、当时的特殊情景等灵活展开。

2. 递进关系

具有递进关系的教学内容要点反映的是知识点要素间存在的顺序关系,主要表现在时间、进度、过程、步骤、空间等方面的先后顺序。如种子发芽的过程、折纸—小鸟的基本步骤、圆柱的组成等,过程、步骤和组成等表示了事物在某个维度上客观存在的顺序。在微课中涉及具有递进关系的教学内容要点时,应遵循事物的先后规律顺序呈现。

3. 主次关系

主次关系是重点与一般的关系,具有主次关系的教学内容要点间没有隶属关系,但互相影响、互为补充。如小学科学"学会记录天气"部分内容的学习,其目的是自主设计符号并记录不同的天气现象,其教学内容要点贯通度分析如表4-7所示。

表4-7 小学科学"学会记录天气"教学内容要点贯通度分析

标号	内容要点	贯通度分析	微课设计
1	天气现象	要点1和要点2是天气现象的本质内容,是重点内容。要点3和要点4是认识途径,可归属为学习策略和学习工具范畴,为认识和掌握要点1和要点2提供学习过程的支撑,是一般内容	应注意要点3和要点4对要点1和要点2的服务和支持作用
2	不同天气现象的特征		
3	为不同天气现象设计代表性符号		
4	记录天气现象的途径		

4. 因果关系

因果关系是指一系列因素和一个现象之间的关系,通常这一系列因素是这一现象产生的原因,因果关系具有客观性和时间上的序列性。具有因果关系的教学内容要点在呈现上通常按照由因到果或由果及因的顺序来呈现。由因到果的顺序可以引发学生分析这些因素可以导致什么结果的产生,由果及因的顺序可以激发学生积极反思导致这一结果的因素有哪些。如表4-8所示,为小学数学五年级上册"小数除以整数运算中的常见错误"教学内容要点贯通度的分析。

表4-8 小学数学"小数除以整数运算中的常见错误"教学内容要点贯通度分析

标号	内容要点	贯通度分析	微课设计
1	小数除以整数运算的常见错误示例	要点1是结果,要点2是原因,要点3是纠正办法,要点4是解决策略	要点1和要点2的顺序可灵活设置,可以先讲常见的错误点有哪些,然后再讲基于某个错误点的具体表现(结果),也可以先讲错误的表现(结果),然后讲这种错误表现(结果)的错误点
2	错误示例的错误点		
3	与错误点对应的正确运算方法		
4	避免出现这种错误的方法		

(四) 分析教学内容要点的意义

微课的基本特点是短小精悍,通常围绕一个知识点展开教学。因此,引申出一个问题,微课要教哪些内容? 在微课设计与制作的实践中,很多微课开发人员潜意识里认为,要说清楚一个知识点很容易。特别是一些初期的微课开发者,忽视对微课主题的分析。一方面容易漏掉一些关键内容,另一方面容易把微课制作成知识点"流水单",不能很好地呈现要点之间的逻辑关系,显得枯燥乏味。

二、选择教学内容的基本依据

从课程内容到教学内容,是教师根据具体的教学目标和教学情景,结合学生的认知水平,对教材内容进行方法化处理的过程。① 微课教学内容的选择也同样要遵循这样的过程和要求,基本依据包括国家课程标准、教学目标、教材和学生认知水平。

(一) 国家课程标准

通常在课程标准中给予课程内容明确的规定和表述,具有法定的地位,不能轻易改变,这就是学科教学的内容框架。学科教学的内容框架由知识点构成,而教学内容的选择恰恰是围绕知识点而展开的。因此,国家课程标准为教学内容规定了选择范围。教学内容所围绕的知识核心即知识点和知识点的深度及广度的分析都应以国家课程标准

---

① 俞红珍. 课程内容、教材内容、教学内容的术语之辨——以英语学科为例[J]. 课程·教材·教法,2005(8):50-52.

为根本依据。

(二) 教学目标

教学目标对教学起到导向和激励的作用,教学内容的选择同样应在教学目标的引导下,服务于教学目标,以促进教学目标的达成为出发点。

(三) 教材

教材又称课本,它是依据课程标准编制的、系统反映学科内容的教学用书。教材是课程标准的具体化,将课程内容以具体的事实、现象、素材表现出来,为学生提供现实而生动的学习内容,是学习内容的范例。教材建立起了课程内容和教学内容之间的桥梁,一方面要以教材内容为基础选择和组织教学内容,另一方面又必须把教材内容与教学过程和现实的教学情景相结合,经由教师的加工处理和"教学化"的过程转变成为可实施和可操作的教学内容。

(四) 使用对象现有水平

微课使用对象的现有水平是基于教材内容选择教学内容的重要现实依据,处于某个年龄段的学习者在其思维方式、现有知识水平、认知特点和情感态度价值观的形成等方面具有特定的表现,都对教师选择教学内容产生不可忽视的影响。教学内容的选择应基于使用对象现有的知识水平,遵循思维发展的一般规律,选择符合其认知特点的、有助于其形成健康向上积极的情感态度价值观的内容。

三、选择教学内容要点的基本步骤

微课通常围绕一个知识点展开,针对该知识点在微课中要呈现哪些内容,需要一个客观而科学的确定过程,不能仅停留在教师主观意识上思考而得出结论的层面,而是一个针对知识点的内容体系进行筛选和优化的过程。

(一) 列出教学内容要点

国家课程标准对某个年龄段的学生的学习内容体系进行了科学而系统的规定,首先应以课程标准为依据,结合学生所处的年龄段和认知要求,列出该知识点的内容框架,即从知识点的深度和广度两个角度确定由哪些教学内容要点组成。这个过程是教师系统梳理该知识点的过程,有助于教师全面地把握该知识点。

(二) 分析教学内容要点间的关系

在列出教学内容要点的基础上,分析各教学内容要点之间的关系,进一步认识和理解各教学内容要点之间的依存关系,为确定具体的教学内容奠定基础。

(三) 确定具体教学内容

以所确定的微课教学目标为依据,参考学生的现有认知水平,确定在微课中呈现哪几个教学内容要点。具体的教学内容是提供给学生的可以切实展开的学习内容,可以是对教材内容的沿用,也可以是教师对教材内容的"重构"——处理、加工、改编乃至增

减、更换;既包括对课程内容的执行,也包括在课程实施中教师对课程内容的创生。[1]

第四节 组织微课结构

微课的结构是指微课内容展开的顺序或步骤,本质上也就是为完成知识点或技能点的学习而使用的教学策略。教学策略是指对完成特定的教学目标而采用的教学活动的程序、方法、形式和媒体等因素的总和。与常规课堂教学不同,微课的典型特点是师生在教学时空上的分离,因此,更应注重微课整体结构的设计,以提升学生的学习动力和学习兴趣,促使教学目标的达成。通常可从以下几个方面入手,优化微课的整体结构,包括选择教学方法、设计教学互动、组合教学媒体和设计学习任务单。

一、选择教学方法

教学方法是教师达成教学目标的主要手段,微课教学中常用的教学方法有讲授法、直观演示法、情境教学法、案例分析法、问题式教学法等。

(一) 讲授法

讲授法是微课最常用的一种教学方法,由教师通过简明、生动的口头语言向学生系统地传授知识,发展学生智力的方法。讲授内容可以是概念、规则、原理、规律、故事、现象等。

1. 基本结构

讲授法通常开门见山,直接提出要讲解的知识内容。其基本呈现结构简要介绍知识点、讲解知识要点、总结知识要点。简要介绍知识点通常包括知识点的名称、地位和作用等;讲解知识要点则主要包括内容的分解呈现、对要点的解释及举例说明等;总结部分将基于该知识点要强调的内容加以重点重现,以引起学习者的重视,同时强化知识点的学习。

2. 特点

(1) 信息传递效率高。采用讲授法的微课可以高效系统地传递信息,有利于学生在短时间内接受与知识点相关的大量必要信息,学习效率较高。

(2) 知识构架清晰直观。信息的传递由易到难、由浅入深,结构明了,层次清晰,一方面便于学习者把握知识脉络,另一方面方便学习者在必要时通过重复观看,提取必要的关于该知识点的某个方面内容。

(3) 应用范围广。讲授法以结构不受学科、年级的限制,适用于各个学科和年级的微课教学。

3. 使用要点

(1) 保证知识脉络清晰完整。微课时间短,学习者自主学习为主要学习形式。因

---

[1] 王荣生,许志先.语文教师教学内容选择的现状调查及分析[J].语文学习,2005(1).

此,一方面,在讲授知识点时要言简意赅,直指知识要点和关键点,避免重复无用、啰唆的"废话",导致学习者产生"烦躁"情绪。另一方面,要保证知识脉络的清晰完整,不遗漏且不主观删减知识要点,保证所有学习者都能系统接收到该知识点相关的内容,在层层递进中实现高效学习。对某些知识要点已经掌握的学习者,可采取"跳跃式"学习方法。

(2) 注意提升知识趣味性。知识的讲解要注意将抽象的知识形象化、枯燥的理论趣味化,以激发学生的学习兴趣,提高学习效果。

(3) 适时采取形式上的变化。在微课制作中,除了常规的讲解形式之外,讲授法还通常变身为"访谈""情景剧""实地考察"等形式,这些微课呈现形式其本质仍然是讲授,在微课制作中可根据知识点的特点进行灵活选择。

(二) 直观演示法

直观演示法是指教师根据教学内容,结合学生认知特点,借助一定的实物进行过程示范的教学方法。在微课制作中,直观演示法通常用于艺术类、实验操作类和体育技能等学科操作性较强的知识点的呈现。具体呈现形式有现场操作演示、虚拟展示、记录桌面操作过程等。

1. 基本结构

直观演示法的基本结构包括呈现演示任务、明确演示流程和目标、演示操作过程、总结操作要点等。

在呈现演示任务部分,通常要介绍清楚演示的题目、所需材料、参与人员及分工等,使学习者做好跟随学习的物质准备。在明确演示流程和目标部分,要介绍清楚整个演示的主要流程或步骤,并对演示结果有清晰的呈现,使学习者对演示过程和最终演示状态有初步的认识和把握,做好跟随学习的心理和认知准备。在演示操作过程部分,要演示完整的过程,并对要点和主要细节给予重点说明。总结操作要点部分是对整个演示过程的小结,同时也起到检验的作用,使学习者在回顾中进一步明确学习内容。

2. 特点

(1) 教学效果生动直观。演示教学法将知识要点内化在演示步骤中,使学生在直观的视听觉刺激中,获得具体、生动和真实的学习体验,形成对知识(技能)的正确认识和把握。

(2) 教学流程易于把握。操作演示性的知识点往往有固定的内容和流程,微课制作过程中只需要把这些内容准确地演示出来即可,是一种比较容易操作的微课教学形式。

3. 使用要点

(1) 明确操作重点和目的。采用直观演示法的微课要注意在视频一开始就明确告知学习者演示的重点内容和学习的目的。这有助于唤起学习者已有的知识经验,同时使学习者对接下来的学习内容形成初步的预期。

(2) 恰当选择演示手段和演示材料。由于微课不是现场演示,为使演示过程顺利进行,保证从学习者的视角能够清晰地接收必要的演示过程信息,应考虑采用相应的演示手段,例如做必要的说明和讲解、提供不同视角画面、重复必要的关键步骤、提示要点等。如有必要,可在微课视频录制完成后,以学习者的视角或其他人员的视角试看视频,以确保演示过程的完整和演示层次的清晰。演示材料要提前做好准备,保证其材质和色彩在视频中清晰可见。

(3)突出学习内容,强调呈现形式。在微课制作中,采用直观演示法时,内容上容易走马观花,形式上花哨啰唆。突出学习内容是为了保证其有效传递,强调呈现形式是为了吸引学习者的眼球,提升学习者的学习兴趣和动力,两者缺一不可。

(三)情境教学法

情境教学法是一种常用的具有开放性和互动性的教学方式,也是微课制作中常用的一种教学方法。教师通过有目的地创设一定的真实情境,让学习者置身其中,在情境的帮助下理解知识,有利于提高学习者分析问题、解决问题以及知识应用能力。

1. 基本结构

基于情境教学法的微课的基本结构包括呈现情境、提取问题、分析问题、解决问题和总结要点等。

2. 特点

情境教学法的主要特点是情感性,通过创设带有情感色彩的"境",激发学习者产生情感上的共鸣,如爱国的热情、乐于助人的品德、解决问题的意志、探索未知的好奇心、对真善美的追求等。

3. 使用要点

(1)情境要具体。情境教学法应用的核心是情境,所创设的情境无论是情形、景象还是境地,都必须是具体的,且能与学习者的认知经验或生活经验产生直接联系,以引起情感上的共鸣。

(2)情境要有用。情境要能与微课教学内容即知识点产生直接或间接的关联,不能单纯为了创设情境而生搬硬套。因此,对情境的创设,可以将来自生活中的具体事物加以创造性地选择和改造,增强情境要素的针对性,使其具备教学的特征,满足教学的需求。

(3)情境要贯彻始终。教学情境一旦创设,就应贯彻微课教学的始终。一方面情境要素,如情境中出现的角色、体现的联系、内含的逻辑等,要在问题的提取、分析和解决等过程中持续出现。另一方面,学习者融入情境所激发的情绪和情感,也要贯彻微课教学的始终。

(四)案例分析法

案例分析法是指在微课中呈现案例,并基于案例分析讲解知识点的教学方法。

1. 基本结构

采用案例分析法制作微课,其基本结构包括呈现案例、基于案例的知识要点解析、知识点总结等三个关键部分。

2. 特点

基于案例分析法制作微课,避免知识点的枯燥讲解,将知识与实践相结合,有利于帮助学习者将知识与应用建立关联。

3. 使用要点

在这类微课中,案例的选择是微课制作成功与否的关键。其核心在于案例的选择及其作用分析。首先应明确的一点是,案例可以起到诸如增强趣味性以及生动形象的导入等方面的作用,但案例的首要作用是承载知识要点。所谓承载知识要点是指案例应内含本节微课所讲知识点或技能点,即从案例中应能明确找出所讲内容的要点,如步骤、内容、原则、要素、结构、功能、方法等。

案例分析:以中国微课网上发布的由怀柔五中的王帅老师开发的微课《脚背内侧踢球》为例,微课首先呈现了足球比赛中使用脚背内侧踢球进球的视频,然后分两次用更近距离和较慢的速度重点播放了脚背内侧踢球进球的画面。这个进球视频就是一个案例,从这个案例中王帅老师分割出了本节微课的重点——脚背内侧踢球的基本过程,使学习者直观形象地观看到了脚背内侧踢球的整个过程,并提供了完整的示范。

(五) 问题式教学法

基于问题的教学指将学习置于有意义的问题情景中,把教材的知识点以问题的形式呈现给学习者。

1. 基本结构

问题教学法的基本结构为给出问题情境、提出核心问题、分析问题突破点、呈现解决过程、总结问题重点。根据微课与课堂教学互动的关系,微课中的必备过程不包括呈现解决过程和总结问题重点,这两个过程根据实际需要,选择在微课中或在课堂教学中完成。

2. 特点

基于问题的教学让学生走进情境,基于情境中呈现出的如冲突、失败、疑问、难点等状况,也可以产生羡慕、惊艳、优美、赞叹、可惜、批评等情绪,促使学生带着解决这些非常"状况"或想要模仿情境中的"状态"的情绪开展学习,从而在寻求和探索的思维活动中,实现掌握知识、发展智力、培养技能等目标,同时起到培养学生发现问题和解决问题的能力。

3. 使用要点

(1) 精心设计核心问题。需要注意的是,核心问题是知识点的化身,而不是知识点本身。如问题的设计不能是"小朋友,你知道什么是疑问句吗?""小朋友,你认识唐朝诗人李白吗?"这样的问题属于引导语,而不是问题情境。要突出问题的设计,把问题融入情境中,问题的提出需要抽丝剥茧,逐渐浮出水面。

(2) 精心设计启发问题。在微课中,从问题的呈现到问题的解决,整个过程都是由"教师"全程完成,如何在学习过程中突出学生对问题的思考,发挥问题教学法的优势,是使用该教学方法要重点思考并解决的关键点。在呈现的过程中,应多采用提出问题、启发思考、对比相似情形等手段,多方位促使学生积极主动观察、乐于思考并积极参与到问题解决的过程中。

(3) 巧妙解决问题。问题分析和解决的过程可从较为容易解决问题的角度选择1~2个切入点展开,如问题存在的背景、问题产生的原因、问题的相关要素、问题的走向等。避免单刀直入,就问题本身展开分析和探索。

例如,人教版小学数学一年级下册第四单元中的《看谁搭得又高又稳》,其知识点是"从形状的角度认识图形",课前尝试使用微课引导小学生在家里利用积木或其他可用材料"搭高楼"。在微课中可以给出"搭高楼失败"的情景,提出表面问题"为什么会失败?"进而引导学生从现象中观察什么情况下的搭建是成功的,失败通常在什么情况下出现,从而引发思考失败的状况具有哪些特点。在这个过程中,深层次的问题"不同形状的积木具有什么特征,如何放置才能实现更高更稳的效果",与教材中的知识点"图形与几何"相关联。

二、设置教学互动

微课以视频的单向传输为主要学习方式,教和学具有时空上的异步性。从另一个角度来看,微课作为教学信息传递的一种重要形式,在信息传递的过程中,传递者和接收者这两个要素不可或缺,因此,两者之间的互动也必然存在。

(一)教学互动的概念及内涵

1. 教学互动的概念

互动在英语中为 interact 或 interaction,指彼此间的相互影响、相互作用。从信息交换的角度来看,"当两个或两个以上的个体通过语言和非语言进行交往时,我们称之为互动"。从教学的角度来看,师生互动存在其特殊性,我们需要把教学信息传递和教学互动加以区分。即教学互动中参与双方是相对独立的主体,教师和学生在教学互动中应同处于主体地位。因此,教学互动是教师和学生两个主体之间以一定的客体为媒介,均衡地发生显性或隐性的情感交互作用以及由此带来的生命体验的过程。①

2. 微课中的教学互动类型

关于教学互动类型,国内外学者的研究结果主要有三个划分标准,分别是师生互动中的主体地位、师生行为和师生之间的不同情感和态度以及教师的行为作风。② 由于微课中的教学互动通常发生在学生和材料以及学生和虚拟教师之间,分别表现为教师行为和学生行为,而较少有情感上的直接交流且地位上存在不同。因此,微课中的教学互动采用基于师生行为的分类标准,对微课的设计与制作更有参加价值和意义,可操作性强。弗兰德斯的"课堂社会互动模型"将师生的行为概括为10类,如表4-9所示。

表4-9 弗兰德斯"课堂社会互动模型"师生行为分类

来源	内容
教师	接纳学生感受、表扬、延伸学生想法、提问、发出命令、讲解、批评与维持纪律
学生	回答问题、主动提问
师生共有	沉默

---

① 谢红仔.情感互动是师生互动的实质[J].教育导刊,2003(2).
② 佐斌.师生互动论——课堂师生互动的心理学研究[M].武汉:华中师范大学出版社,2002:26-29.

根据弗兰德斯的"课堂社会互动模型"以及现代视频制作技术,微课教学中几乎可以采用该模型中的所有类型的互动,其中批评与维持纪律、主动提问以及沉默,由于微课教学形式的特殊性,在微课教学互动中出现的可能性较小。

3. 微课教学互动的特殊性

微课的特殊性在于学习过程中师生在时空上的分离,因此,微课教学交互具有其特殊性。微课教学互动的特殊性主要表现在三个方面:一是介质的特殊性。微课教学交互主要发生在学生与学习材料之间以及学生与虚拟教师之间。基于微课的学习是学生借助教师发布的微课视频而开展的,微课视频是学生的核心学习材料,那么教学互动就在学生学习微课视频材料的过程中产生,在这个过程中学生可以与学习材料与视频中的虚拟教师发生某种形式的交互。二是反馈的滞后性。学习者基于微课产生的想法、疑问、作业等,由于无法及时与教师建立联系,因此教师对这些内容的反馈通常无法即时发生,通常在其他某个时间以其他形式获得。三是内容的预设性。微课的教学交互是教师基于对学生可能的学习状态的分析而开发出来的,与教学行为发生时学生的真实学习状态存在差距,且教师无法及时获取学生的真实学习状态。因此,在微课中出现的教学互动存在一定的预设性,即这些教学交互可能对部分学习者有效。

(二) 微课教学互动的呈现形式

微课中教师和学生教学互动行为的发生,通常在某种情形下或需要借助某种途径,以特定的形式呈现出来。这里仅对微课中教学互动的呈现形式做出概述,微课中的教学互动形式有三种,分别是语言互动、测试题互动和实操互动。

1. 语言互动

在教学中,语言是师生之间交流的主要手段。语言分为口头语言和肢体语言。在微课中,除了常规的知识讲解,教师可根据需要加入特定的语言表达,以提醒学习者重点关注某个学习内容,促使学习者主动思考,以及帮助学习者保持学习动力。

如在呈现重点时,教师可以说"敲黑板了,重点来了!"这样的语言目的明确又诙谐有趣,学生的注意力马上集中在接下来的学习内容上。在需要学习者持续保持逻辑思维上的一致性时,教师可以说"你 get 到这里的关键点了吗?如果有困难,可以倒回去再看一次呦!"提醒学习者如果不能跟上学习思路,可以采取的学习方法。同样,教师可以利用肢体语言的独特魅力,增强微课视频的感染力,让学习者感受到教师与自己情感上的交流。如适当的手势,不但可以增强画面的生动性,而且会给学习者带来更真实的一对一交流的亲近感。与呈现内容感情色彩一致的眼神和表情,则有利于营造热情的学习氛围。

2. 测试题互动

测试题互动是微课常用的一种互动形式,测试题的主要类型有选择题、填空题、判断题、简答题、配对题和多媒体反馈等。在微课中加入测试题,主要有四个方面的作用。一是监控学习过程。可要求学习者必须回答正确该题目,才能进入下一环节的学习,从而确保学习者必须如实观看前面的学习内容,而不能跳过不学。二是强化知识要点。通过完成测试题,帮助学习者梳理和提取前面的学习要点,形成一次强化,增强认知。三是检测学习效果,通过加入测试题,可帮助学习者检验对当前知识要点的掌握程度,如果没有掌握,可重复观看学习。四是提升微课表现力,单纯的视频观看显得枯燥单调,除了常规的测试题,微课测试的形式也越来越丰富,支持语音、图片和视频等多媒体素材的上传,不但在形式上丰富了微课的表现力,而且也使微课的互动效果越来越好。

3. 实操互动

实操互动是指要求学习者基于微课视频的学习,自己动手操作完成一定的学习材料。实操互动通常用于和课堂教学形成联动,教师通过在微课中为学生布置任务,要求学生自行完成,而学习结果将在课堂学习中加以反馈与体现。如布置作业题、制作手工作品、准备学习材料、完成简单实验、练习动作技能等。

(三) 设计微课教学互动的要点

微课教学互动有用且有趣,在设计微课教学互动时,需要注意以下几个要点。

1. 注意互动的必要性

从教学的角度,互动是教学活动的重要表现形式,对实现教学目标有重要的促进作用。但微课中的互动并不是越多越好,应根据教学设计,在必要时添加教学互动,从而与其他教学活动形成良好的配合。如在微课中,一个知识要点呈现完毕,且该知识要点的掌握和理解对后面内容的学习具有密切的联系,此时可以添加教学互动,从而帮助学生明确自身对该知识要点的学习程度。

2. 关注互动的有用性

有用即有效果,指教学互动形式的选择和互动内容的设计要与添加互动的目的保持一致,有利于实现对教学互动添加的预期。

3. 确保互动的完整性

指互动过程的完整性,包括信息的提交和信息的反馈。互动的本质就是两者之间的互相作用,因此添加教学互动不能仅停留在学生提交阶段,还必须要有对学生提交信息的进一步反馈,从而形式完整的互动链条。

三、组合教学媒体

媒体有两个方面的含义,一是信息的承载形式,二是内容的传输形式。前者如文字信息,后者如手机。在微课教学设计阶段,针对教学内容的呈现而设计的教学媒体组合,指信息的承载形式。即为达成教学目标,教学内容需要通过不同的媒体形式传递教学信息,并遵循一定的规律呈现。

(一) 设计呈现形式

微课中常用的媒体形式有文字、图形/图像、声音、表格、图表、结构图和动画等。

1. 文字

文字是用表意符号记录表达信息的方式和工具,具有抽象性和表意性。视频是微课的主要表现形式,大多配以声音讲解。因此,在微课画面中,对文字的使用要尽量避免大段文字的添加,遵循少而精的原则。通常只呈现与知识点有关的关键词,必要时可添加对关键点的描述。

2. 图形/图像

图像是人类通过眼睛认识世界的原始形式的直观反映,是对世界的形象表达。图片以其直观性、生动性和形象性,是教学内容呈现的重要形式之一。在微课中,图片通常以下面五种形式呈现,分别是修饰性图片、程序性图片、表征性图片、解释性图片和转换性图片等①。

(1) 修饰性图片。修饰性图片以背景图和页面点缀图两种形式出现,对形成微课的整体风格及增强微课画面的趣味性起到重要的作用。

(2) 程序性图片。程序性图片一般通过提供系列的操作性图片解释一些流程性的内容,通常用于操作性实验、关键步骤、流程图、结构图等内容的讲解。

(3) 表征性图片。为提升微课图文并茂的视觉效果,尽量减少画面中文字内容出现的频率,增强微课的生动性和形象性,可采用表征性图片代表文字内容信息。如五星红旗表征爱国,以及人物或事件等内容的表示、现实世界的直观呈现等,可用表征性图片代替。

(4) 解释性图片。对概念、性质、功能和关系等内容的进一步说明,通常是将具体的实例或案例等以图片的形式表示出来。如小学数学知识点三角形的稳定性,可选择生活中利用三角形的稳定性的典型现象的图片加以解释。

(5) 转换性图片。微课中呈现较抽象、容易产生歧义或难以理解的内容时,可采用转换性图片加以说明,帮助学习者形成对知识要点的认识和理解。如数量关系可转换为具体实物的量等。

3. 表格

表格是记录数据或事物分类等的一种有效表达方式,具有简洁、直观、清晰和准确的特点,有较强的逻辑性和对比性,便于在短时间内读取大量的信息,增强认知、促进理解。因此,在微课制作中,内容比较、数据呈现、过程记录等都可以用表格的形式表示。

4. 图表

图表是表示各种情况和注明各种数字的图和表的总称,是数据可视化的常用手段。与表格不同,表格里通常是将数据列出,而图标是通过特定形式的图表来清晰呈现数量关系。如用柱状图表示数量的大小和多少,饼图表示比例,折线图表示趋势等。在设计微课内容的呈现时,可结合不同类别的图表特点择优选用。

---

① 熊晓莉,侯永广. 多媒体课件中图片素材的应用研究[J]. 中国教育技术装备,2011(24).

5. 结构图

结构图是对事物或事物关系的图形化表示,常用的方法是借助思维导图和 PowerPoint 中的 Smart 图来表示,具有形象、直观、生动等特点。

(二) 设计色彩

色彩是画面构图的重要组成部分,搭配和谐的画面能给学习者带来视觉上的享受,避免视觉疲劳,提高学习兴趣。利用色彩还可以起到突出重点,提示重要学习内容,提醒学生关注要点等作用。色彩的基本属性包括色相、明度和纯度,人们对不同属性的色彩可产生不同的心理错觉,在设计微课画面色彩时可从这三个角度入手,提升微课画面色彩的质量。①

1. 以色相为主设计配色

以色相为主设计配色有两种方式,一是同种色相和类似色相相配色的调和,二是对比色和互补色相配色的调和。同种色相配色,主要使用该色相明度的不同变化构成色彩,给人的视觉感受是协调的、统一的。类似色相含有某些共同的或类似的颜色属性,如黄与黄绿。因此,类似色相配色,因含有共同的元素而显得和谐统一,同时也增强了对比,显得丰富活泼。对比色相和互补色相调和配色,因对比色相之间的颜色差异大,如红与蓝、蓝与黄等,对比强烈,给人造成视觉上的冲击力。若使对比色相间得到调和的配色,可以对两色之一的明度和纯度属性加以改变。要使互补色相得到调和的效果,可以通过降低色彩名度和纯度缓和色彩间的激烈冲突。

2. 以明度为主设计配色

明度对比是将不同明度的两个以上的色彩放在一起所呈现的结果。明度差异大的对比明显,明度差异小的对比缓和。在亮中适当地加入暗,可以使对比增强,以提高注目性。需要注意的是,背景色和文字颜色的明度对比最好不要过于强烈,避免长时间的注视让人产生视觉上的疲劳。

3. 以纯度为主设计配色

纯度对比是指较饱和的纯色与含有黑、白、灰的浊色的对比。在微课画面的设计中,可以采用高纯度的配色来突出主题,对点缀和背景色则选择使用低纯度的配色,从而达到突出主题的目的。另外,也可以配以适当的明度和色相变化,在视觉上达到和谐的过渡效果。

(三) 设计布局

微课画面中传递教学信息的主要对象是画面的主体,主体能否引起学习者的注意,以及学习者对主体对象的注意的持久性会对教学效果产生影响。在设计微课界面的布局时,不论是视频拍摄画面还是课件设计画面,都要注意遵循界面布局的规律和一般审美情趣。可从以下三个层次设计微课画面的界面布局,分别是整体设计、层次设计和细节设计。

---

① 祝焱. 多媒体课件中的色彩与应用研究[J]. 辽宁教育行政学院学报,2007(7):80-81.

1. 整体设计

整体设计主要解决画面中主体和其他对象之间的相对位置关系。在视频画面布局中,常用的布局方法有把主体放在中间位置上、把主体放在画面的黄金分割点上以及把主体放在画面的对角线上。在课件的画面设计中,通常采用左右布局、上下布局以及三分布局等方法。

2. 层次设计

画面的层次设计是把要强调或者要突出的主体与画面中其他元素通过某种途径进行区分,从而使各元素在画面中具有一定的主次关系。通过画面的层次设计,学习者在观看时会产生一定的视觉和心理上的变化,有助于提升信息传递的有效性。

提升画面层次感的途径主要通过对元素的一般属性进行设置实现,包括位置、间距、颜色、大小等。

3. 细节设计

对画面细节的关注和设计,对提升微课内容的表达效果具有重要作用。在微课教学媒体的选择和使用中,容易忽视的细节主要表现在以下四个方面。

(1) 风格的一致性。风格的一致性体现在分镜头画面风格的一致性和前后镜头画面风格的一致性。如标题和同一级别文字格式前后的一致性、背景图片的一致性、修饰性图标的一致性等。

(2) 表格、图表等素材的表现力。表格、图表等素材在使用时容易忽视对其格式关注,在常规设置的基础上通过对相关属性的进一步设置,可提高画面的视觉效果。对表格来讲,如合适的行高、列宽、等高、等宽、单元格背景色、边框线等。对图表来讲,如布局元素的搭配、系列颜色、样式等。

(3) 图片细节的处理。图片是微课中使用频率最高的媒体元素之一,在使用时,应注意对图片中无关元素的处理。如删掉图片中尤其是不显眼位置出现的网址、符号和文字,根据需要对图片设置个性化的形状,修饰图片的大小和颜色等。

(4) 文字细节的处理。文字的细节主要体现在对文字属性的设置上,如匹配的字体、字号、颜色,多个文字对象在空间上的对齐等。

四、设计学习任务单

微课通常由学生在课外自主完成学习,为保证学习目标的达成,教师有必要给予合理的学习指导,通常以学习任务单的形式呈现。

(一) 什么是学习任务单

学习任务单是指教师根据微课教学目标和学习内容,预先设计好并提供给学生要求学生在学习结束后完成的学习任务清单。学习任务单通常由以下几个部分组成,包括微课名称、学习方法建议、学习目标、学习任务列表、存在的问题和疑惑等。

(1) 微课名称用于说明该学习任务单对应的微课学习内容,通常与微课标题保持一致,便于学生将任务清单与学习内容匹配。

(2) 学习方法建议是对本节微课学习方式和学习准备状态的描述，使学生在开始学习微课之前对微课学习做好心理、方式和材料上的准备。

(3) 学习目标是对学习结果指向的说明，使学习者做好对学习过程和学习结果的预期。

(4) 学习任务列表是学习任务单的核心内容，呈现出学习者在学习微课的过程中除了观看微课视频还需要完成哪些任务，这些任务的完成对学习目标的达成具有重要的促进作用。学习任务列表的呈现要求用数字标明任务的先后次序，任务表述做到针对性强、逻辑清晰、言简意赅、通俗易懂，不能超出微课学习内容的范围。每个任务后面留出必要的位置，作为学习者学习结果的展示区域。

(5) 存在的问题和疑惑，这是一个选填项目，学习者可以将自己在学习过程中发现的问题、疑问、创新点、好的点子、可以改进和完善的建议等记录在这里。

结合小学生的实际情况，学习任务单上还可以添加学习情况监督机制，如设置家长批改和签字等内容。

（二）学习任务单的功能

学习任务单与微课视频成对出现配合使用，在微课学习过程中用于学习者的学习指导。学习任务单主要有以下几个功能：

1. 指导学习流程

学习任务单对如何学习以及在学习过程中应该做哪些事情给出了合理化的建议，根据学习任务单学习者可以更好地为学习做好各方面的准备，更合理地规划自己的学习流程。

2. 监督学习过程

学习任务单中清晰地规定了微课学习结束后学习应该有哪些方面的收获，并要求学习者以可能的形式将学习结果标注在学习任务单上，这样很好地促进了学习者的学习参与度，极大地保证学习过程的真实性。

3. 检验学习效果

完成学习任务列表中呈现的内容是学习者学习完微课之后的规定动作，是学习者学习结果的反馈，教师可以通过检查学习任务列表的完成情况，检验学习者的学习效果。

4. 提供课程优化信息

学习任务单是学习者学习过程和学习结果的一面镜子，可以反映出教师所制作的微课在使用的方便性、目标达成度、内容选择的适度性以及结构呈现的合理性等方面存在的问题，这是学习者对微课的使用效果和使用体验的直接反馈，为教师进一步改进和优化微课提供了最优质的信息。

（三）学习任务单案例

表4-10是人教版小学数学四年级下册针对三角形开发的微课学习任务单。

表 4-10 微课学习任务单

微课名称	三角形的三边关系
学习目标	1. 知道三角形三条边的关系。 2. 能依据三角形的三边关系正确判断三条线段能够围成三角形。
学习指导	物品准备：1. 准备今天课堂学习中教师布置的作业——准备10根不同长度的小棒。 2. 记录表"用小棒围三角形过程记录表"。 3. 笔。 过程指导：1. 可以和小朋友或家人一起用小棒围三角形。 2. 认真记录每一次尝试，不要忽略失败尝试的数据记录。 3. 尝试用文字语言表述围成和不能围成的情况。 4. 尝试将文字语言描述转换成数学语言。 5. 可以拍摄2~3张围成和没有围成的三角形的照片。
学习任务	1. 任选三根小棒，试一试能否围成一个三角形，并把小棒的长度和结果登记在记录表上。（至少3次） 2. 在围的过程中观察，什么情况下能围成三角形，什么情况下不能成三角形，与家人或小朋友交流你的发现。 3. 记录数据，分析数据，得出结论。
拓展资源	无
需保留并带到学校的资料	用小棒围三角形过程记录表（纸质）、所拍照片（电子版发给老师）
对这节微课的建议	

第五节 编写微课脚本

微课以视频为载体，因此在确定微课的主题、目标和结构之后，我们还需要编写微课脚本。微课脚本是微课教学设计的最终产物，为后期视频的录制提供依据。

一、微课脚本的基本内容

通俗来讲，微课脚本就是把微课设计的结果用文字、图形、图像、表格等元素表达出来，梳理微课开发思路，为微课开发奠定基础。微课脚本主要包括微课教学设计基本信息、微课视频录制分镜头及微课教学反思等部分。

（一）微课教学设计基本信息

在这一部分要把本节微课的基本信息记录清楚，便于后期查阅、开展交流及进行反思。一般包括微课标题、知识点及其来源、教学目标、适用对象、教学时长、呈现形式等。

（二）微课视频录制分镜头

微课视频虽然时间短，但切不可开展"拍脑袋"式视频录制方法，即想当然地认为视频的录制过程是什么样子的，随拍随设计、随拍随修正。好的视频录制需要微课制作者结合实际情况和微课的呈现形式的需求,通盘考虑视频录制过程的细节。

分镜头脚本是微课视频拍摄及后期剪辑的依据,也是所有参与创作的人员领会微课设计者的意图的重要载体。分镜头脚本的生成是根据微课教学设计的结果,进一步加工成镜头脚本,运用蒙太奇思维和技巧进行脚本的再创作。通俗来说,就是微课视频在设计者脑海里"放映"出来的影像。

1. 分镜头号

将文字脚本的画面内容加工成一个个具体形象的、可供拍摄的画面镜头,并按视频画面的镜头先后顺序,用数字标出镜头的编号。这个编号是镜头的代码,不一定严格按照这个顺序录制,但编辑时必须按顺序呈现。

2. 角色

在分镜头中要出镜的形象,可以是人或卡通人物、卡通形象、小动物等。

3. 景别

根据内容呈现需求,确定分镜头是反映对象的整体还是突出某一局部,这通常使用景别来实现,包括远景、全景、中景、近景和特写等,代表在不同距离观看被拍摄的对象。

4. 录制方法

主要包括分镜头视频的实现方法和录制技巧。实现方法是视频素材的获取途径,如课件录屏、桌面录屏、手机拍摄、摄像机拍摄、图片后期添加、动画等。如是多机位拍摄,在这里还需要注明机号,即哪个镜头由哪一号摄像机拍摄完成。录制技巧指画面镜头拍摄时的运动技巧,主要包括推、拉、摇、移、跟、甩等。画面录制技巧还包括镜头之间的组接方法,如切换、淡入、叠化、百叶窗、旋转等。组接方法可以在后期视频剪辑时添加,但对于演播室或录播教室等环境下的录制,在录制的同时即完成组接方法的添加。

5. 画面内容

用精炼而具体的语言描述出分镜头主要表现的画面内容,如角色构成、语言、表现要点及特殊要求等,必要时可以借助图形和符号来表达。

6. 解说词

对应分镜头的解说词。

7. 声音效果

对应分镜头的背景音乐与特殊音响需求。

8. 人员分工

微课视频录制及后期制作的参加人员及其工作内容。

(三)微课教学反思

微课教学反思是在微课制作结束后,结合最终呈现效果,针对微课设计与开发的整个流程做出的经验总结和问题分析等。

二、微课脚本的呈现形式

微课脚本一般以 Word 表格的形式呈现,结合微课脚本的主要内容,列出表格,结合微课教学设计的基本流程分项填写,如表 4-11 所示。

表 4-11 微课教学设计脚本模板

录制时间:

微课主题	
知识点来源	学科:_____ 年级:_____ 教材:_____ 单元/课时:_____
需求分析	
教学目标	
适用对象	
微课呈现方式	
微课视频制作方法	
人员分工	
微课视频录制	

分镜头号	画面	声音	录制方式	时长
镜头1				
镜头2				
……				
反思				

思考与练习

尝试结合小学某一学科的教学,选取一个微课主题,针对这个主题开展目标、内容和结构上的设计,并将设计的结果以微课脚本的形式呈现。

第五章
微课视频后期剪辑与处理

 学习目标

1. 了解片头片尾的含义,掌握片头片尾的制作方法。
2. 掌握软件的视频剪辑方法。
3. 掌握软件的音频剪辑方法。
4. 了解线上互动类型,掌握Camtasia互动效果制作的方法。
5. 掌握软件的字幕添加方法。

 **思维导图**

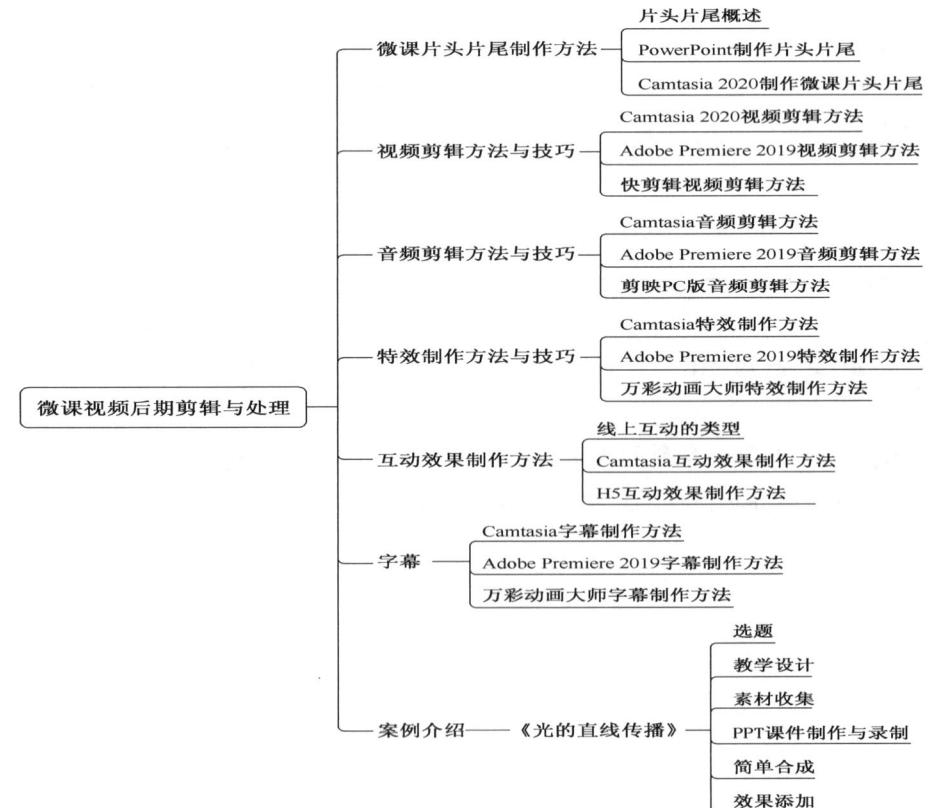

微课作为一种生动形象的数字化教学资源,制作过程的操作水平直接决定了微课的整体质量。在具备详细的脚本设计、安静的录制环境、恰当的讲解节奏之后辅之以良好的录制技术,前期的工作基本完备,但这不足以解决所有的问题。如何加字幕、如何设置合适的转场效果、如何加入相应的多媒体素材等一系列的问题都需要另一项技术来解决——后期剪辑与处理技术。

第一节　微课片头片尾制作方法

一个完整的微课由片头片尾和中间的讲解部分构成,大部分教师重视中间的讲解部分,对于片头和片尾基本一带而过,不予重视。殊不知好的片头和片尾对于整个微课起到画龙点睛、对于学生的理解起到穿针引线的效果,对于整个教学效果起到增色添彩的作用。本节通过介绍片头片尾的设计和制作,使大家对于微课的制作有进一步的了解和认识。

一、片头片尾概述

微课的片头和片尾指的是微课刚开始的画面和即将结束的画面,一般时长为 15 秒左右,最长不会超过 30 秒。片头当中可以对课程主题、课程来源、教学对象、主讲人等信息加以呈现,如果是参赛的微课作品,也可以加上比赛名称以及作品类别等。片尾部分可以对作品的中心思想进行升华,或者对参与微课相关制作的人员进行介绍并致谢,类似电影片尾;或者进行其他形式的创新。

就时长来看,片头片尾在微课中所占比例甚少,甚至在部分微课中"不见踪迹",其存在看似"多此一举",其实不然。好的片头可以使学习者在短时间内对微课作品进行整体把握,将课程内容了然于胸,为进一步理解、吸收知识奠定了基础。同时,观看者可能对于课程有先入为主的情绪、思想,若微课片头能以创意、新颖的方式抓人眼球,会大大提高学习者的期待,从而提高学习兴趣。有了好的片头,自然不能"虎头蛇尾"。如果说片头有"引领全文"的效果,那么片尾更多起总结作用。无论是对课程内容的总结,还是对微课制作过程中相关人物的致谢,无疑都是为作品画上一个"圆满的句号"。

在当今信息化技术普遍应用的时代,微课的片头与片尾制作技术手段也是丰富多样的,如 Camtasia Studio、快剪辑、Ev 录屏、Premiere、爱剪辑等等。总的说来,在现实实践中主要通过两种方法实现片头和片尾制作,一是利用视频编辑软件进行制作,二是通过设置动画效果以达到目标。

二、PowerPoint 制作片头片尾

通过 PowerPoint 设置动画效果,这种方法相比于视频编辑的制作入门基础低,简单易学,但其特效效果、画面精细程度、视觉冲击力等都略有欠缺。然而对于没有学习

过视频制作等知识和技能储备的教师,也是一种制作微课视频片头和片尾的可用方法。目前而言,PowerPoint 软件由于其强大的展示特点和简单易学的动画操作以及可以插入组合各种多媒体的功能在教育行业得到广泛应用,同时它也可以直接应用在微课视频的制作中。Office 2010 及以上版本中可以直接进行电脑录制视频并直接保存为视频格式,使其用 PowerPoint 制作片头片尾变得更为轻松容易。

下面以 PowerPoint 2016 软件为例,介绍三种方式,通过设置动画或切换效果,制作微课片头及片尾。

(一) 准备工作

每种方式在微课制作前,需要进行两项工作。

(1) 微课素材准备。根据所设计的相关微课主题,搜集与微课程相关的音乐、图片、视频影像等素材,甚至包括相应软件,存储在对应的文件夹中。如微课的内容只是讲解知识点,可以从网络上搜索相关联的画面或图片,对其格式转换后存储备用。

(2) 建立片头和片尾幻灯片。启动 PowerPoint 2016 软件,根据需要建立空白幻灯片,或是在 PowerPoint 2016 制作微课过程中首尾插入新的幻灯片,用作片头、片尾部分。随后分别在两张幻灯片上,输入片头和片尾所需要的文字,插入音、画、像等信息内容,安排恰当位置进行编排美化。以微课《部首查字法》为例,首先,在片头幻灯片中打开"母版",插入一张小朋友的图片作为背景,同时,插入一个"云朵"图形作为底版,颜色为白色。其次,插入文本框,输入课题"部首查字法"。最后进行布局编排,形成了封面效果。如图 5-1 所示。

图 5-1 《部首查字法》片头片尾制作

(二) 效果设置

方式一:单张幻灯片设置切换效果

在 PPT 菜单栏中打开"切换"效果,如图 5-2 所示,将片头幻灯片设置成"形状"效果,持续时间为 1 秒。

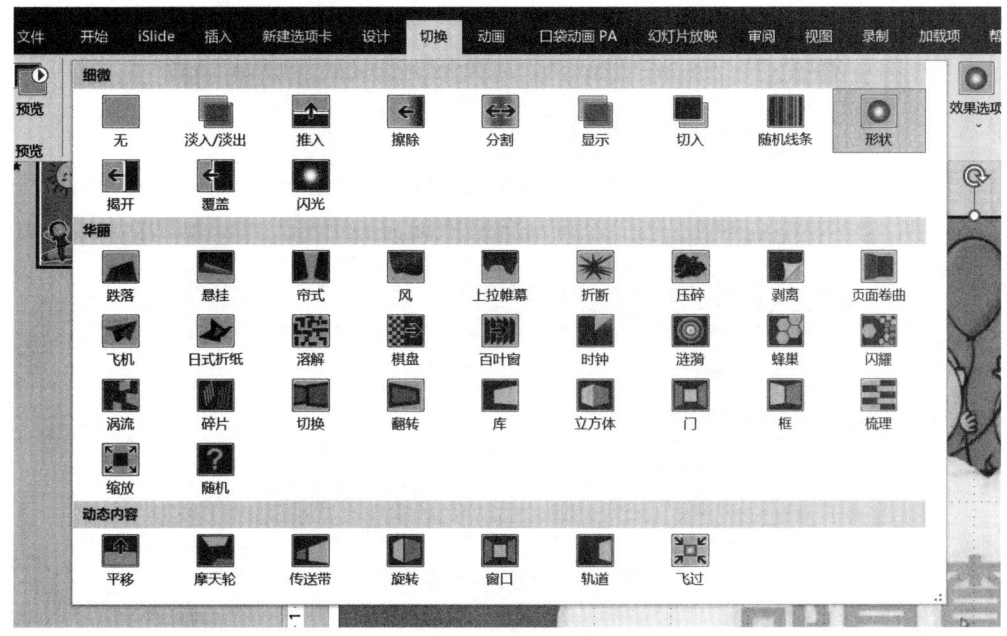

图 5-2 "切换"效果设置

方式二:多张幻灯片录制切换效果

多张幻灯片切换效果设置同单张幻灯片切换效果相同,只不过幻灯片页数有所增加。以制作片头为例,具体操作步骤如下:

(1)建立多张幻灯片,设置切换方式,例如选择"推进"这一切换方式,如图 5-3 所示。可以根据需要,分别设置每张幻灯片的切换方式。

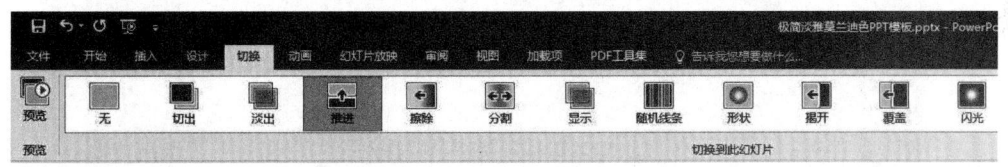

图 5-3 "推进"效果设置

(2)切换效果设置完成后,即可借助软件进行录制。点击幻灯片放映—录制幻灯片演示,根据实际需要,勾选所需选项,例如需要录制旁白时,勾选旁白,设置完成后,点击开始录制,如图 5-4 所示。

方式三:单张幻灯片导出动画效果

根据自身需要,对幻灯片中所包含的元素设置想要的动画效果,例如对图 5-5 中圆点设置"放大缩小"这一强调效果。

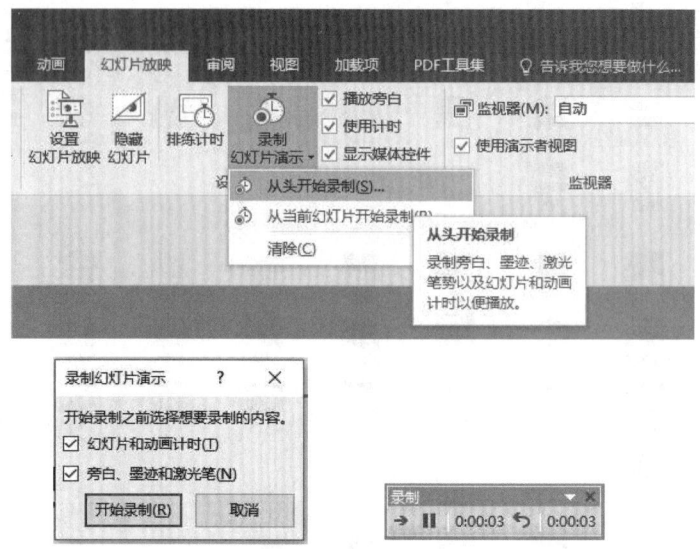

图 5-4 幻灯片录制演示

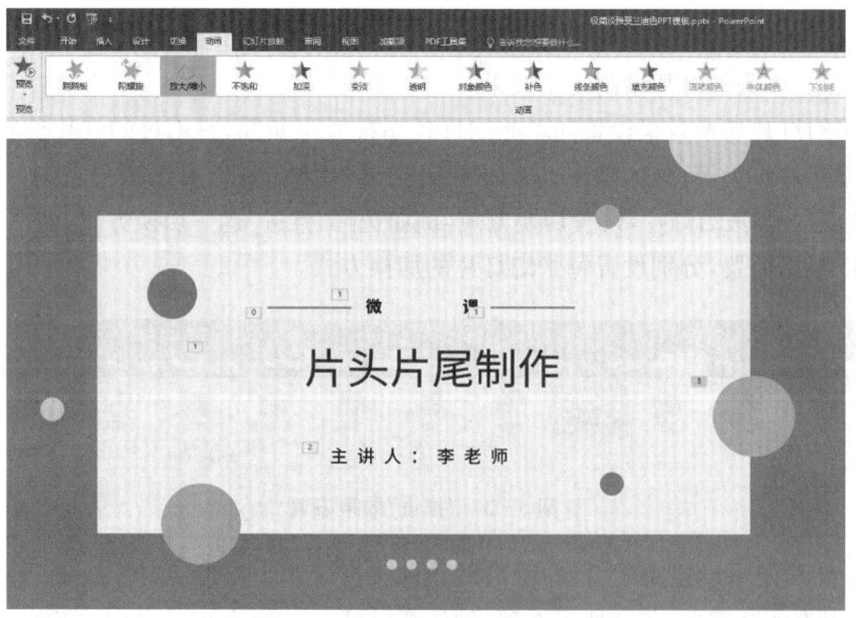

图 5-5 放大/缩小效果设置

上述三种方式就可以满足简单的微课片头片尾所需。制作完成之后,就可以检查、导出后获得完整的片头片尾视频。

(三)效果浏览

在 PPT 菜单栏中选择"幻灯片放映",选择"从头开始"播放,就能欣赏到预设的动画开头效果。微课片尾的制作方法与此相同,只是在具体内容和布局以及动画效果上不尽相同。在制作时,可以多增加几页幻灯片,对其进行选择,删除不合适的幻灯片。

(四)视频创建

依据上述三种制作方式在制作完成后,在 PPT 菜单栏上单击"文件"菜单,在打开菜单选项中点击"另存为"找到相应的位置,设置合适的名字,并且保存为 MP4 格式,按照以上步骤就可以将有动画效果的 PPT 片头片尾生成为 MP4 视频文件,如图 5-6 所示。

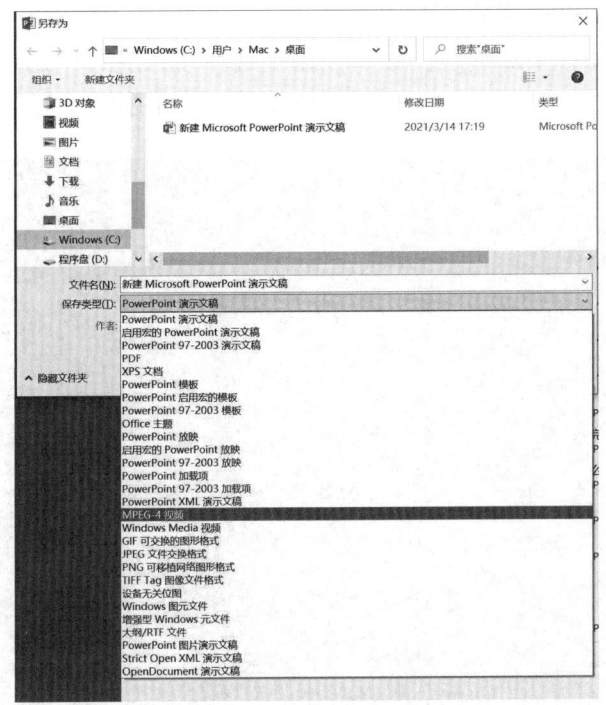

图 5-6 视频创建设置

(五)视频的使用

视频的使用有两种情况:

第一种情况是如果生成的片头和片尾视频与 PPT 微课是一个完整的课件,那可以直接作为微课视频发布或使用。

第二种情况是 PPT 单独制作的片头和片尾视频,将生成的视频导入视频编辑软件中,将片头、片尾进行分割,再将另外制作好的微课内容添加至两者中间,合并成完整的微课视频。

如果需要合成另外 PPT 录屏内容,则需要另外制作 PPT 的录屏内容,通过视频编辑软件合并得到一个完整的微课视频。

三、Camtasia 2020 制作微课片头片尾

利用视频编辑软件进行片头片尾制作,通过各种类型视频编辑软件,将各种素材和视频进行拆分整合,最后编辑成新的视频,如前所述快剪辑、Camtasia、Premiere 等软件均能制作。这种类型的软件由于功能比较强大,制作的视频可以通过丰富的素材和特

效获得较好的视觉效果,当然同时还可以通过时间轨道的精细化操作,来实现更为优秀的效果。

下面以 Camtasia 2020 软件为例,设置动画特效,制作微课片头及片尾。

Camtasia 2020 制作片头有两种方式,一是借助 Camtasia 2020 模板制作片头,二是根据相关素材制作片头,下面我们分别举例。

(一) Camtasia 2020 模板制作片头

(1) 启动 Camtasia 2020 软件,在选项条中选择"新建项目"选项,在"库"中的"前奏"菜单中选择满意的片头拖入面板下方的轨道 1 中,如图 5-7 所示。

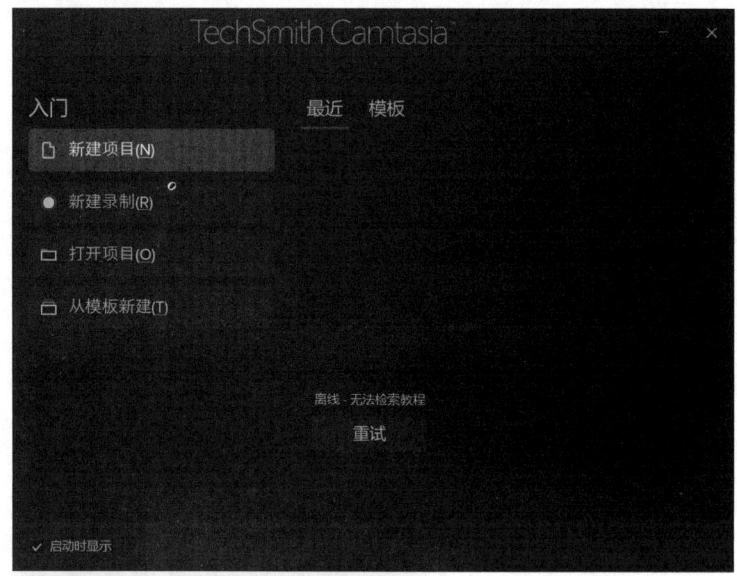

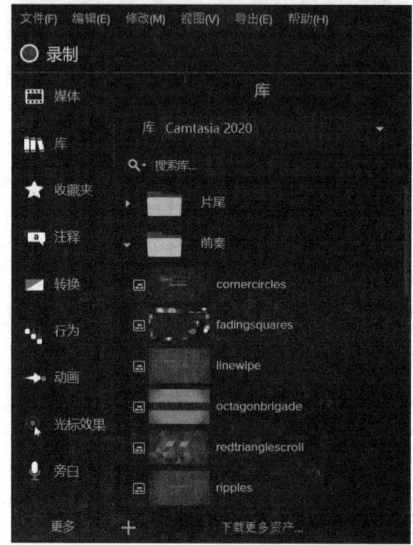

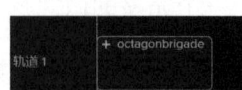

图 5-7 新建项目操作流程

(2)在右上方对其轨道上的素材进行设置。我们首先修改标题为"小学实用微课设计与制作",也可以对形状和颜色进行修改,如图 5-8 所示。

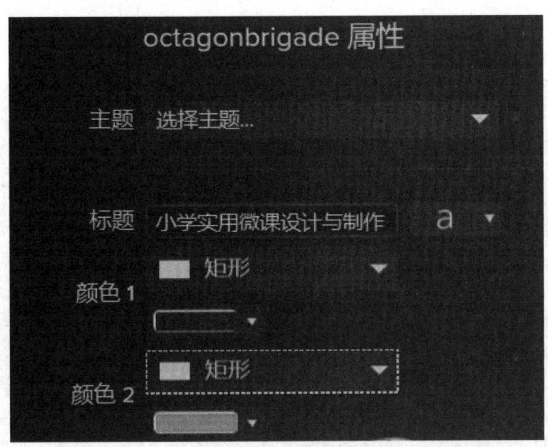

图 5-8 属性修改

(3)选择"导出"菜单,在菜单中选择自定义生成选项,选择 MP4 格式,然后对视频名称进行设置,并选择存储的位置,点击完成。就此利用 Camtasia 2020 模板制作片头完成。

片尾也是同样的方式。

在"库"中选择合适的片尾,如图 5-9 所示,将其拖入轨道中。

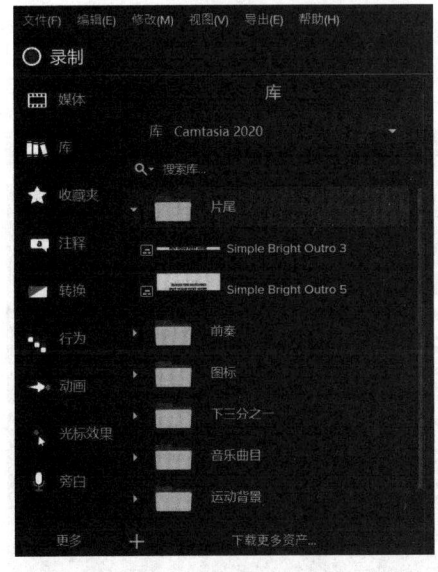

图 5-9 片尾选择

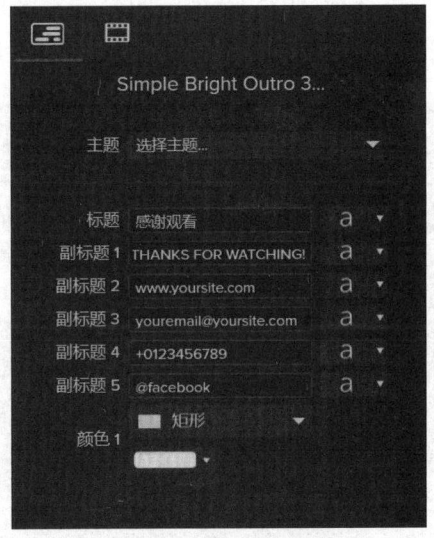

图 5-10 属性设置

此时右侧面板会出现对于画面中文字的相关设置,依据需要,输入相关文字并进行设置,即可完成片尾的制作。例如,在标题处输入"感谢观看",如图 5-10 所示,视频画面中相应位置就会变为"感谢观看"字样。

（二）根据相关素材制作片头

（1）启动 Camtasia 2020 软件，在选项条中选择"新建项目"选项，选择"导入媒体"选项。导入提前准备好的背景图片，并把图片拖入轨道 1 中，如图 5-11 所示。

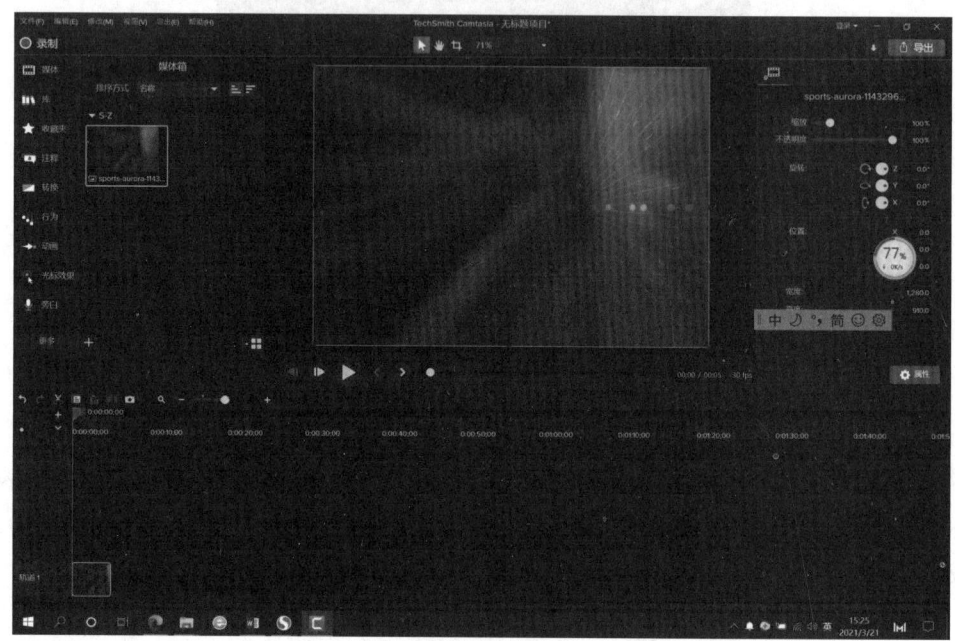

图 5-11　素材拖入

（2）选择"注释"选项中的合适文字标注拖入轨道 2 中，并对其设置合适的大小和位置，改变其标注内容为所需内容，如图 5-12 所示。

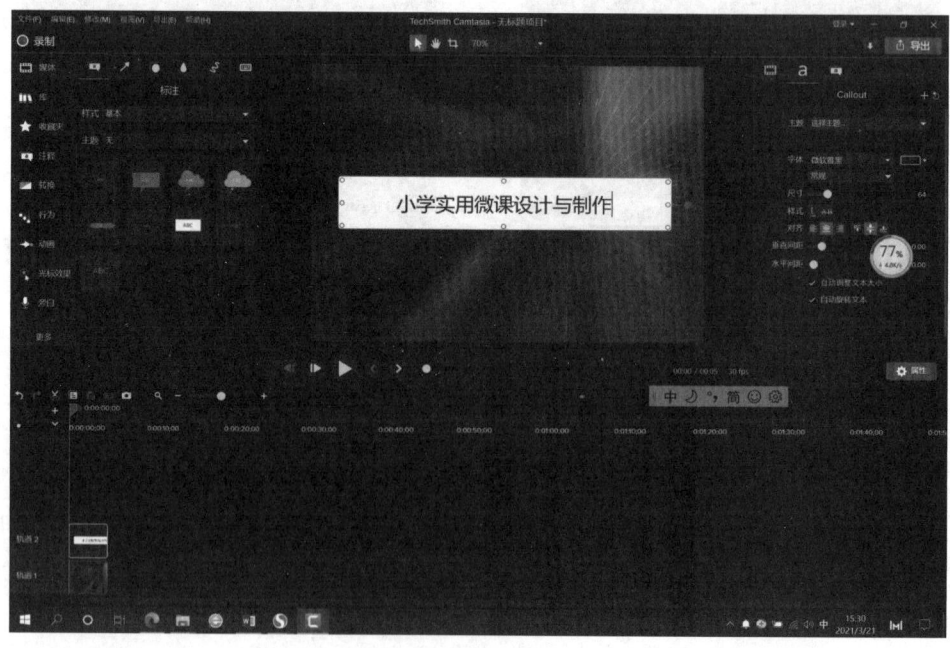

图 5-12　内容设置

（3）对标注栏设置合适的转场动画。选择面板左侧的"转换"任务条，选择"页面滚动"转换特效拖动到轨道 2 中的注释栏上，预览其效果，如图 5-13 所示。

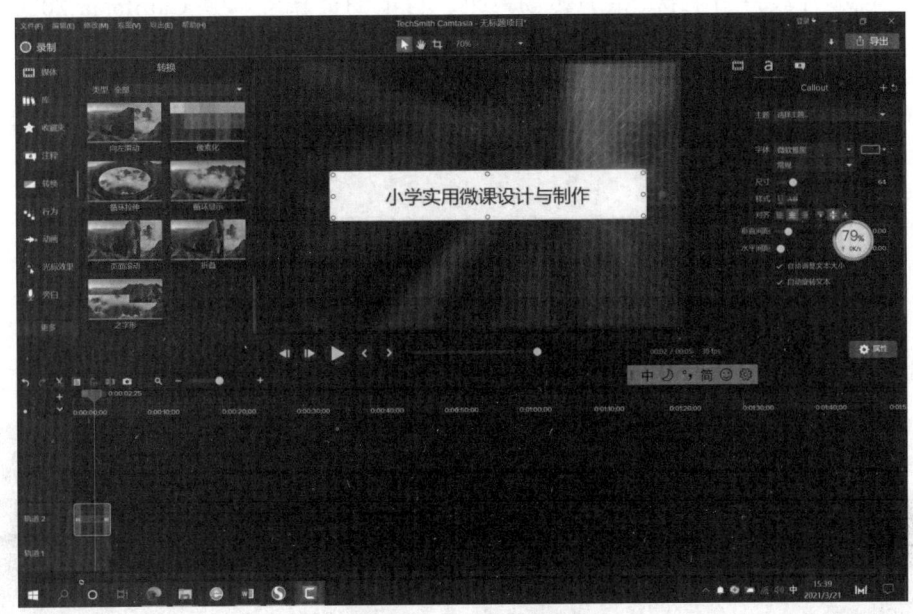

图 5-13 效果添加

（4）选择"导出"菜单，菜单中选择自定义生成选项，选择 MP4 格式，然后对视频名称进行设置，并选择存储的位置，点击完成。

片尾的制作与上类似，在此就不赘述。

第二节 视频剪辑方法与技巧

微课是以视频形式呈现的，对视频的剪辑、编辑操作是其重点的操作步骤。如果将微课制作比作一顿大餐的烹饪，那么收集素材、拍摄视频等步骤便是将食材摆在桌面待用；视频剪辑便是对食材进行处理加工。既然如此，就要了解各种制作工具及其使用方式，以选择最称手的"武器"。下面将对专业视频剪辑软件 Adobe Premiere 2019、Camtasia 2020 与简易视频剪辑软件快剪辑三个软件进行具体介绍。

一、Camtasia 2020 视频剪辑方法

微课的主要表现形式是微视频，而微课制作技术的重中之重就是视频制作技术。微课制作工具的种类多样，目前对用户友好、效果较佳、适应性较强，首推 Camtasia 制作微课。

（一）软件介绍

Camtasia 是一款由美国 TechSmith 公司推出的一款专门录制屏幕动作的工具，被

称为制作微课的全能软件。Camtasia 具有强大的视频和音频录制与编辑功能,能在任何颜色模式下轻松地记录屏幕动作。另外,Camtasia 还具有即时播放和编辑压缩的功能,可对视频片段进行剪接、添加转场效果。目前的最新版本是 Camtasia 2020,如图 5-14 所示。

图 5-14　版本介绍

Camtasia 制作微课的特点:运用 Camtasia 制作的微课操作简单、格式多样、视频清晰、内存较小,为移动终端学习创造了无限可能。视频编辑完成后,Camtasia 可以将制作好的视频导出为许多不同的格式:mp4、flv、swf、mpv、avi、wmv、mov、rm,甚至是动画 Gif 或 mp3。该软件具有如下应用于微课制作的教育功能:

一是录屏、录音一体化。使用 Camtasia 软件录制微课,可同时录屏、录音,操作简单易上手。导出的微课体积很小,易于微课的传播。

二是视频标注功能突出。在微课程视频教学中,教师的主导地位逐渐弱化,在学生的观看过程中,关键点的强调变成了一个难题。此时,制作微课时就可以对视频添加标注功能,给学生提供关键信息。如果想突出画面中的重点教学内容,可对微课程视频进行局部放大处理,从而引起学生的注意力,提高课堂效率。

三是音频的处理十分便捷。制作者可以随意拖动音频轨上的音频线来调节音量,如果有噪音干扰,还可以使用音频自动降噪。

四是保存画质清晰。Camtasia 软件可以在输入文本或触发事件的地方,自动放大该区域的画面,可清晰看到输入的文本,并且保存的视频画面非常清晰。

(二)软件界面

Camtasia 2020 的界面主要包括工具栏、视频预览窗口、属性工具、时间轴,如图 5-15 所示。

图 5-15 窗口界面

录制屏幕功能：Camtasia 录像器能在任何颜色模式下轻松地记录屏幕动作，包括光标的运动、菜单的选择、弹出窗口、层叠窗口、打字和其他在屏幕上看得见的所有内容。除了录制屏幕，Camtasia 制作软件还允许录制的时候在屏幕上画图和添加效果，以便标记出想要录制的重点内容。

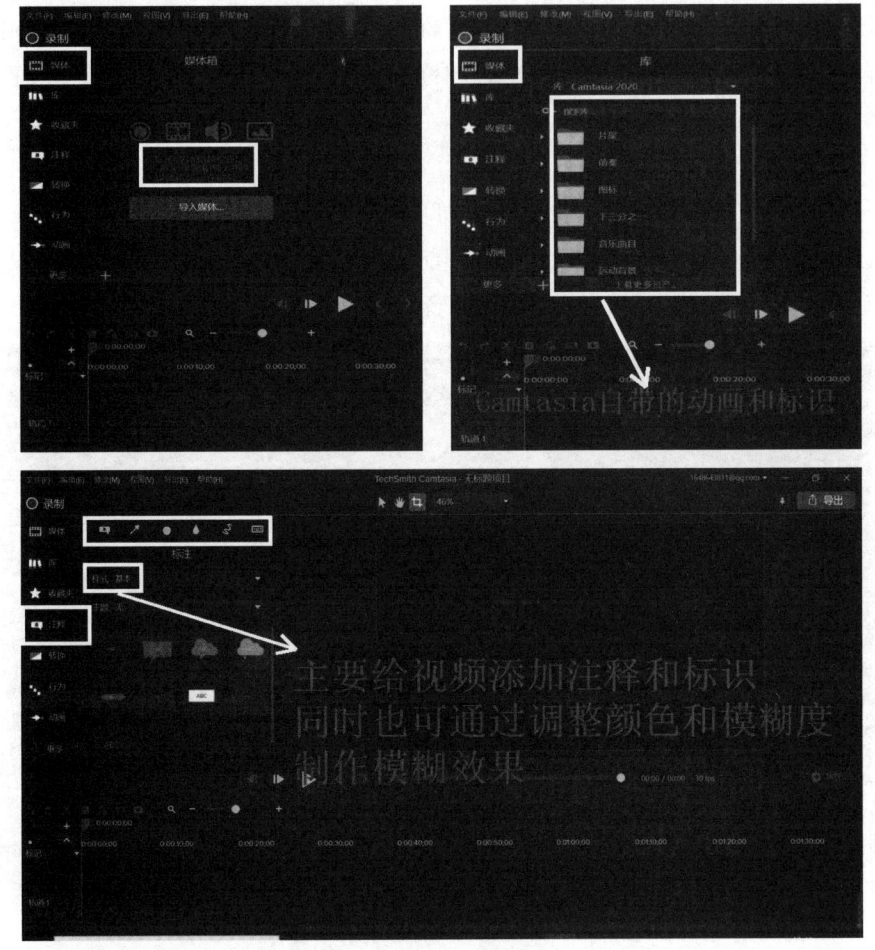

图 5-16 屏幕录制

1. 时间轴

视频的编辑需要通过时间轴来完成,熟练、巧妙运用时间轴是编辑高质量视频的重要保障。时间轴如图5-17所示。

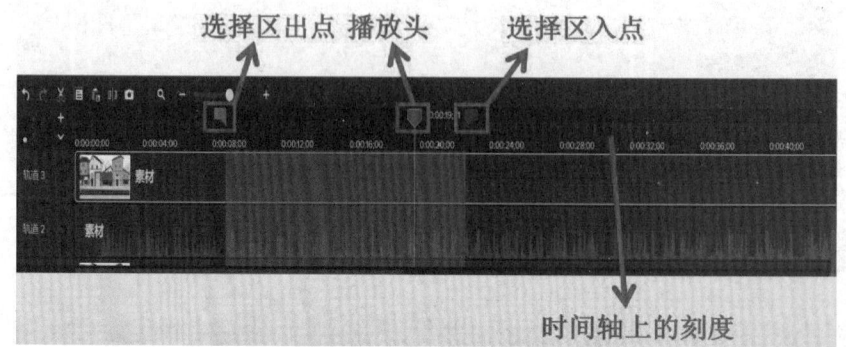

图 5-17　时间轴介绍

时间轴上的素材的位置和长度可以调整和缩放。也就是时间轴显示比例可以进行调整——放大或缩小,放大时间轴则时间刻度变细,缩小时间轴则时间刻度变大。可以通过放大或缩小时间轴来显示视频比例,改变视频显示比例的大小。

在时间轴上,可以剪切一段选区、显示或隐藏部分视频、扩展视频帧、分割剪辑、调整视频速度做出快进或者慢放效果、声音文件另存为 MP3 文件;也可以为视频添加效果,如自动聚焦、手动添加缩放关键帧、添加标注、添加转场效果、添加字幕、快速测验和调查、画中画。

2. 轨道

时间轴是编辑视频不可缺少的部分,时间轴包含若干轨道,使用者可根据需要随时增、减轨道的数量。时间轴上的每条轨道都能够加载视频、音频、图像、动画等媒体。

在 Camtasia 编辑器中,轨道分为两类:音频轨和视频轨,如图 5-18 所示。

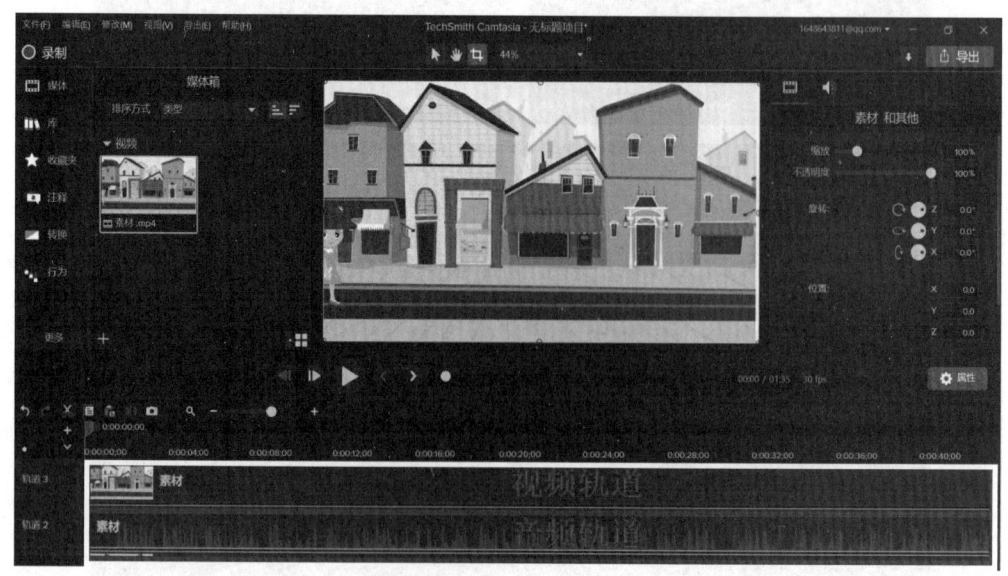

图 5-18　轨道介绍

音频轨道：音频在时间轴上呈现为波形，音频可以从视频中分离出来，分离出来的音频文件可以添加淡出、淡入和消除噪声等操作。

视频轨道：录制的视频会自动弹出在时间轴中，并形成视频轨道。在视频轨道中可对其中的媒体文件进行编辑或修改。

如果有多个素材轨道，选中多个轨道，鼠标右键可以把这几个轨道组合为一个轨道，也可以在选中多个轨道的情况下，按键盘的 Ctrl+G 把多个轨道组合起来。

（三）软件编辑

1. 录屏

（1）新建录制

前面已经提到录屏是 Camtasia 的一大主要功能。第一种方法是打开软件之后，会弹出如图 5-19 所示的选择框，我们可以直接点击新建录制。

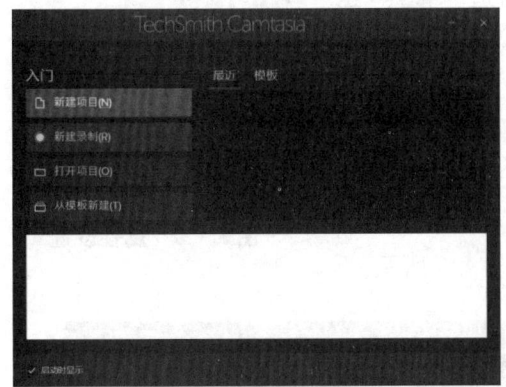

图 5-19　新建录制

第二种方法是在点击新建项目后出现的主页面中，我们选择界面左上角的录制按钮，或者直接使用快捷键 Ctrl+R，如图 5-20 所示。

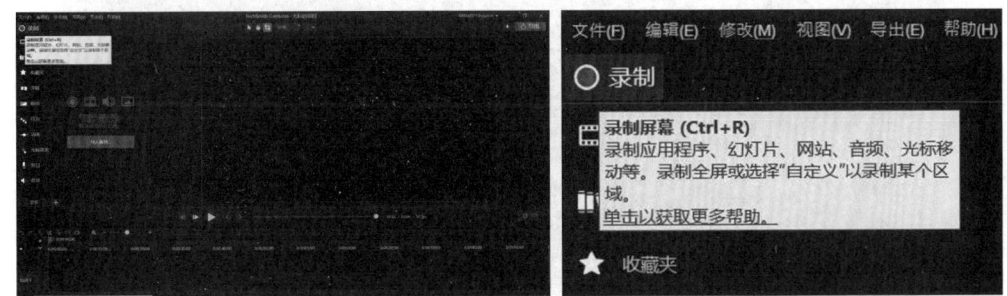

图 5-20　录制

通过以上两种方法操作之后，桌面左下角都会出现长方形小界面，如图 5-21 所示。

图 5-21 录制界面

（2）录制区域

在上面的长方形界面中，点击录制区域板块的屏幕，打开下箭头可以选择录制屏幕的预设窗口大小和长宽比例以及分辨率，如图 5-22 所示。如果所要录制的屏幕不是常用比例，可以点击最下方按钮选择要录制的区域，或者直接拖动屏幕上出现的绿色虚线框的边缘锚点，也可以解锁录制区域内规格栏目，输入长宽数目进行自定义。

选择"锁定应用程序"按钮后，将光标停放在任何活动的窗口上进行单击，窗口周围会显示绿色虚线边框，之后录制过程中无论窗口移动、放大还是缩小，所录制的屏幕都会根据它进行相应的移动变化。如图 5-23 所示。

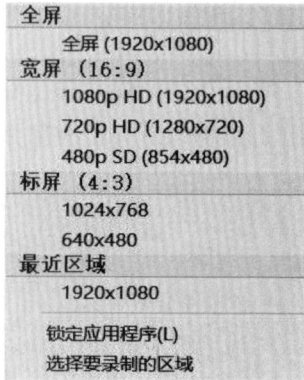

图 5-22 属性设置

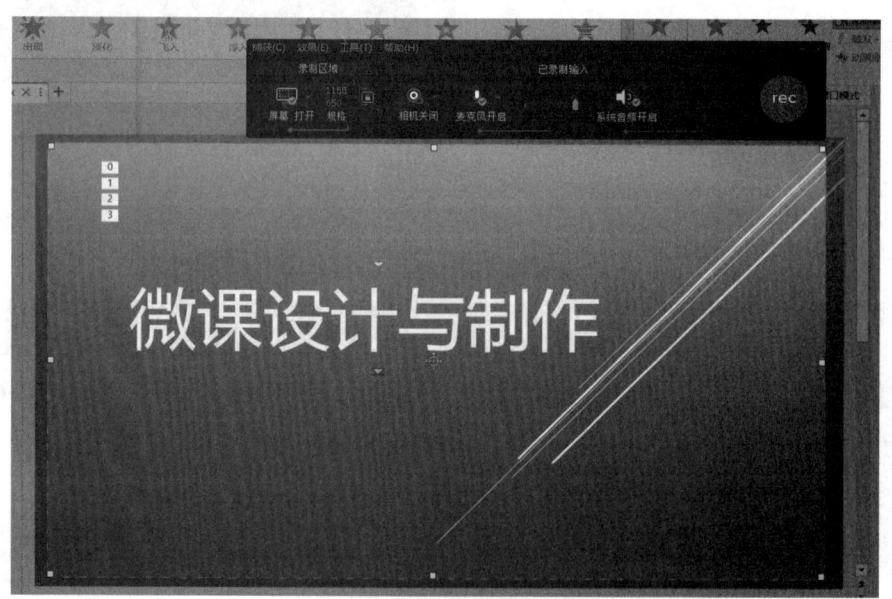

图 5-23 屏幕调整

（3）录制输入

在"已录制输入"区域中可以选择是否开启摄像头和麦克风，图 5-24 中录制状态为摄像头关闭，麦克风开启，系统音频开启，即录制外部声音、系统声音，不录制外界画面。单击相机、麦克风、系统音频图标即可改变状态。移动麦克风旁的浮动游标(红色标记内)可以调节录制声音的大小。点击相机或者麦克风的下箭头所弹出的选项框中底部都有选项按钮,点击后弹出工具选项界面可以进行更多设置。

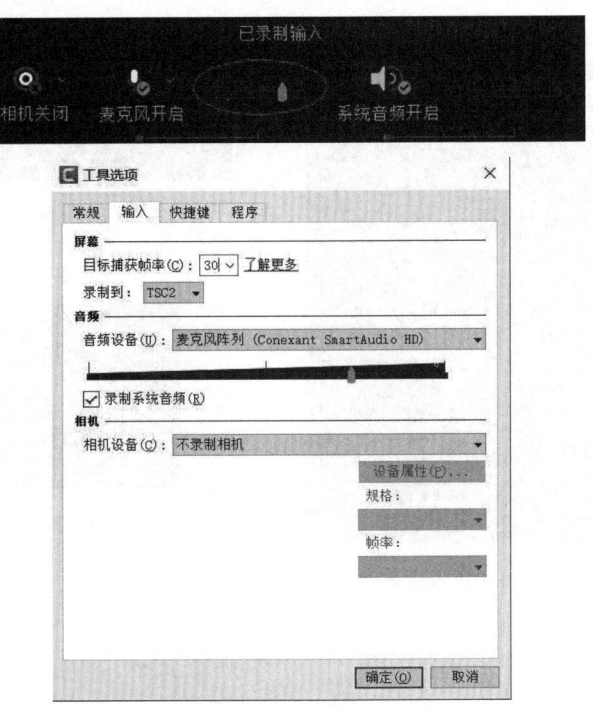

图 5-24　更多设置

(4)录制开始

点击长方形界面最右侧的红色圆形按钮(如图 5-25 所示)或使用快捷键 F9 即可开始屏幕录制,快捷键 F10 结束录制,之后直接弹出剪辑界面,录制视频自动放至媒体箱和轨道中。

图 5-25　开始录制

2. 导入

(1)新建项目/打开项目

要导入一段视频或音频首先需要存在一个项目。如果是新建一个剪辑项目,则点击绿色"新建项目"按钮;如果在已存在的项目中操作,则选择"打开项目"。

(2)导入媒体

导入媒体文件的方法有以下五种:

一是点击媒体箱中"导入媒体"按钮，如图5-26所示。

二是在媒体箱中点击右键选择"导入媒体"，如图5-27所示。

三是点击媒体箱左下角"＋"→"导入媒体"，如图5-28所示。

图5-27　导入媒体(2)

图5-28　导入媒体(3)

图5-26　导入媒体(1)

四是点击屏幕左上角"文件"→"导入"→"媒体"，如图5-29所示。

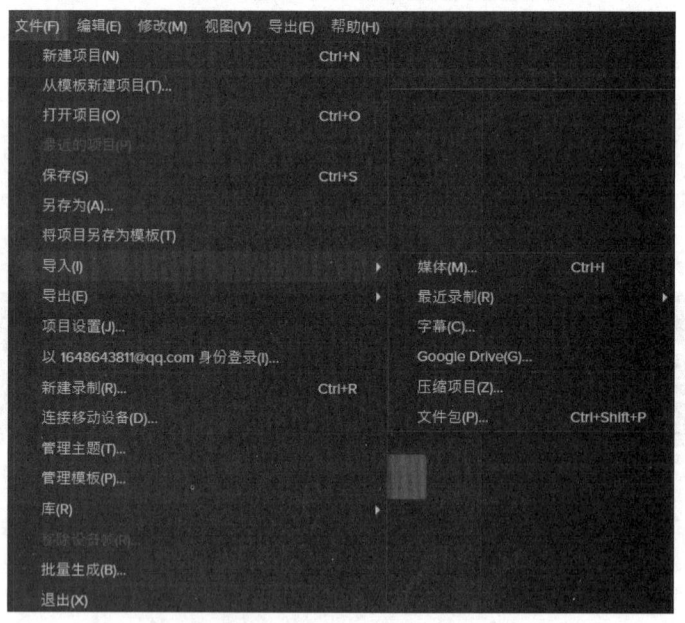

图5-29　导入媒体(4)

五是直接将素材视频从文件夹拖进媒体箱。

3. 剪切

（1）导入轨道

将已经导入媒体箱的文件点击拖动至轨道上（如图 5-30 所示），之后就可以对这个媒体文件进行剪辑。

图 5-30　导入轨道

（2）拆分素材

选定要进行操作的素材，将游标移到要进行切割的位置，点击拆分图标或使用快捷键 Ctrl+Shift+S，素材将从该位置被分为两部分，如图 5-31 所示。

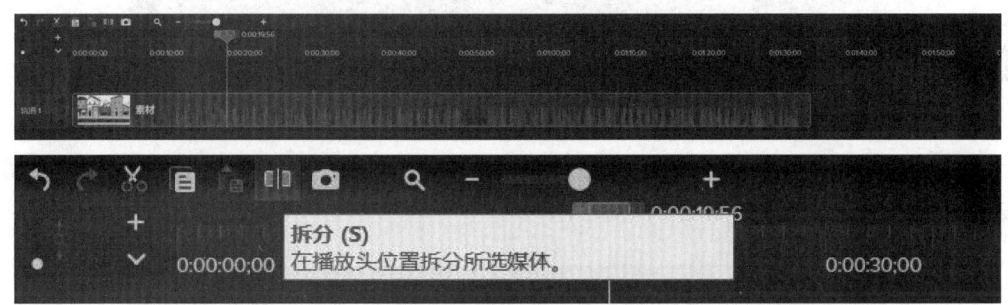

图 5-31　拆分素材

（3）剪除素材

将要剪除的部分头尾都拆分开，选中目标部分后点击小剪刀"剪切"按钮或按 Delete 键或右击目标部分点击"删除"选项剪除素材，如图 5-32 所示。

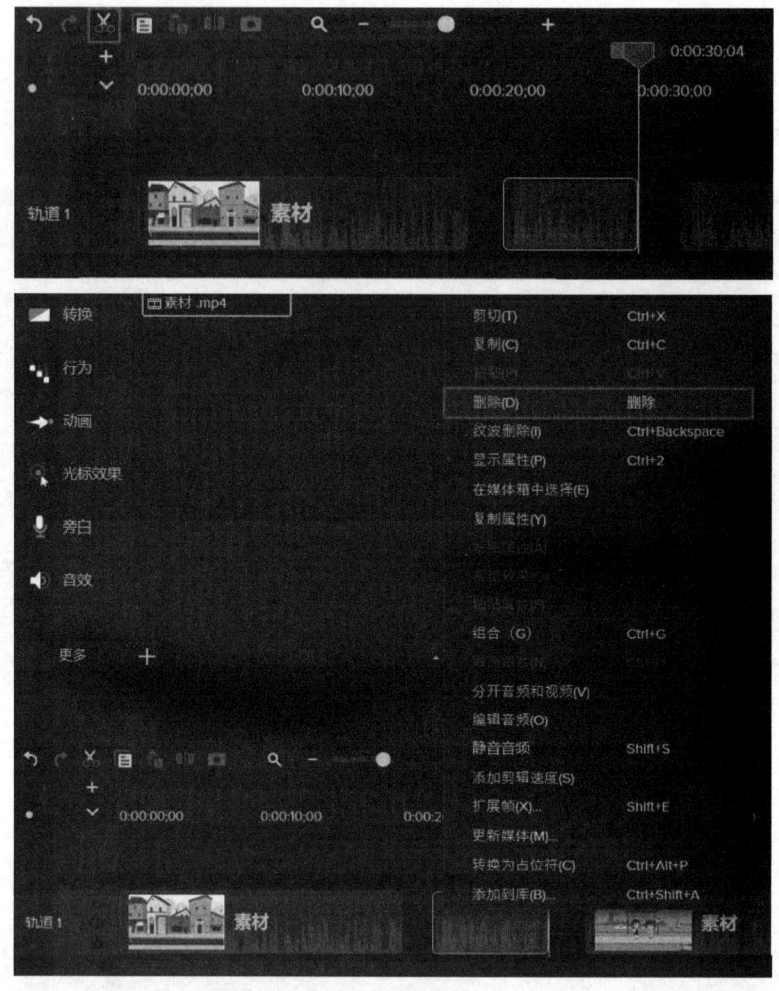

图 5-32 剪除素材

用时间轴上游标的两耳选定要剪掉的目标范围,即蓝色区域长度,直接点击"剪切"按钮即可剪除蓝色部分,如图 5-33 所示。

图 5-33 游标剪除

但需要注意的是,此种方法剪除部分的头尾会自动连接。

图 5-34 连接示例

利用此方法可以对一段视频中出错的片段进行剪除。

（4）顺序调整

如果要对一整段视频中的部分片段的顺序进行顺序调整，首先对片段进行分割，选中需要变换位置的片段，将其移动到目标位置即可。如果是多段视频位置调整，可以直接拖动调整。或者选中需要变换位置的片段，右键剪切/复制，在需要插入的位置点击右键进行粘贴，可以实现素材顺序的调整，如图 5-35 所示。

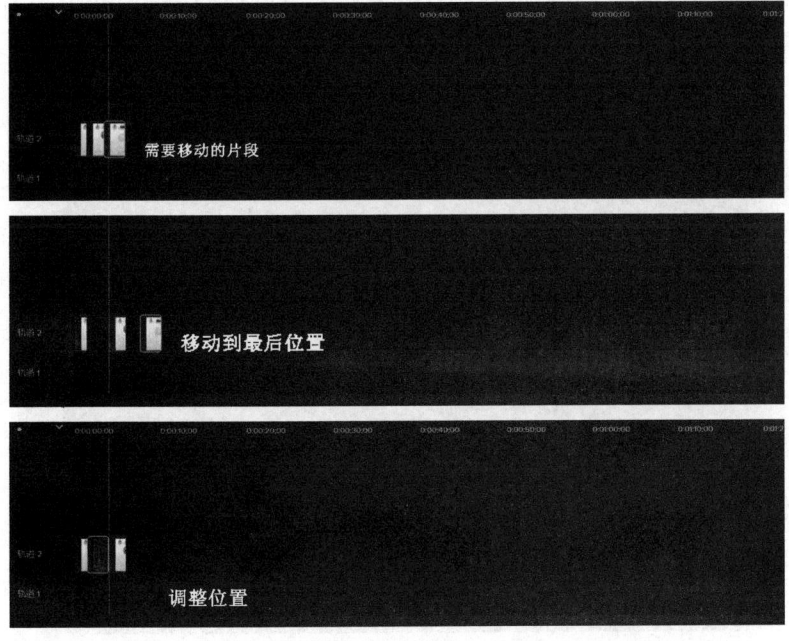

图 5-35 素材移动

（5）插入素材

插入素材部分以插入图片为例。如果需要在时间轨上添加其他图片，同样用导入素材的方式，将素材拖动至轨道上，如图 5-36 所示。通过调整轨道上下关系，可以调整画面中各窗口的前后位置，即叠加方式。视频特效——画中画的制作，便是利用了这个原理。在时间轴上拖动素材框左右两边，可以调整视频画面出现时长。

图 5-36　插入素材

注意，在时间线面板上，有可以控制视频素材长度的控制器，配合使用控制器，可以帮助制作者在剪辑视频中更加方便、精准地进行剪辑，如图 5-37 所示。

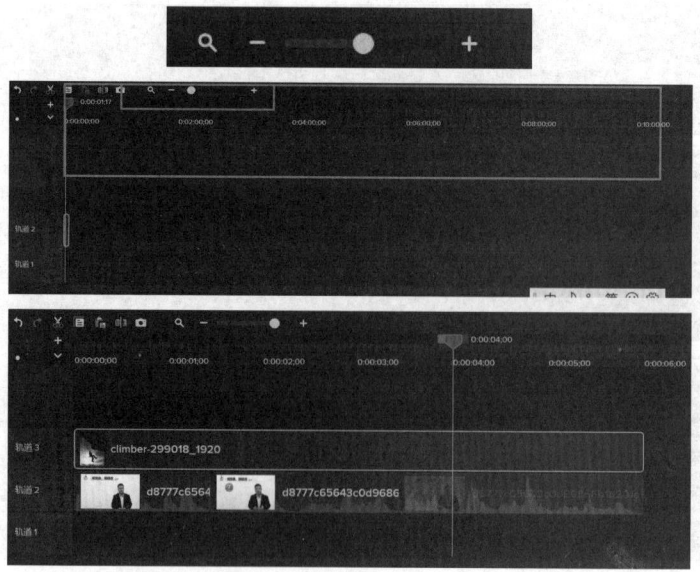

图 5-37　缩放调节效果

4. 生成共享

完成微课制作后,最后一步就是导出视频文件。具体步骤如下:

点击界面上方"导出"选项,选择"新自定义生成",如图 5-38 所示。

图 5-38 导出文件

在"生成向导"选项卡中选择需要的视频格式,一般都选择 MP4 格式,点击"下一步",如图 5-39 所示。

图 5-39 生成向导

在新的界面中可以对视频的控制器、尺寸、视频设置、音频设置、选项几个方面进行详细设置,如图 5-40 所示。

点击"下一步",可以添加作者信息和水印等,最后对视频的名称位置进行设置,最后点击"完成"即可,如图 5-41 所示。

图 5-40 "生成向导"设置

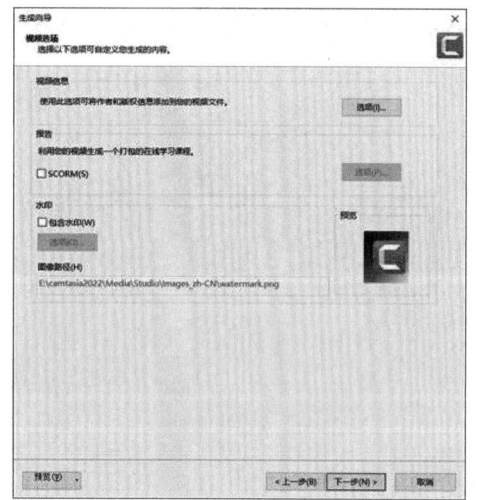
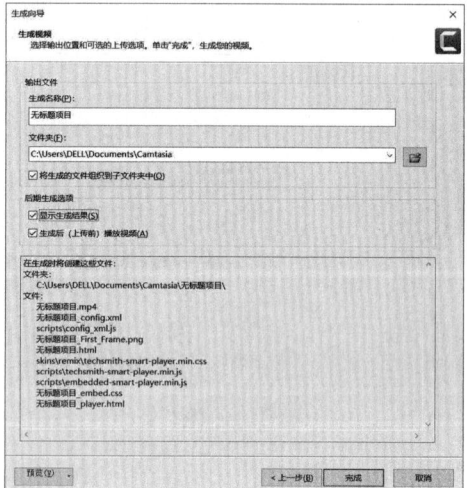

图 5-41 生成

二、Adobe Premiere 2019 视频剪辑方法

（一）软件介绍

1. 简单介绍

Adobe Premiere 是由 Adobe 公司开发的一款专业的视频编辑软件，目前这款软件常用于电视节目制作和广告制作，是视频编辑专业人士和广告制作、电视节目制作以及视频编辑软件爱好者们偏好的视频编辑工具之一。这款软件相对于其他软件的不同之处在于其可以提升人们的创造能力，并且拥有自由的创作空间，简单易学。该软件提供了剪辑、采集、调色、输出、字幕添加、美化音频等一系列工具，且可与其他 Adobe 软件高效集成，从而帮助微课制作者创作出更高质量的作品。本书所用版本为 Premiere 2019。

2. 软件界面

Premiere 2019 的常用编辑界面主要包括源监视窗口、控制效果面板、节目监视窗口、媒体浏览器面板、时间线面板等。具体位置如图 5-42 所示。

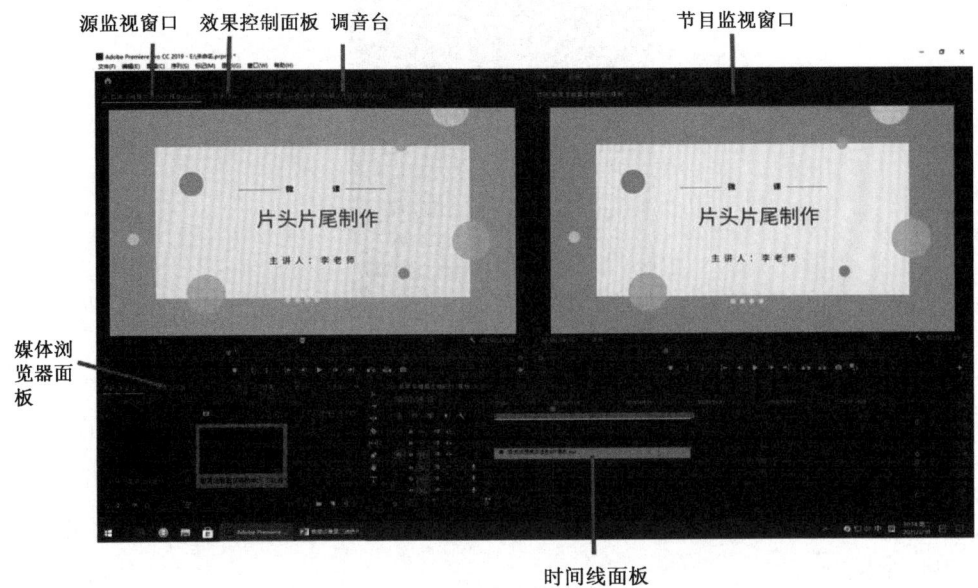

图 5-42 界面介绍

（1）源监视窗口。主要是为项目面板中素材（视频、音频、图片）提供实时预览，双击项目面板中的素材即可在源窗口中进行播放预览。

（2）节目监视窗口。节目窗口主要用于监视时间线上剪辑的画面，可以实时播放。

（3）时间线面板。对素材的剪辑工作全部都是在时间线面板操作完成，时间线面板包括视频轨道和音频轨道。

（4）工具面板。工具栏集合了所有视频剪辑工具。从上至下依次为：

选择工具：主要用于选择素材、移动素材、调节素材关键帧。

向前选择轨道工具：主要用于选择某一轨道上的所有素材。

波纹编辑工具：用于拖动素材的出点，改变所选素材的长度，而轨道上其他素材的长度不受影响。

剃刀工具：用于分割素材，将素材分割成两段，产生新的入点和出点。

外滑工具：可同时更改时间线内某剪辑入点和出点，并保留入点和出点之间的时间间隔不变。

钢笔工具：用于调整素材的关键帧。

手形工具：用于改变时间线窗口的可视区域。

文字工具：为素材添加字幕文件。

（二）软件编辑

1. 导入

（1）新建项目。新建一个剪辑项目，点击"新建项目"按钮，如图 5-43 所示。

图 5-43　新建项目

在"新建项目"的常规设置中,可对视频文件的名称、存放位置等进行具体设置,如图 5-44 所示。

图 5-44　属性设置

(2)打开项目。打开已存在的项目,则点击"打开项目"按钮,如图 5-45 所示。

图 5-45　打开项目

选择要操作的视频文件,如图 5-46 所示。

图 5-46 文件选择

（3）导入媒体。导入媒体文件的方法有以下三种：

一是双击左下角素材框中的"导入媒体以开始",选择素材导入,如图 5-47 所示。

图 5-47 导入媒体

二是点击屏幕左上角"文件"→"导入",选择素材导入,如图 5-48 所示。

三是直接将素材视频从文件夹拖进素材框,如图 5-49 所示。

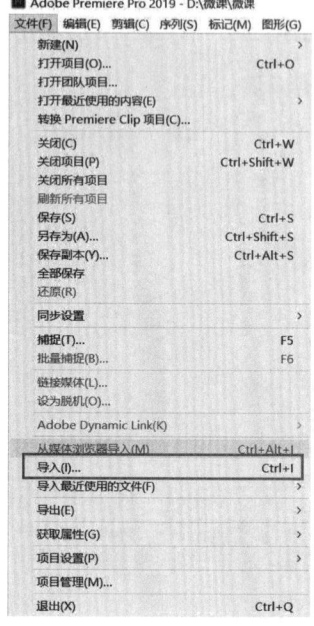
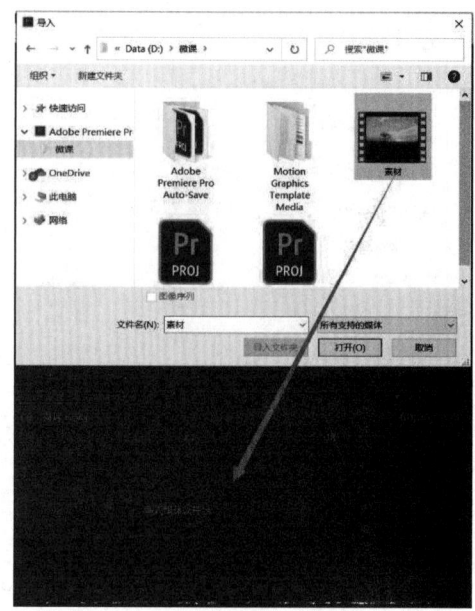

图 5‑48　文件—导入方式　　　　图 5‑49　拖动素材导入

2. 剪切

（1）导入轨道。导入轨道的方法有以下两种：

方式一：右键单击项目栏中的视频，选择"从剪辑新建序列"，视频便可进入预览框与时间轴自动生成工作序列，如图 5‑50 所示。

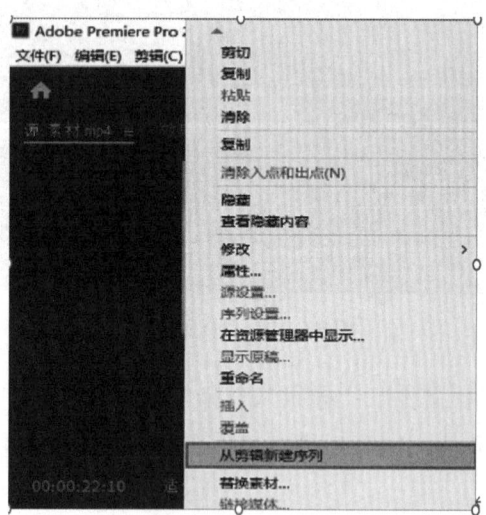

图 5‑50　方式一

方式二:直接将视频从素材框拖至时间轴上,如图5-51所示。

图5-51 方式二

(2)拆分素材。选定要进行操作的素材,选择剃刀工具,此时鼠标变为剃刀形状,将剃刀点击要进行分割的位置,素材将从该位置被分为两部分,如图5-52所示。

图5-52 拆分素材

(3)剪除素材。剪除素材有两种方式:

一是将要剪除的部分头尾都拆分开,选中目标部分后,点击右键选择清除或按Delete键剪除素材,如图5-53所示。

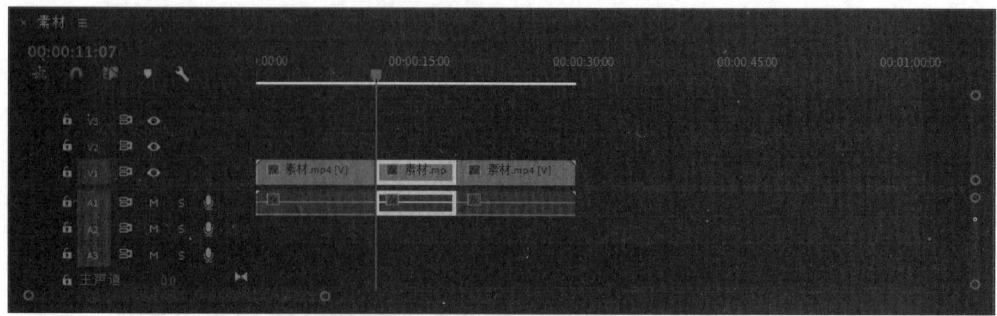

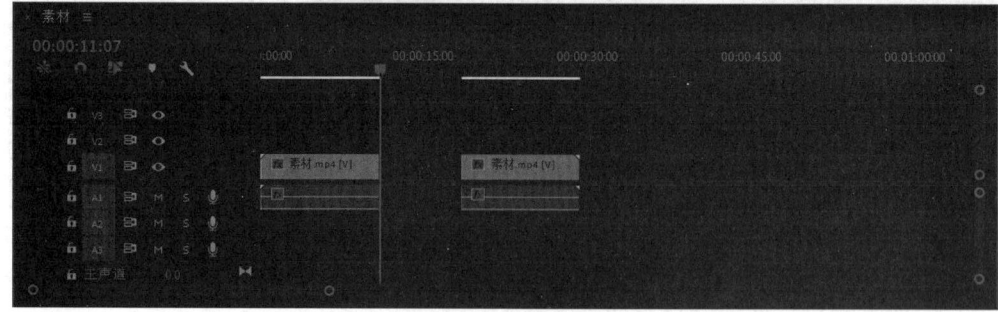

图 5-53 剪除素材

但需要注意的是,此种方法剪除部分的前后两段素材不会自动连接,需要手动拖拽或在空白部分点击右键选择"波纹删除"进行连接,如图 5-54 所示。

第五章　微课视频后期剪辑与处理

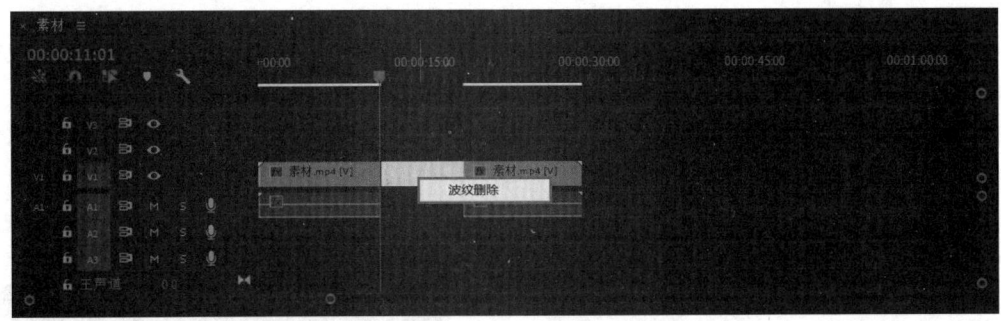

图 5-54　波纹删除

二是将要剪除的部分头尾都拆分开，选中目标部分后点击右键选择"波纹删除"剪除素材，此种方法剪除部分的前后两段素材可以自动连接，如图 5-55 所示。

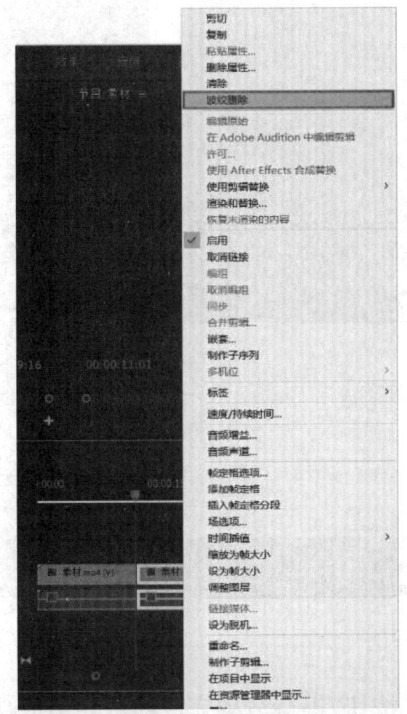

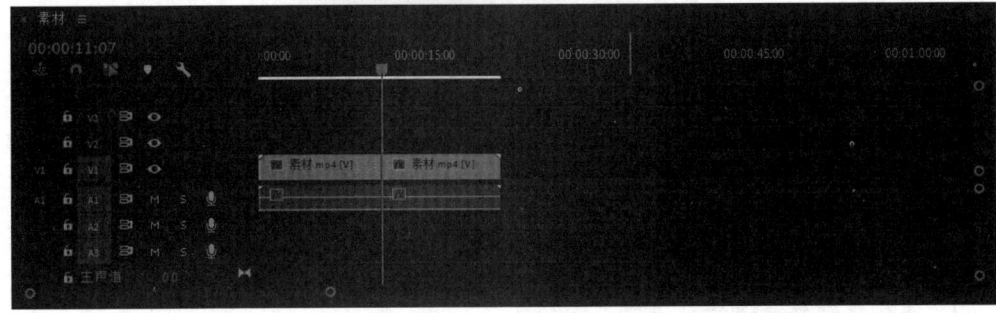

图 5-55　波纹删除方式二

151

3. 生成共享

视频剪辑完成,进入发布界面,点击左上角的"文件"→"导出"→"媒体"或使用快捷键"Ctrl+M",弹出"导出设置"页面,如图 5-56 所示。

在"导出设置"页面可以选择需要的视频格式,常用的视频格式有 AVI、MP4 等;还可以通过勾选导出视频或导出音频的选项,单独进行视频或音频的导出,如图 5-57 所示。

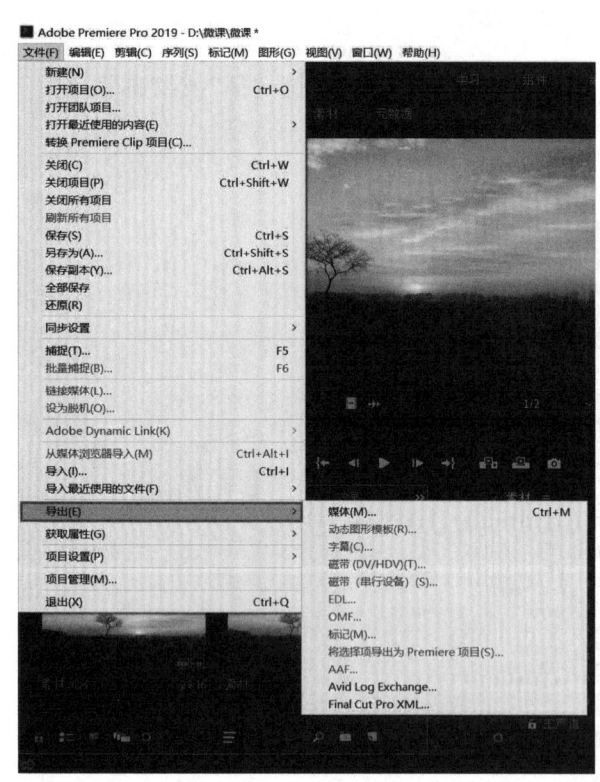

图 5-56 导出

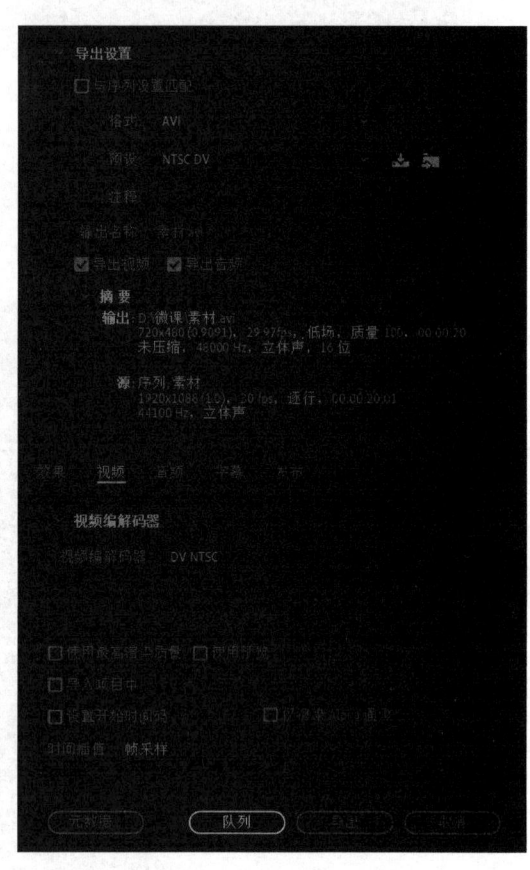

图 5-57 导出设置

设置完成,点击"导出"按钮,等待渲染完成即可导出成功。

三、快剪辑视频剪辑方法

(一) 软件介绍

快剪辑是一款由 360 公司推出的免费剪辑软件,软件界面简洁大方,使用方便,其所占用设备内存较小,具有功能齐全、操作简捷、导出视频无水印等优势。其缺点是不能进行微课录制,只能在与 360 浏览器结合使用时进行网络视频录制。

1. 快剪辑制作微课的特点

运用快剪辑制作微课操作简单方便,容易上手,即使是第一次接触视频剪辑的用户也能轻易操作。制作者可以从画面和音频方面对微课视频进行加工制作。软件工作模式分为专业模式与快速模式,专业模式下剪辑视频的工具丰富,可以对视频进行精细化加工;快速模式可用剪辑工具较少,主要对视频进行简单加工。主要特点如下:

一是音乐音效丰富。制作者可在快剪辑丰富的音乐、音效库中选择微课所需的音乐效果,且音质清晰,流畅不卡顿,方便快捷,提高微课制作效率。

二是封面、水印自由选择。在微课视频生成后,制作者可选择自己心仪的视频封面,好的视频封面更能吸引观看者眼球;制作者可自由选择添加水印,水印设计人性化,更好地保护创作者的知识产权。

三是字幕、滤镜样式多样。快剪辑拥有多种字幕效果,且效果炫酷,可随意调整位置,更加吸引学生的注意力。滤镜样式丰富,可将视频一键调色,提高视频制作效率。

2. 软件页面

快剪辑分专业模式与快速模式两种,其页面主要包括预览框、素材库和时间轴。

专业模式界面如图5-58所示。

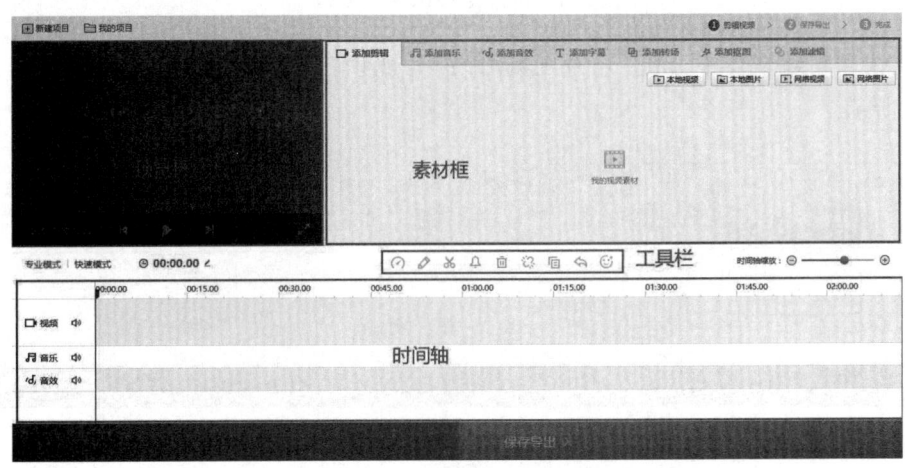

图5-58 "专业模式"界面介绍

快速模式界面如图5-59所示。

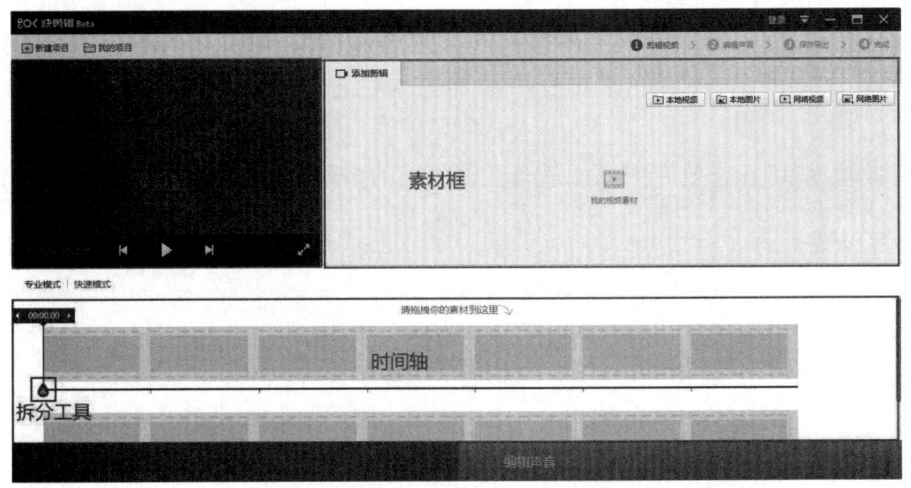

图5-59 "快速模式"界面介绍

预览框：在剪辑过程中查看剪辑效果，可以对视图放大或缩小。

素材库：在素材库中可以添加视频、音乐、音效、字幕、转场、抠图和滤镜效果。

时间轴：时间轴上的素材位置长度可以调整和缩放，只有一个游标，通过对播放头位置的移动来进行效果的添加和视频、音频的剪切和删除。

以专业模式为例，对此部分进行介绍，如图 5-60 所示。

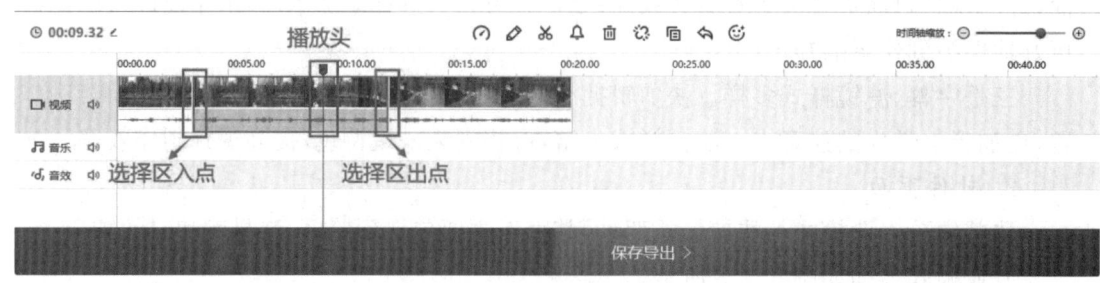

图 5-60　选择区及播放头

在快剪辑编辑器中，轨道分为三类，分别为视频轨道、音乐轨道和音效轨道，如图 5-61 所示。

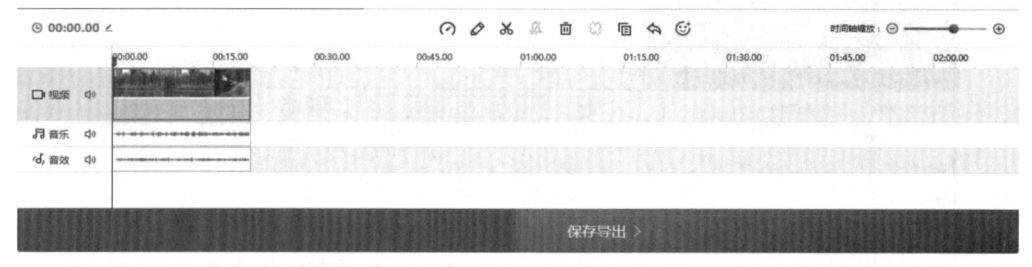

图 5-61　轨道介绍

视频轨道：对视频进行剪辑操作，导入的原视频，可以通过分离音轨工具将视频和音频分开剪辑。

分割之后的效果如图 5-62 所示：

音乐轨道：除了对原视频分离出来的音频进行拷贝、删除、分割、静音、调速的编辑，如图 5-63 所示，还可在素材框中添加音乐栏进行快剪辑音乐库中音乐的添加编辑。

音效轨道：可在音效库中添加适合微课使用的多种音效效果，如图 5-64 所示。

第五章 微课视频后期剪辑与处理

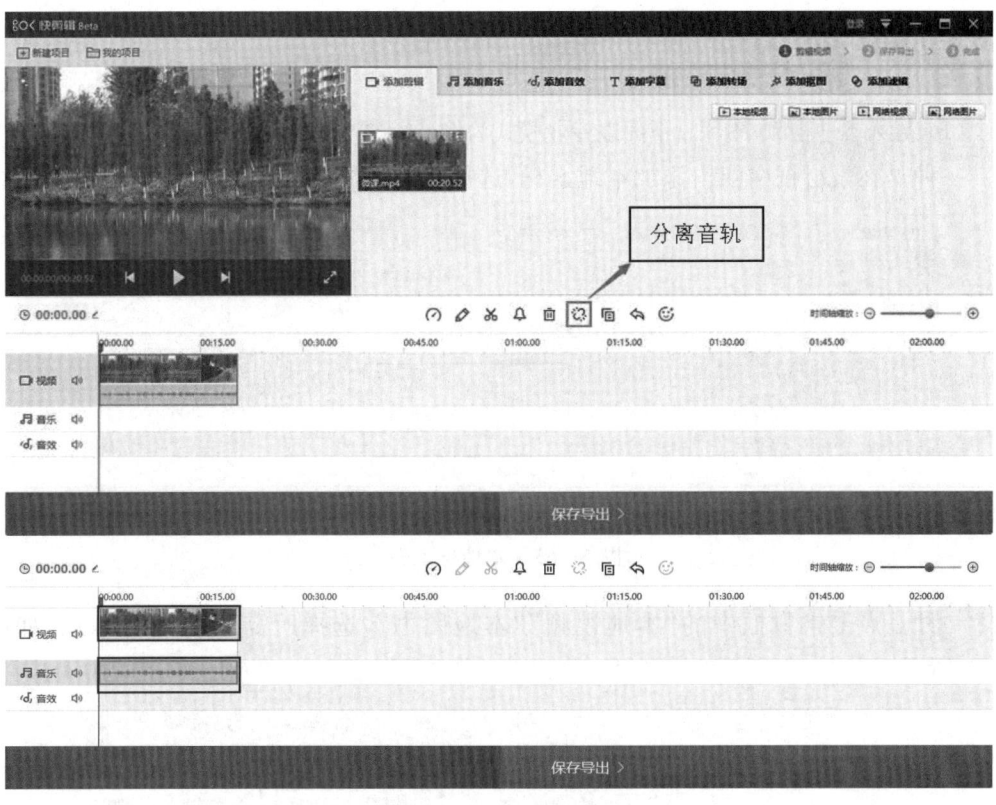

图 5-62 音轨分离

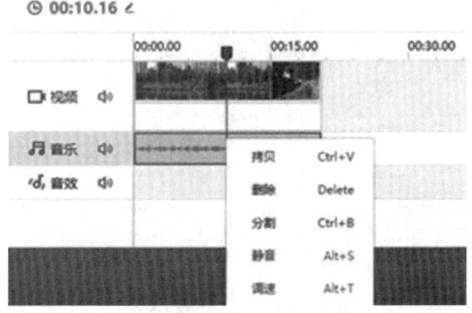

图 5-63 音频选项

图 5-64 添加音效

155

(二)软件编辑

1. 视频、图片导入

(1) 导入本地视频、图片。下面以专业模式为例,导入本地媒体文件的方法有以下两种:

一种是在素材框中双击添加本地素材,选择所需素材进行导入,如图 5-65 所示。

图 5-65 本地导入一

一种是点击素材框中的"本地视频""本地图书",选择所需素材进行添加,如图 5-66 所示。

图 5-66 本地导入二

(2) 导入网络视频。点击素材框中的"网络视频",等待网络连接,选择自己所需视频资料,如图 5-67 所示。

图 5-67 网络视频导入

(3) 导入网络图片。点击素材框中的"网络图片",跳转至 360 浏览器,选择自己所需图片资料,如图 5-68 所示。

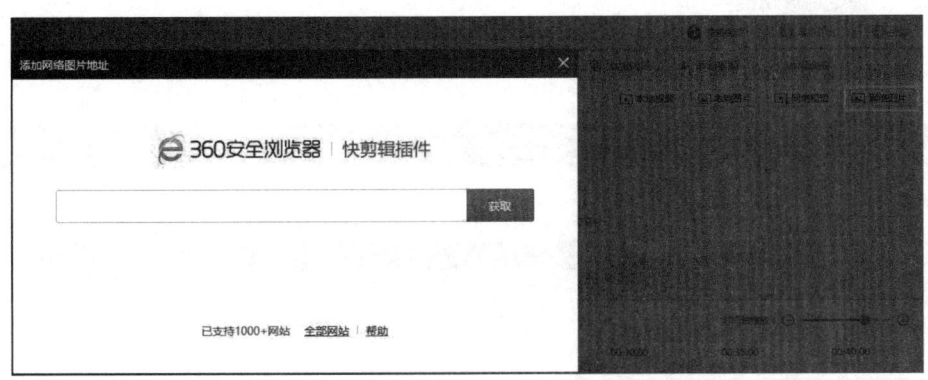

图 5-68 网络图片导入

快速模式与专业模式导入部分操作相同,此处不再赘述。

2. 剪切

(1) 导入轨道。将已经导入素材框中的视频素材直接拖动到时间轴上或点击视频素材右上角蓝色"＋",即可将素材添加至时间轴上,如图 5-69 所示。

图 5-69 素材添加至轨道

如果视频在视频轨道的长度过长或过短,可以通过调节时间轴对视频素材进行相应缩短或拉长,以方便后续操作,如图 5-70 所示。

(2) 拆分素材。选定将要进行操作的素材,将播放头放置于将要切割的位置,点击分割图标,将素材从该位置分为两部分,如图 5-71 所示。

(3) 剪除素材。把需要剪除的部分头尾都拆分开,选中目标部分后点击"删除"按钮或按 Delete 键剪除素材,如图 5-72 所示。

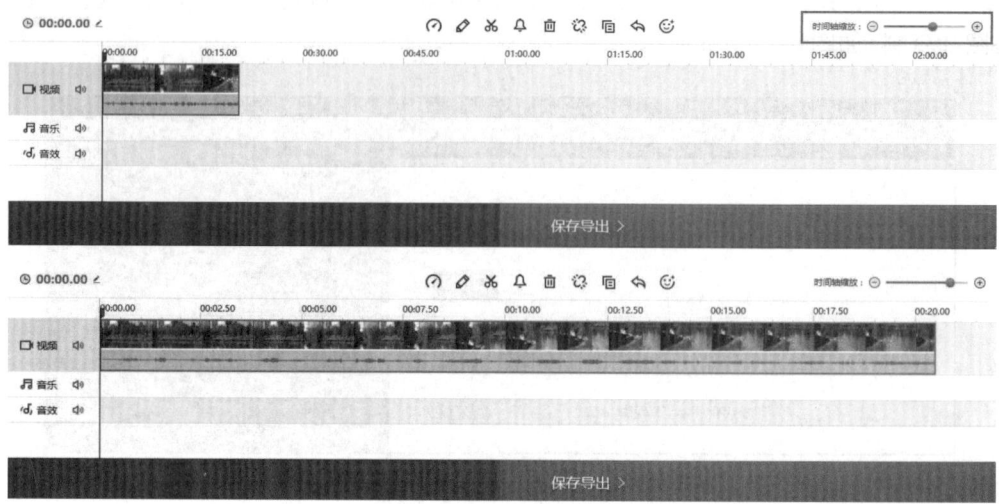

图 5-70 素材调节

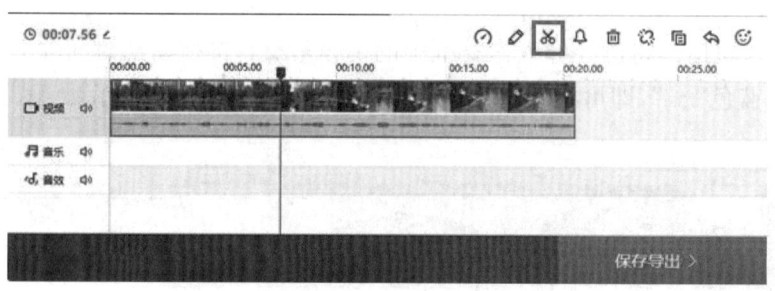

图 5-71 素材拆分

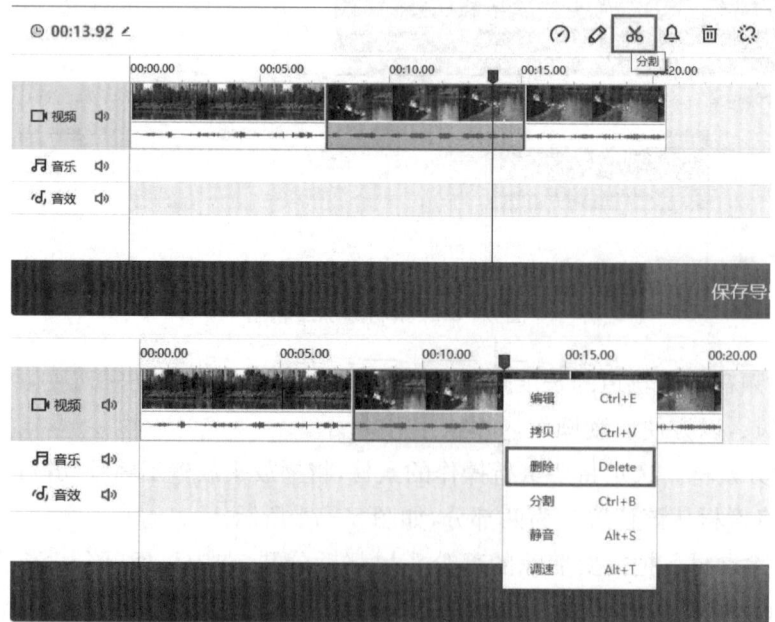

图 5-72 素材剪除

3. 编辑素材

双击时间轴上的视频轨道,便可弹出"编辑视频片段"选框,在选框内可以对视频片段进行多种编辑,如图 5-73 所示。

图 5-73 素材编辑

裁剪:通过鼠标拉动对视频进行尺寸调节,如图 5-74 所示。

图 5-74 裁剪

贴图:在贴图框中可选择多种图像进行粘贴,并且可以对贴图的出现与持续时间进行设定,如图 5-75 所示。

图 5-75 贴图

标记:通过鼠标滑动框选标记区域,并且可以对标记的形状、颜色、透明度、粗细等样式以及标记的出现与持续时间进行设定,如图 5-76 所示。

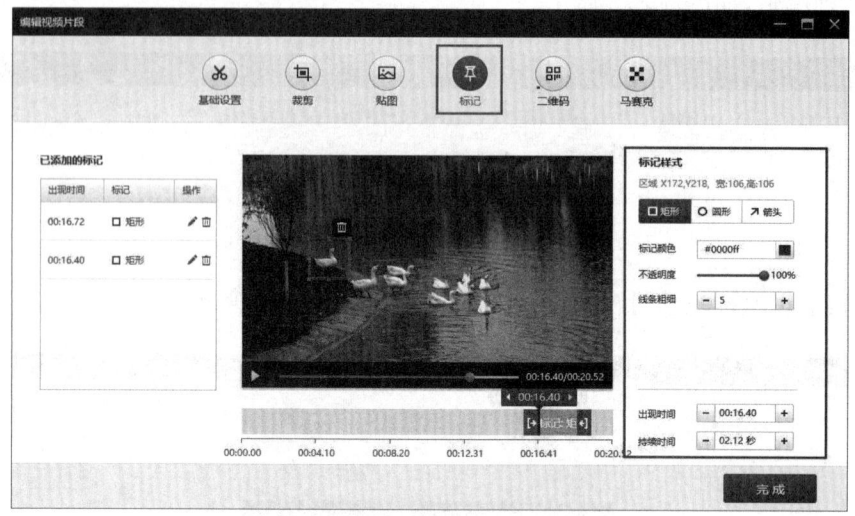

图 5-76　标记

二维码:通过鼠标拉动放置二维码,观看者可通过扫描二维码跳转至所设定的网址或图片,并且可以对二维码的出现与持续时间进行设定,如图 5-77 所示。

图 5-77　二维码

马赛克:通过鼠标拉动放置马赛克,对视频部分区域进行模糊处理,并且可以对马赛克的出现与持续时间进行设定,如图 5-78 所示。

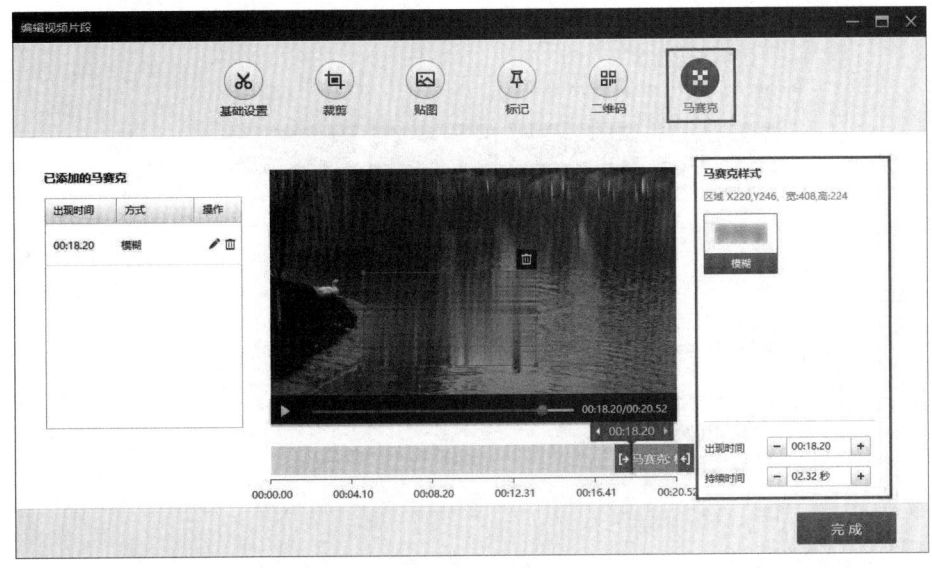

图 5-78　马赛克

4. 保存导出

完成微课制作后,最后一步就是导出微课视频,具体步骤如下:

点击界面右下方"保存导出"按钮,出现以下界面,在导出设置选项卡中选择需要导出视频的具体格式,如图 5-79 所示。

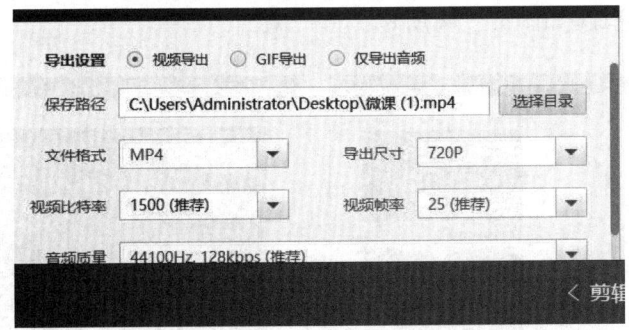

图 5-79　导出设置

在"开始导出"页面右侧可选择加入视频的特效片头以及水印,如图 5-80 所示。

图 5-80　片头及水印添加

点击右下角"开始导出"按钮,可设置视频标题、简介等内容,设置完成后点击"下一步",视频即导出完成,如图 5-81 所示。

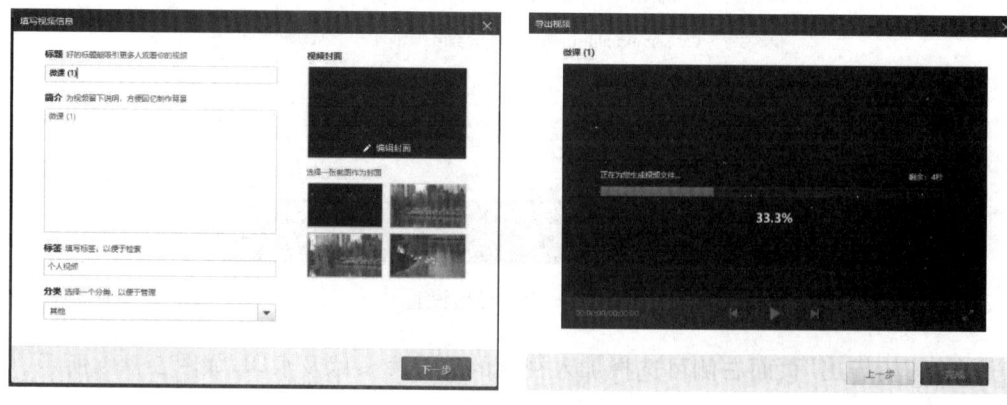

图 5-81　导出

第三节　音频剪辑方法与技巧

微课不仅是教师讲课的重要工具,更是学生自学的好帮手。好的微课离不开优秀的制作,音频作为微课制作中不可或缺的组成部分,值得我们认真设计、对待。不同的软件大都支持对音频进行制作,教师可以对音频进行编辑、合成,辅之以对应的添加效果和音频特效,制作出符合自身需求和区域特征的优质微课。本节内容将介绍 Camtasia、Premiere 2019、剪映三种软件对于音频的基本操作,可以根据不同软件的功能进行应用,让微课音频成为教与学活动的特殊媒介和师生之间沟通的桥梁。

一、Camtasia 音频剪辑方法

(一) 基本操作

在 Camtasia 2020 中对视频进行编辑时,首先需要将视频与声音分离。具体操作方法:右击轨道上的视频片段,选择"分开音频和视频"命令,此时音频和视频独立放置在两个轨道中,如图 5-82 所示。

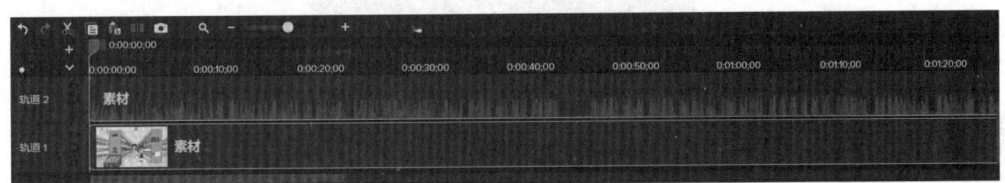

图 5-82 音轨分离

声音的基本操作包括移动、删除、复制粘贴、剪切和拆分等。

移动:选择某段音频,单击鼠标拖动可以改变其在轨道中的位置。

删除:选择某段音频,单击"Delete"或右击选择"删除"命令。

复制粘贴:选择某段音频,右击并选择"复制"或"粘贴"命令,即可对选择的音频片段进行复制粘贴的操作。

剪切:通过播放,确定要剪切音频的开始位置,将游标调至开始的音频位置,点击游标右边的红色部分向右拖动至要剪切音频的结束位置,选择确定的这一部分音频,单击"时间轴"面板工具栏中的"剪切"按钮,进行剪切,如图 5-83 所示。

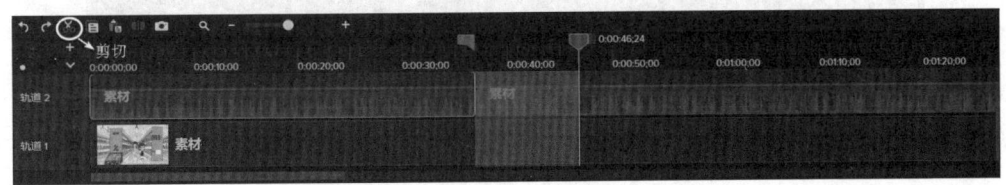

图 5-83 剪切

拆分:将游标调至需要拆分的位置,选择要进行拆分的音频,单击"时间轴"面板工具栏中的"拆分"按钮,进行拆分,如图 5-84 所示。

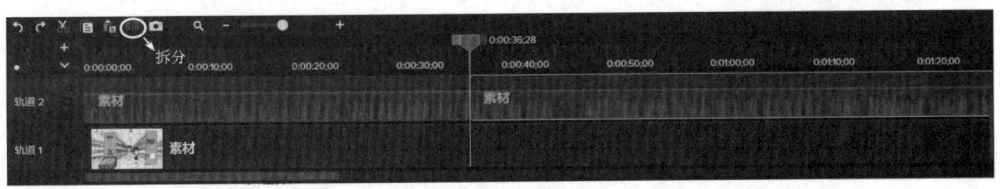

图 5-84 拆分

(二)添加旁白

除了部分视频会自带声音外,有的视频不含音频,需要制作者自行添加旁白,在此可以利用 Camtasia 软件的"旁白"功能,为视频添加旁白。具体操作步骤如下:

在页面左侧点击"旁白",选择好相应输入设备后,点击开始录音,如图 5-85 所示。

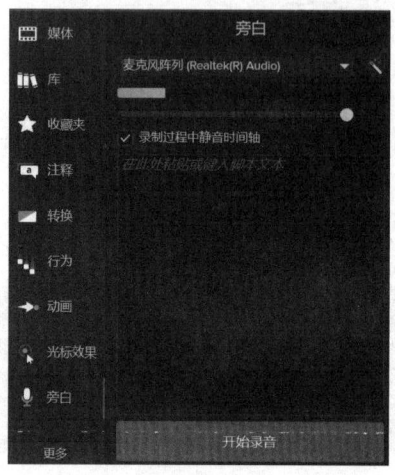

图 5-85 添加旁白

录制完成后,点击结束。结束后,页面会自动弹出储存页面,选择需要储存音频的位置,点击保存。此时会看到轨道 1 中出现"旁白 1"的音频轨,如图 5-86 所示。

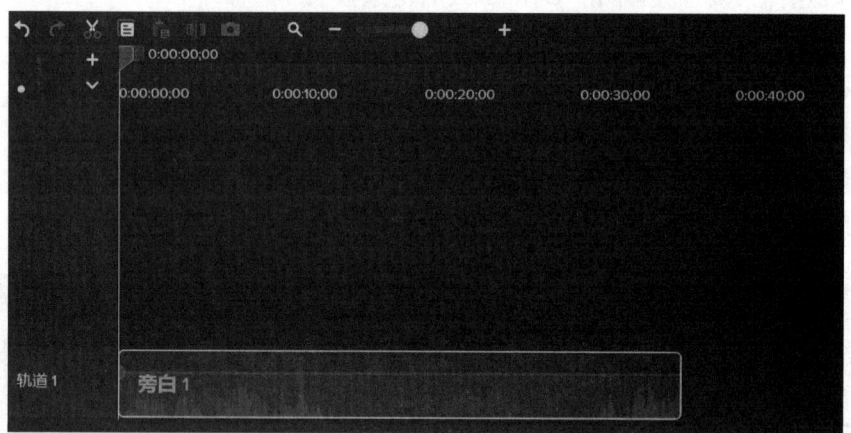

图 5-86 旁白轨道

Camtasia 旁白录制结束。

(三)音量调节

1. 整体音量调节

点击某段音频,在轨道上会出现一条音频线,将鼠标放置在音频线上,点击向下移动即可降低整体音量,向上移动即可调高整体音量,如图 5-87 所示。

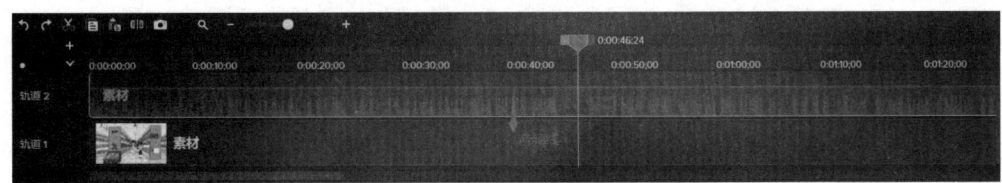

图5-87　整体音量调节

2. 局部音量调节

如果想要调节视频中某个区域的音量,可以利用增加音频点的方法实现。具体操作方法:找到你想要调节音量的音频区域,双击音频线即可添加音频点,分别在需要的音频区域的始末两个位置添加音频点,在这两个音频点中间添加第三个音频点,拖动中间的音频点,可以只调节始末两个音频点之间的音频音量大小,如图5-88所示。

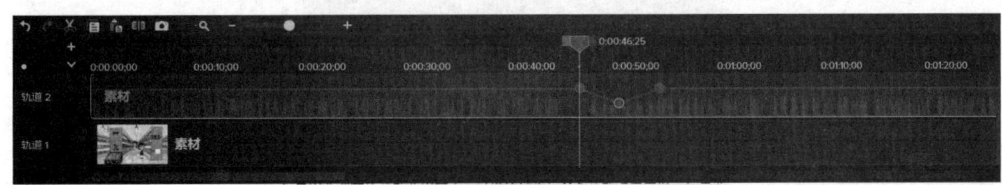

图5-88　局部音量调节

如果需要调节的音频范围较大,可以通过添加多个音频点来实现。如果要删除音频点,鼠标移至音频点上,右击选择"删除"或"移除所有音频点"的命令即可。

（四）音效实现

1. 静音

实现静音效果有两种方法,具体操作如下:

第一,选择某段音频,在需要静音的区域添加4个音频点,分别位于需要静音区域的始末和中间。向下拖动中间的两个音频点,使这两个音频点分别位于始末两音频点的正下方。这时,没有音频波的这个音频区域就处于静音状态,如图5-89所示。

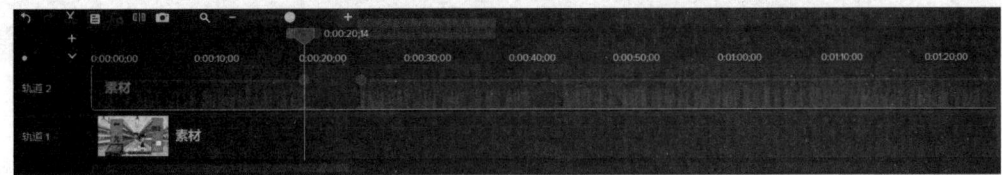

图5-89　静音方式一

第二,利用"时间轴"面板工具栏中的"拆分"功能创建一个需要静音的区域,右键点击需要静音的区域,点击"静音音频"选项实现静音,如图5-90所示。

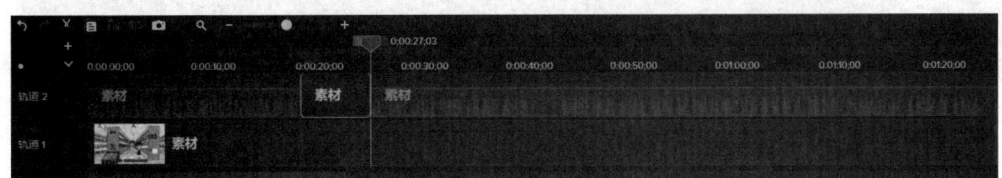

图5-90　静音方式二

2. 淡入淡出

选择需要处理的音频片段,找到左边界面"更多"中的"音效"并点击,如图 5-91 所示。

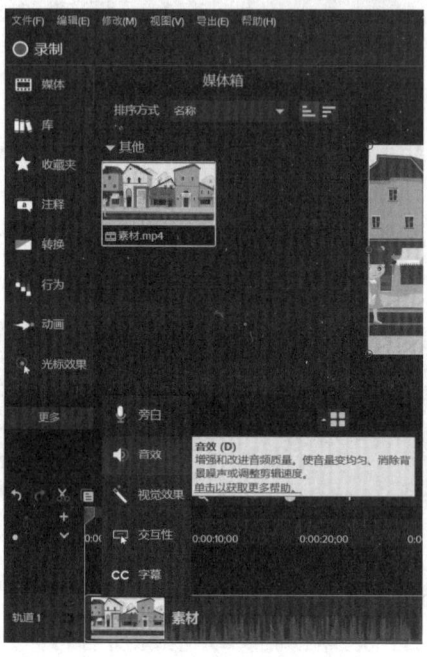

图 5-91 音效选择

将"淡入""淡出"分别点击拖动到选择的音频片段,即可在音频片段的开头位置添加淡入效果,结束位置添加淡出效果,如图 5-92 所示。

图 5-92 效果添加

如果对添加的效果不满意,可以通过调整所选音频中的音频点调节淡入淡出的持续时间及音量大小,如图 5-93 所示。

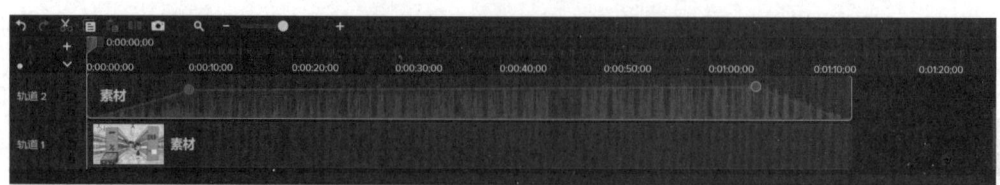

图 5-93 音效设置

3. 去除噪声

降噪的方法与淡入淡出效果的设置步骤相似,点击"音效"选项中的"降噪"拖入需要去除噪音的音频区域。在右界面中调节"敏感度",如图 5-94 所示。

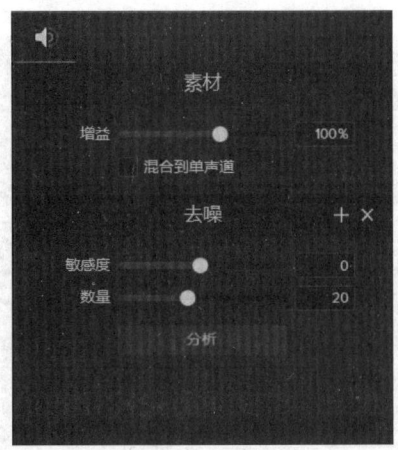

图 5-94 降噪

注意:敏感度的设置并不是越高越好,需要在每次调整后进行试听,设置的值不应该低于原音频的品质。

4. 添加背景音乐

下载需要的背景音乐,导入新的轨道,用上面讲解的步骤进行加工即可。

二、Adobe Premiere 2019 音频剪辑方法

音频处理功能主要包括音频基本编辑和添加声音特效两个方面。

(一) 音频基本编辑

音频基本编辑包括利用源监视器预览和剪辑音频素材,将音频素材添加到"时间轴"调板的相应音频 A1 轨道,点击音频,在音频轨道上对音频素材进行各种编辑操作等,如图 5-95 所示。

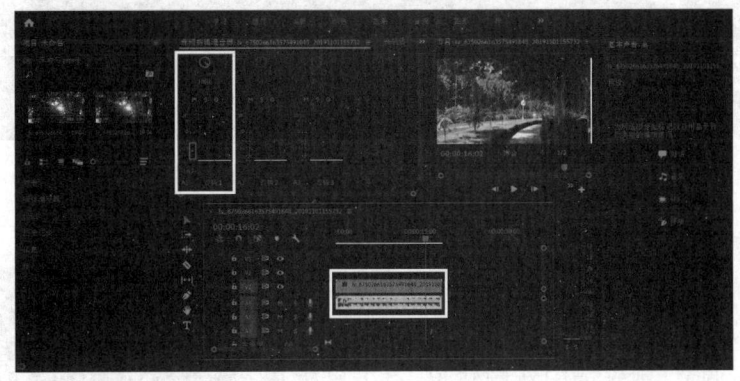

图 5-95 音频编辑

下面介绍音量调节方法：

整体调节：直接在时间线上，将素材的音量级别向上拖曳，可以调节其音量大小，如图 5-96 所示。

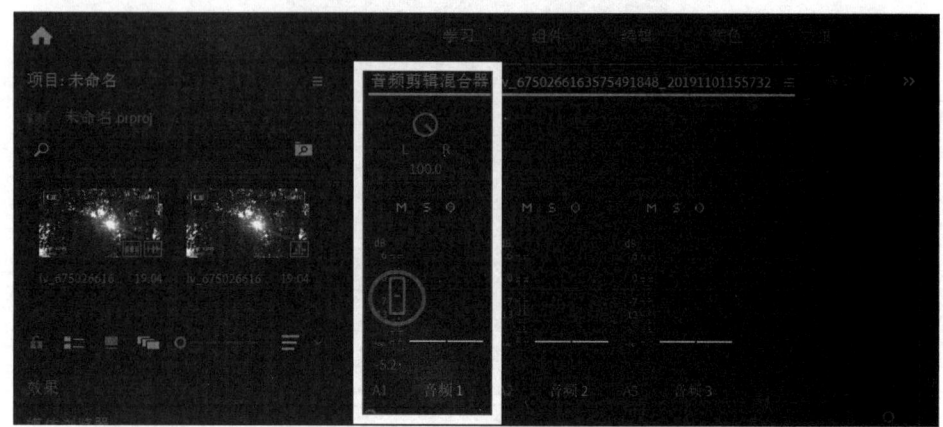

图 5-96 音量调节

同时我们可以看见音频剪辑混合器上面有一个如图标志，上面有一个 L 和 R，分别代表左声道和右声道，可以根据自身需要进行调节（就是一个声音只往左边出或者右边出），如图 5-97 所示。

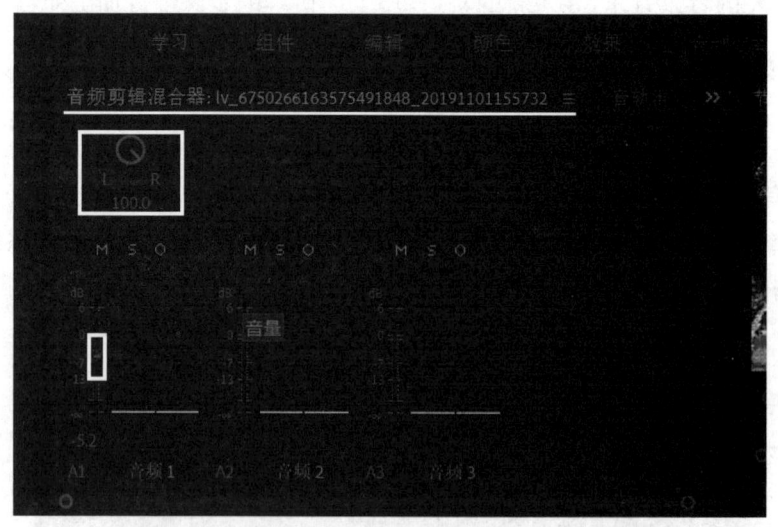

图 5-97 左右声道调节

在时间线素材上点右键，点击"音频增益"，如图 5-98 所示，可以随心所欲地提高音量大小，缺点是很容易产生破音。

局部音量调节：首先选中音频轨道，点击鼠标右键，出现窗口，找到"取消链接"，此时音频和视频就可以分开了，如图 5-99 所示。

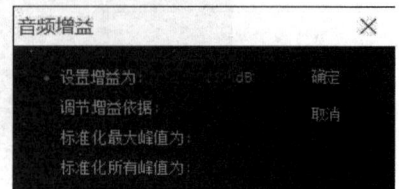

图 5-98 音频增益

第五章 微课视频后期剪辑与处理

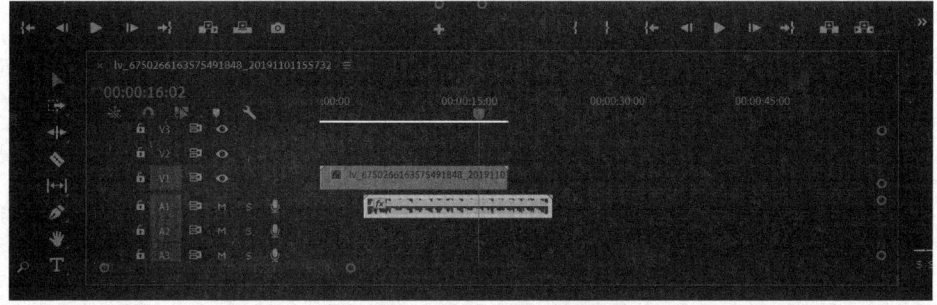

图 5-99 局部音量调节

然后点击音频轨道，点击左侧的剃刀工具，将自己想要调整的部分头尾分别切割开，即可将音频分段。分段后，选中需要调整的部分，按照上述对整体音量的调节方法，可以对局部分段的音量进行操作。如图 5-100 所示。

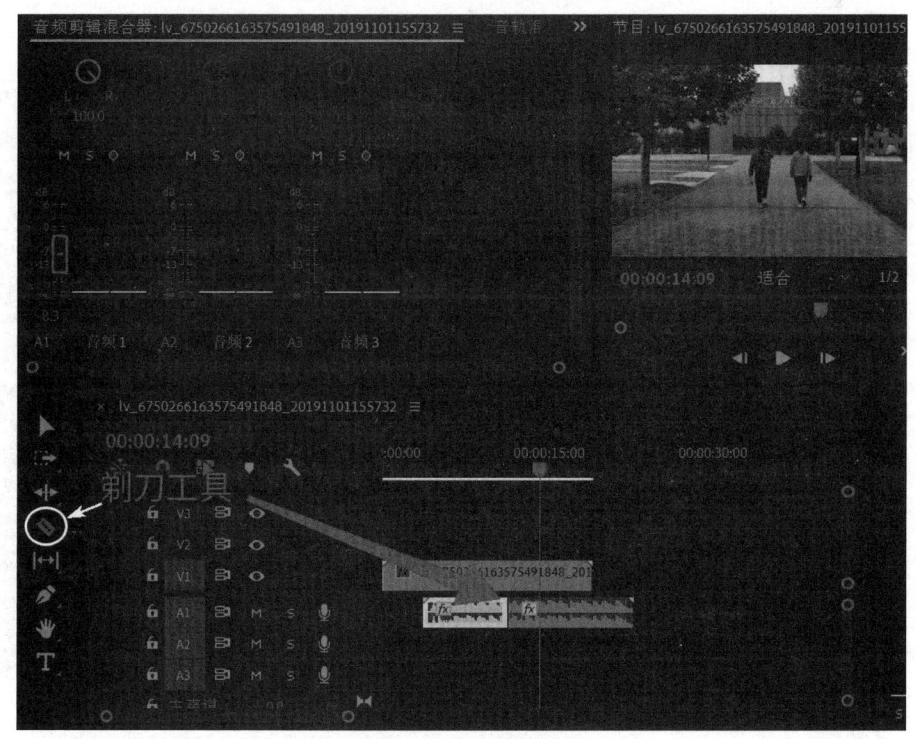

图 5-100 音频剪切

(二)音频特效

音频添加效果与视频添加特效相近。在音频效果里面把相应的效果拖到控制面板中。比如说里面的静音、音量以及降噪,把它直接拖到轨道里,或者是拖到控制面板中。

(1)音频降噪。降噪就是对这段音频进行处理,消除一些嘈杂的环境声音。具体操作如下:

点击音频板块,在左侧效果选项中选择"音频效果",找到其中"降噪"效果,点击,将其拖至需要更改的音频片段上,即可完成降噪效果,如图5-101所示。

图 5-101 音频特效

此外,在"音频效果"中,还可以看到许多其他音频效果,其操作方式同降噪的操作方式相同,制作者可以根据需要自行选择合适的效果对音频进行调整,以求增强音频的表达效果。

(2)音频过渡。将两段音频添加进去后,为使音频过渡更加自然,我们可以选择"交叉淡化"的功能,其中包括"恒定功率""恒定增益""指数淡化"三个效果选项,都是起到音频过渡自然的效果,可以根据自己的需要选择相应的效果进行操作处理,如图5-102所示。

(3)添加背景音乐。在项目面板中点击鼠标,选择"导入",选择好视频和音乐,点击打开,如图5-103所示。将导入的音乐拖

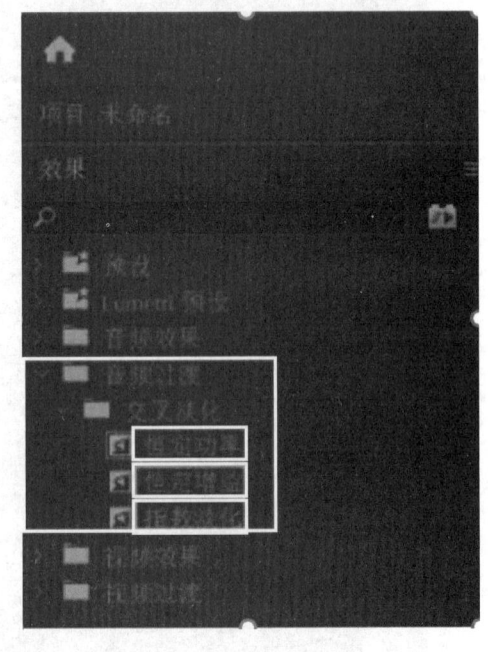

图 5-102 音频过渡

到 A1 轨道上，选择裁剪工具，对音乐进行裁剪，使音乐长度和视频一致。

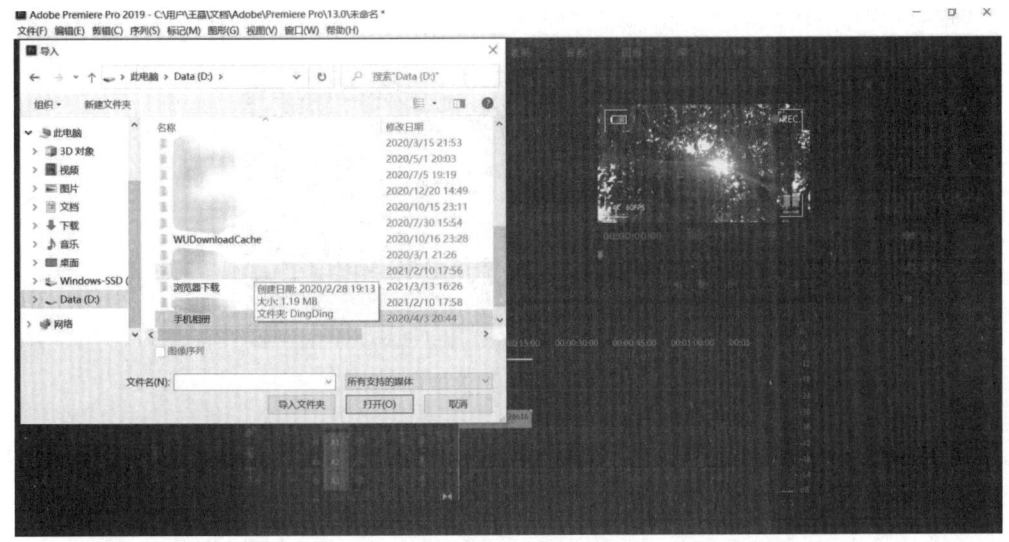

图 5-103　添加音乐

三、剪映 PC 版音频剪辑方法

（一）基本操作

在剪映中对原视频声音进行编辑时，首先需要导入视频，将视频拖入轨道，如图 5-104 所示。

图 5-104　导入视频

单击视频，右上方出现关于处理原视频的窗口，选择"音频"后拖动音量调节帧即可调节音量大小，如图 5-105 所示。

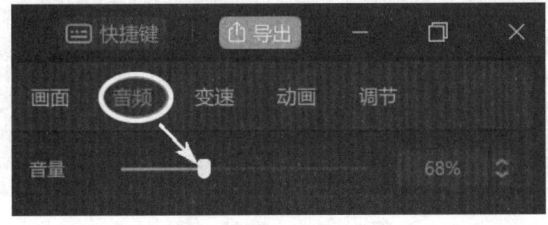

图 5-105　音量调节

除去原视频声音外,可对插入的声音进行基本操作,包括移动、删除、分割。

插入音频:菜单—音频—点击图中加号,如图 5-106 所示。

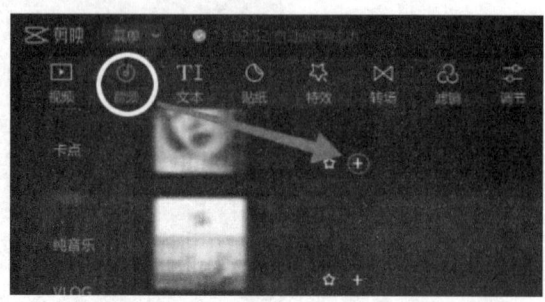

图 5-106 插入音频

移动:选择被插入的音频,单击鼠标拖动可以改变其在轨道中的位置,如图 5-107 所示。

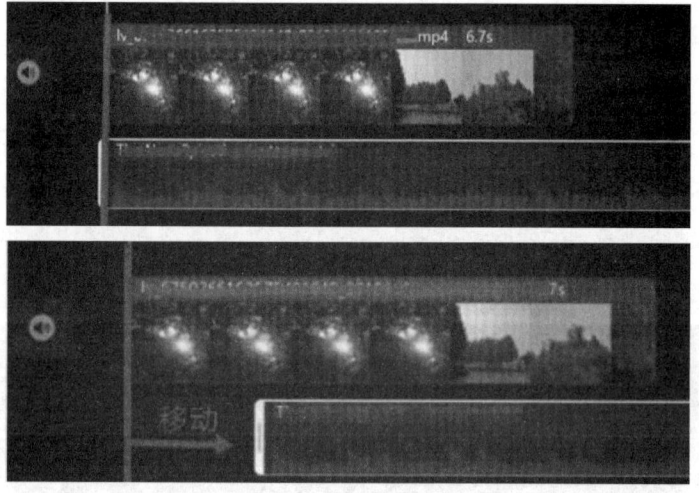

图 5-107 移动音频

删除:选择某段音频,单击"Delete"或右击选择"删除"命令,如图 5-108 所示。

图 5-108 音频删除

分割:将游标调至需要分割的位置,选择要进行分割的音频,单击面板工具栏中的"分割"按钮,进行分割,如图 5-109 所示。

图 5-109　分割

(二) 音效实现

1. 原视频静音

在原视频轨道左侧有一"小喇叭"的图标,点击即关闭原声,对原视频进行静音处理,如图 5-110 所示。

图 5-110　静音

2. 淡入淡出

单击需要处理的音频片段—右上界面"音频"—"基本"—拖动"淡入""淡出"相应调节帧来调节时长,如图 5-111 所示。

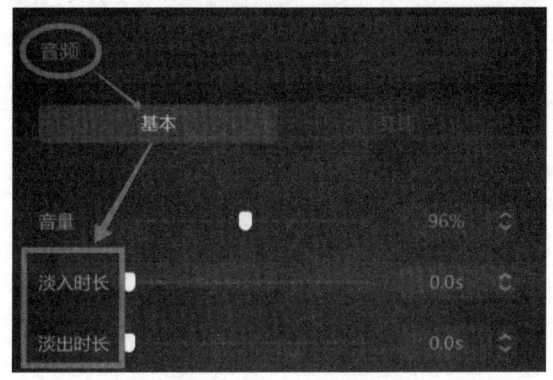

图 5-111　淡入淡出

3. 原视频变声

单击插入的原视频—右上界面"音频"—选择需要的音色。可以进行局部变声,如想要全部变声,可以点击右下角"应用到全部",即可实现全部变声,如图 5-112 所示。

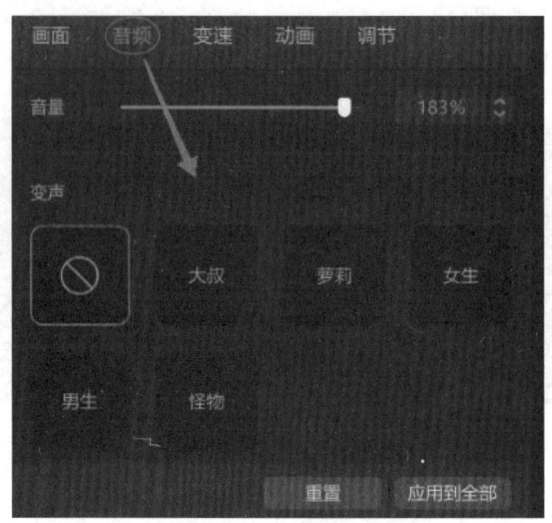

图 5-112 变声

注意:变声后音质可能会下降。

4. 原视频变速

点击视频,右上角会出现如下图,选择"变速",根据个人需要进行拖动调节帧,即可使视频的播放速度改变,如图 5-113 所示。

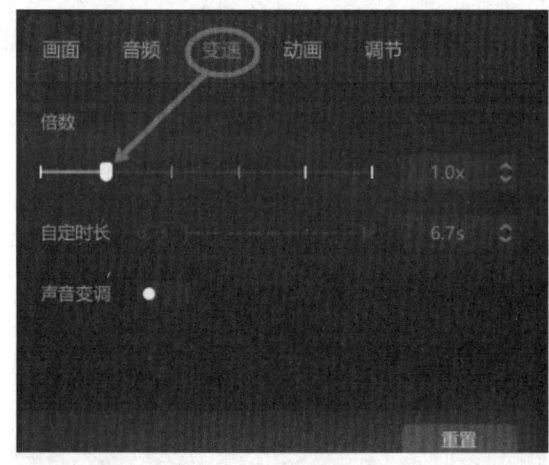

图 5-113 变速

第四节 特效制作方法与技巧

特效可以为微课增光添彩,使视频之间转化更自然,更加绚丽流畅。常见的 Camtasia、万彩动画大师、Focusky、Premiere、H5 交互页面设计这些软件都可以或多或少地进行特效的制作。本节我们将介绍 Camtasia、Premiere 和万彩动画大师三个软件中一些特效的制作方法。

一、Camtasia 特效制作方法

(一) 转场

1. 添加转场效果

转场效果是指两个场景(即两段素材)之间,采用一定的技巧如划像、叠变、卷页等,实现场景或情节之间的平滑过渡,或达到丰富画面吸引观众的效果。如果添加转场效果,教师需要将多段视频导入 Camtasia 的轨道中,或将一个视频拆分成两个或多个视频片段,如图 5-114 所示。

图 5-114　选择视频

单击"转换"选项,在打开的"转换"列表中选择需要使用的转场效果,如图 5-115 所示,鼠标点击将其拖放到轨道上两个视频片段的连接位置。这样就可以为两段视频添加转场效果,但此时的效果在播放时还无法呈现。将添加了转场效果后的两个音频片段中任意一个移动到另一个轨道,然后再移回原位置,即可在视频播放时呈现转场的效果。

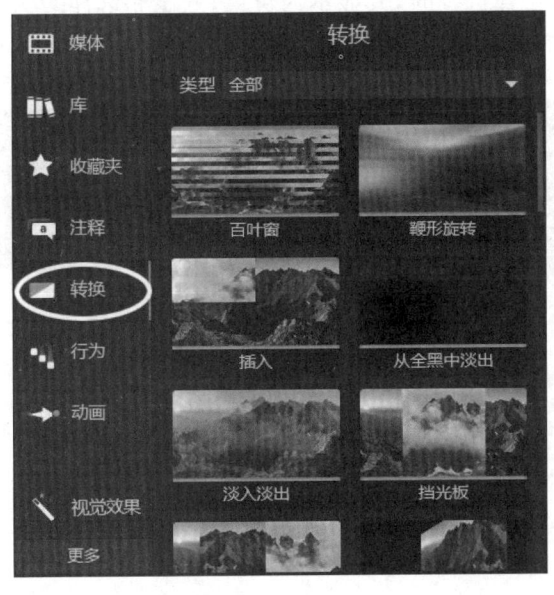

图 5-115　转换类型

对于位于不同轨道上的两个视频片段，同样可以添加转场效果。在"转换"列表中选择需要的转场效果，点击拖放到前一个视频片段的末尾位置和另一个轨道的视频片段的开始位置，这样就可以成功添加转场效果，如图 5-116 所示。

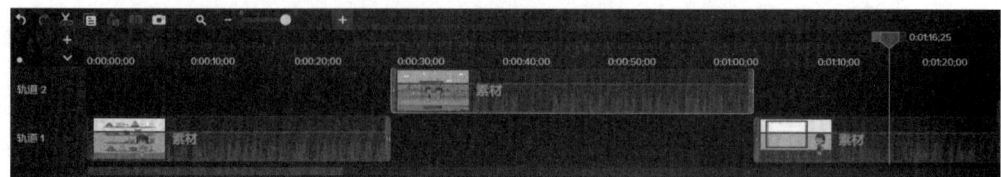

图 5-116　添加完成

2. 设置转场效果

将鼠标移动到转场效果的标记上，会显示转场的有关信息，主要有名称、开始时间、持续时间等，如图 5-117 所示。

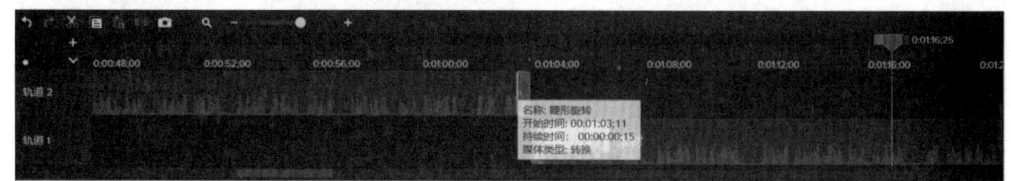

图 5-117　转场信息显示

如果需要增加或减少转场效果的持续时间，用鼠标拖动转场效果标记的边界，改变转场效果标记的长短，从而改变效果的持续时间。

轨道上的转场标记被选择时，其显示为黄色；处于非选择的状态时，其显示为绿色。如果想要删除转场标记，选择转场标记后，按 Delete 键即可删除，如图 5-118 所示。

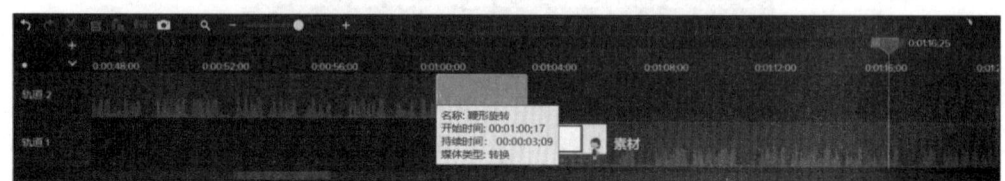

图 5-118　删除转场标记

（二）缩放

在制作微课视频时，可能会出现多个教学热点，这时如果教师想要学生关注其中的某个热点区域，可以利用 Camtasia 2020 的"缩放"功能使视频中的部分内容放大，占据屏幕主要位置，从而实现对该部分内容的突出。具体的操作方法如下：

1. 添加缩放

在轨道中点击需要添加缩放效果的视频，选择左界面中的"动画"，在"缩放与平移"的界面进行操作，如图 5-119 所示。

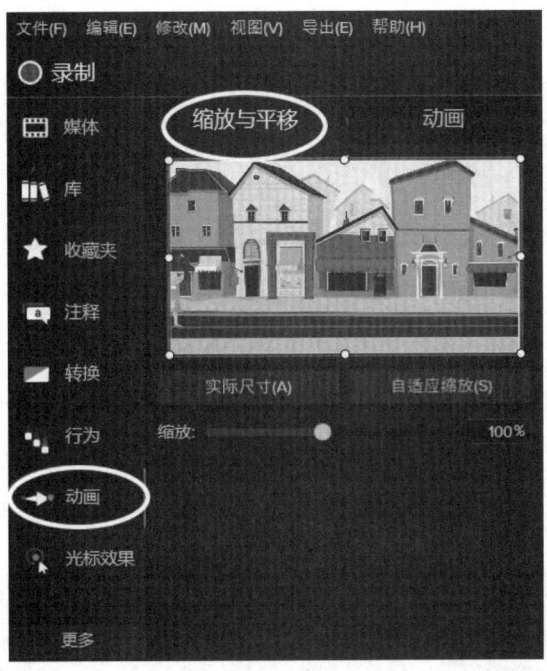

图 5‑119　添加缩放

在"缩放与平移"的选项窗口中,出现一个 8 点控制的矩形方框,使用鼠标可移动方框的位置、调整方框的大小。方框中的区域会全部显示在"视频预览"的窗口中,方框外的区域呈灰色半透明状态,将不显示在"视频预览"窗口内,这时,方框中的区域就实现了放大的效果,如图 5‑120 所示。

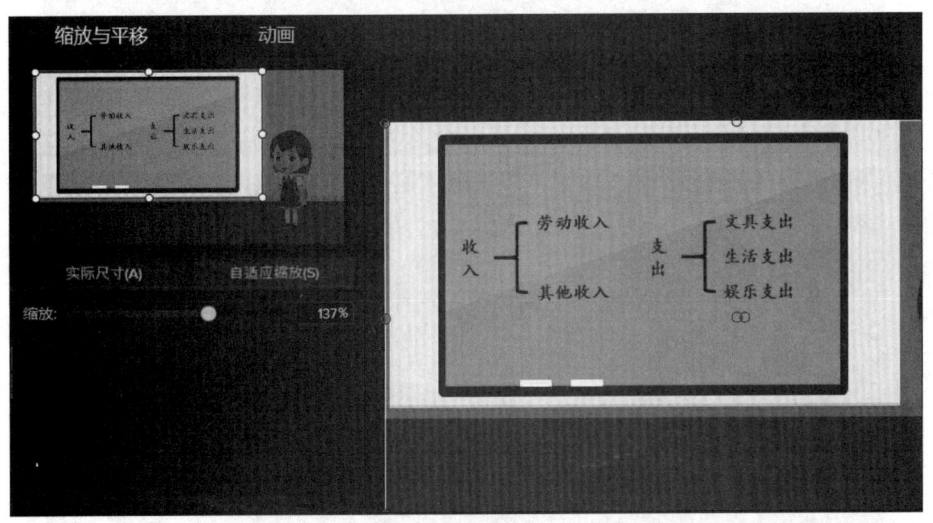

图 5‑120　缩放效果预览

缩放效果设置成功后,轨道上被缩放的位置会添加一个缩放的动画标记,当视频播放到此处时,选择的区域将逐渐放大至整个画面。在"缩放与平移"选项窗口中点击"自适应缩放",视频将恢复至满屏显示(一般情况下,在视频页面放大过后,需要记得将画面缩小至原位），如图 5-121 所示。

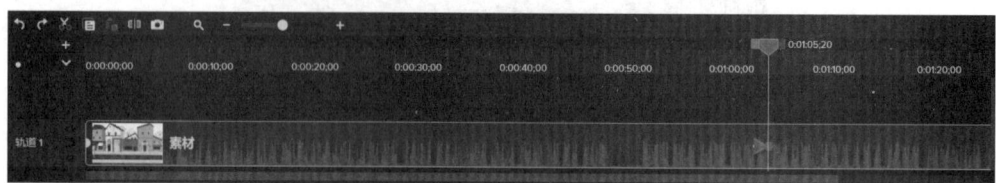

图 5-121　自适应缩放

当一个微课中有多个需要强调的重点区域出现时，就需要以动画的形式将视频中的某个区域从屏幕中的一个位置移动到另一个位置，如图 5-122 所示。上面已经学过如何添加缩放效果，之后我们只需在第二个需要进行缩放的视频位置加上缩放效果，调整缩放选框的位置和大小，此时的轨道上出现了两个"缩放"动画标记，播放视频即可实现视频画面从第一个标记处向第二个标记处移动。

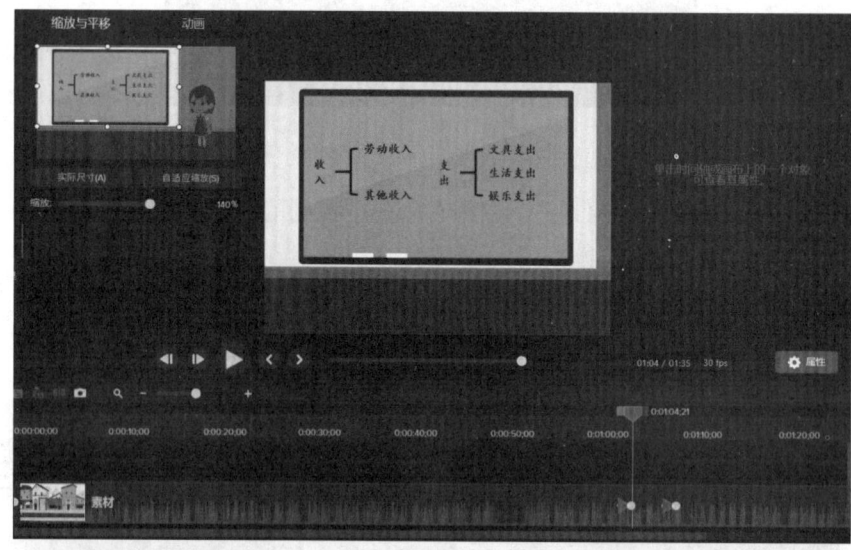

图 5-122　平移效果

2. 效果设置

第一,效果的持续时间。缩放的动画标记左端是开始位置,右端圆点是结束位置,整个标记所占的位置即效果的持续时间,如图5-123所示。当鼠标指针放在两个标记点上时,鼠标指针变成双箭头指针,此时拖动鼠标改变动画编辑长度。拉长动画标记,动画的持续时间增长,反之缩短。

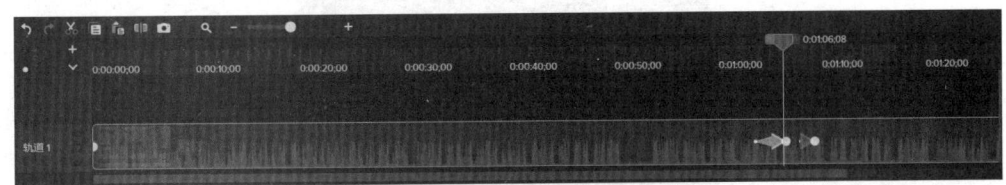

图5-123 持续时间

第二,效果的复制粘贴。如果教师需要在多个位置添加相同缩放效果,可以利用效果的复制粘贴将相同的效果放置在不同的位置。在轨道上选择效果标记右击,点击"复制"命令,将游标移动到需要的轨道位置,右击"粘贴",就可以实现相同效果的复制粘贴,如图5-124所示。

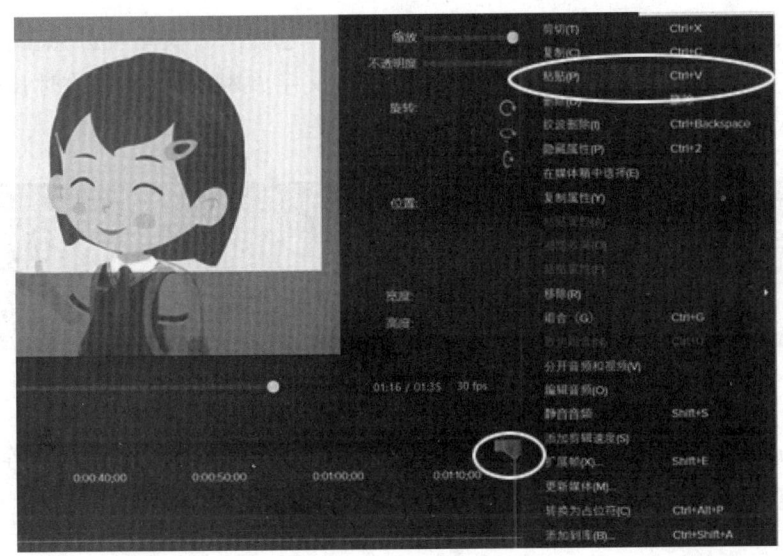

图5-124 效果粘贴

(三)标注

1. 文字标注

利用Camtasia 2020可以在视频中添加文字,并且能够对字体框、字体、字号、颜色等进行设置。具体的设置方法如下:

第一,点击左界面的"注释"选项,并点击"标注",在"标注"列表中选择适用于视频的样式,如图5-125所示。

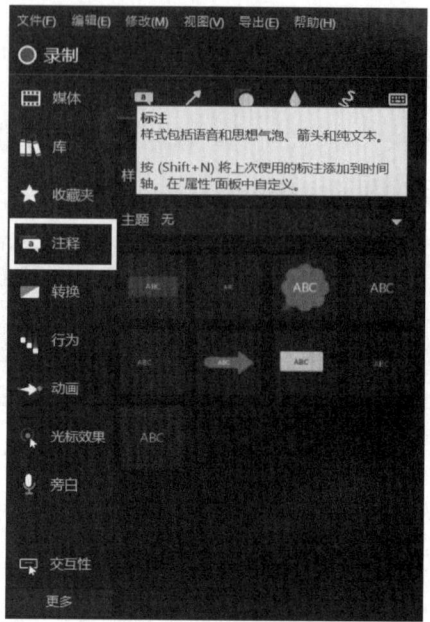

图 5-125 标注

第二，在 Camtasia 2020 中添加一个新的轨道，选择一个文本框并点击拖动到新的轨道上，文本框在轨道中对应的视频位置，就是文字在视频中显示的时长位置，如图 5-126 所示。

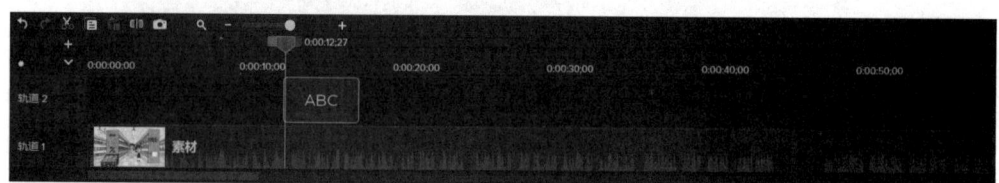

图 5-126 文本框位置

第三，点击文字轨道，在右界面可以调整文字的大小、字体、颜色、尺寸等，如果添加的文字带有气泡背景，还可以在右界面对气泡的形状、填充颜色等进行调整，如图 5-127 所示。

第四，选中轨道中的文字段，用鼠标可直接在画面上对文字位置进行拖动改变。双击视频画面中的文字即可输入所需要文字，如图 5-128 所示，利用右界面的文字板块可以对文字的对齐方式和间距进行调整。这里也可以对文字设置淡入淡出的效果，和之前音频的操作方法相同。

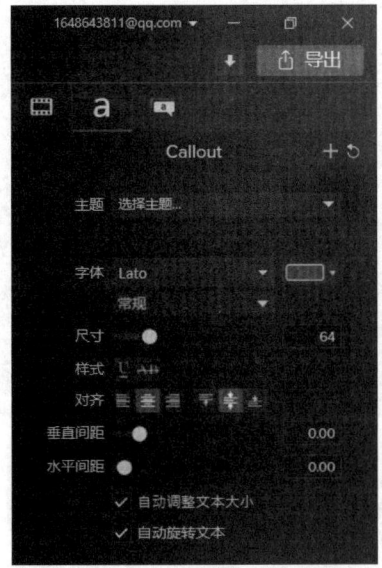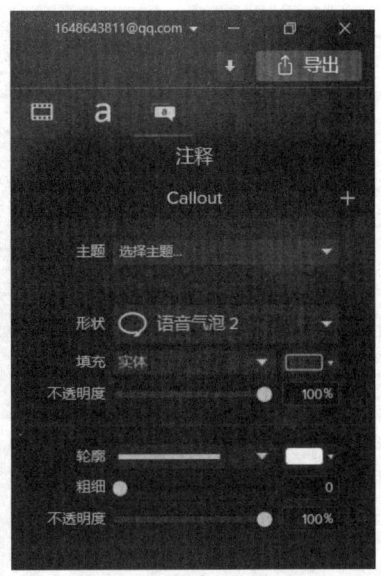

图 5-127 文字效果调整

图 5-128 添加文字

2. 其他标注

Camtasia 2020 除了可以添加文字标注，还可以添加箭头、形状、特殊形式等多种标注，如图 5-129 所示。这些标注的设置都在左界面的"注释"选项的列表中，设置方法也与文字标注的设置相同。

在这些标注中，教师可以根据自己的需要选择适用于自己视频的标注，发挥标注对视频的补充、强调等功能。此处，通过两个常见的案例——高亮、草图运动对标注部分进行简单介绍。

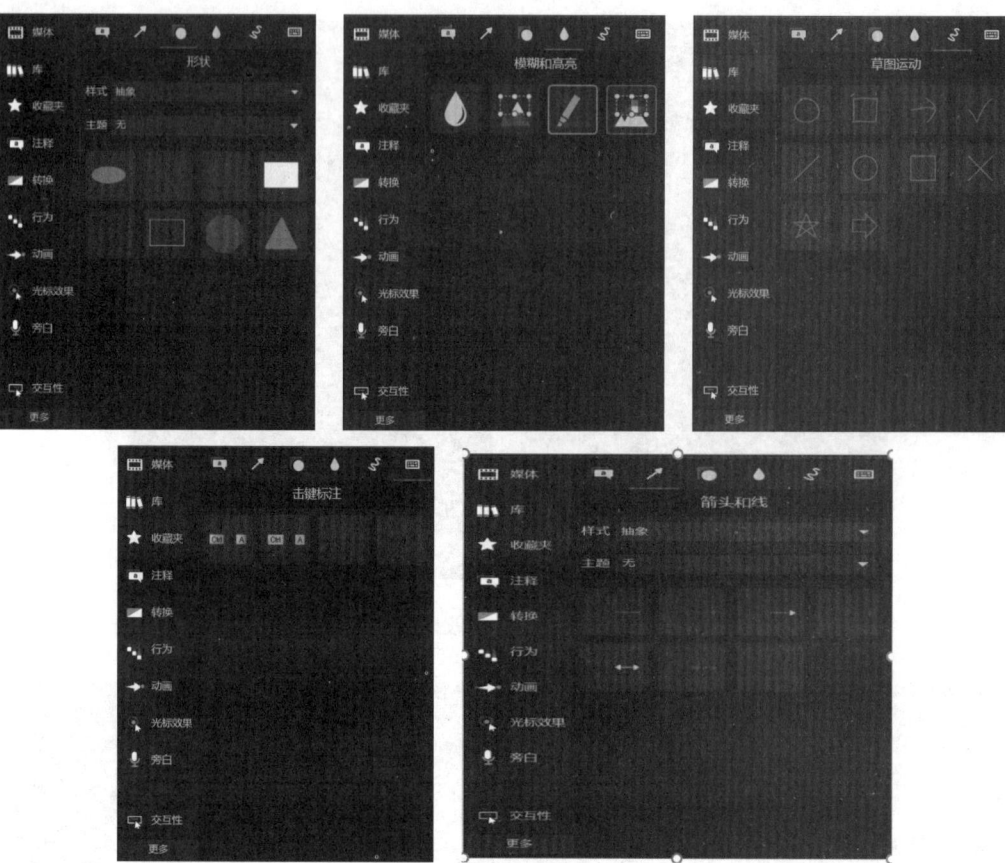

图 5-129 其他标注

(1) 高亮效果设置

选中效果拖到时间轴上,通过调整效果框大小,将其范围调整到需要进行强调的部位,同时,在左侧进行相关设置即可,如图 5-130 所示,通过这一方式,可以将观看者的注意力从整个屏幕的范围内集中到关键位置,起到突出强调的作用。

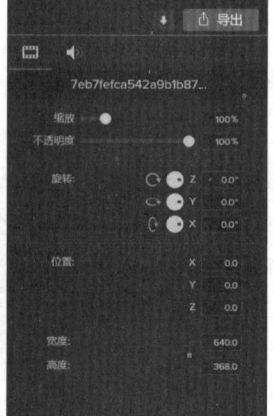

图 5-130 高亮效果设置

（2）草图运动设置

下面将通过两个常见的草图运动的案例——直线及方框，对其设置进行简单介绍。

直线设置：在草图运动中选中直线，将其添加到轨道上，在画面中可以看到默认的直线是倾斜放置的，可以通过调整控制直线长短和方向的小圆，将直线拉长至合适长度及角度，如图 5-131 所示。

图 5-131　直线设置

根据文字出现速度的快慢，在右侧选项卡中设置直线的出现速度，使其与文字速度保持一致，如图 5-132 所示。

这样，直线的设置即可完成。

方框设置：方框设置的具体流程同直线设置相同。通过调整方框的控制器调整方框的大小；设置右侧选项卡中方框出现的时间为 1 秒，与文字出现速度进行匹配，从而达到目标效果，如图 5-133 所示。

图 5-132　时间调节

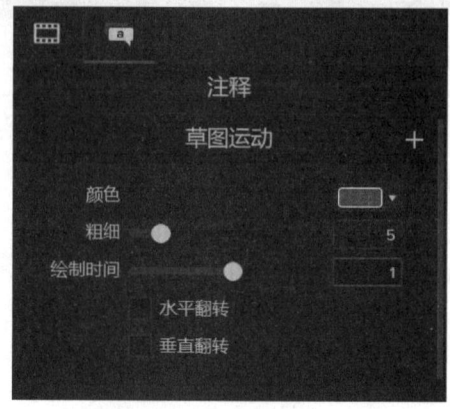

图 5-133　绘制时间

草图运动包含不同的类型,需要制作者根据实际需要,选择最合适的形状使用,从而达到"锦上添花"的艺术效果。

(四) 画中画

画中画是一种常见的微课视频效果,视频是由一大一小两个同时播放的画面构成。一般情况下,主画面展示主要的教学内容,如知识要点、文字、PPT 等;小画面展示的是要点的一系列操作视频或教师的讲解画面等辅助教学内容。具体的操作过程如下:

第一,将微课所需要的大画面和小画面两段视频导入 Camtasia 2020 中,分别拖入两个不同的轨道,轨道中有上下对应的部分即两个画面同时存在的部分。

第二,点击轨道中的画面,在视频展示的窗口调节画面的大小并移动到适当的位置。例如,点击轨道 2 中的素材 2,将素材 2 的画面缩小,移动到大画面的左上角,实现画中画的效果,给观看者营造一种幻灯片的效果,如图 5-134 所示。

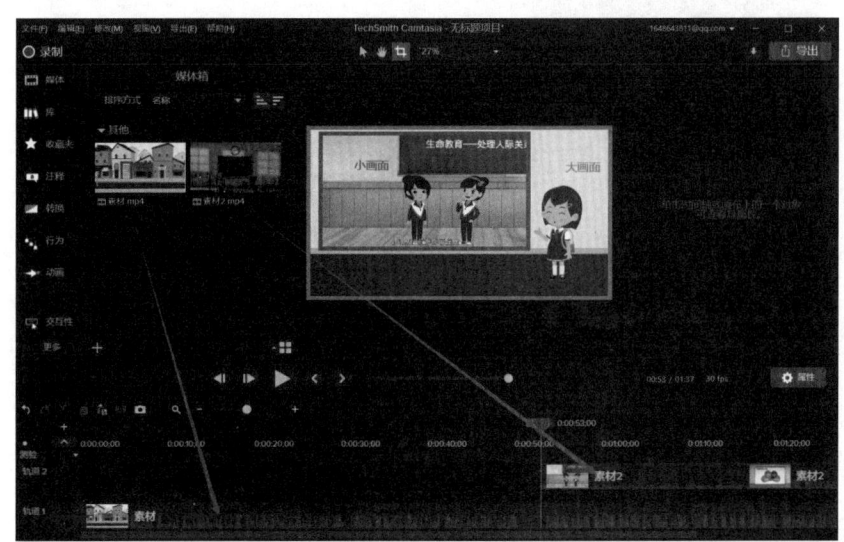

图 5-134 画面调整

第三,如果想实现小画面不持续出现或直接去除的效果,在小画面视频需要调节的位置拆分,对新的视频段重新调整即可。

(五) 抠像

真人出镜的微课,尤其是混合式微课经常会用到绿幕抠像技术,即人站在绿色或蓝色等纯色幕布之前,后期通过抠除背景颜色,放置其他背景或幻灯片以达到更好的效果。

点击"更多"选项,选择"视觉效果"中的"移除颜色",如图 5-135 所示,将"移除颜色"拖至轨道中的素材上,给视频添加该效果,如图 5-136 所示。

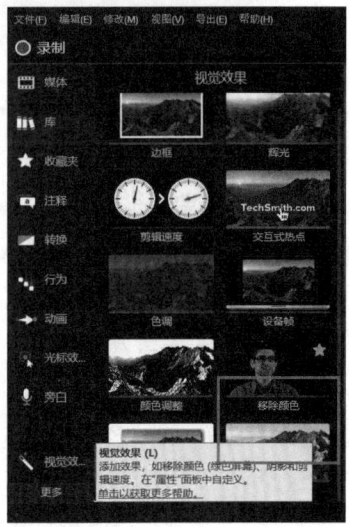

图 5-135 移除颜色

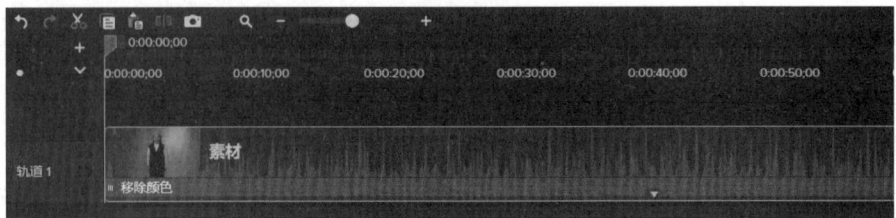

图 5‑136 "移除颜色"效果添加

点击视频右下角"属性"按钮,找到"移除颜色"编辑区,点击颜色下箭头,选择吸管,吸取幕布颜色即可去除背景颜色。还可以调整容差、柔软度等其他参数,使人像边缘更加柔化或清晰以达到更加满意的效果,如图 5‑137 所示。

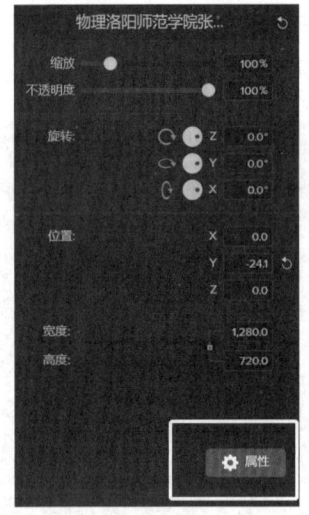
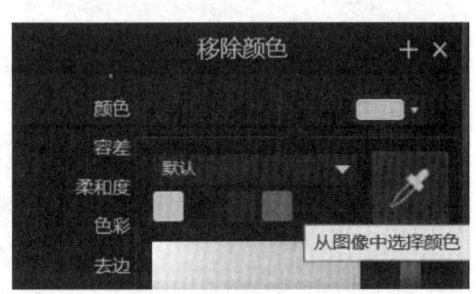

图 5‑137 "移除颜色"效果调整

二、Adobe Premiere 2019 特效制作方法

(一) 转场

Premiere 2019 的视频切换特效可以使微课视频作品演示效果更为流畅,更能吸引观众注意力。但在使用过程中还是需要根据具体的情境,切勿盲目乱用。转场效果最常见的是在两段视频或两张图片中添加,或者对开头和结尾添加形成动态效果。

1. 视频或者图片转场

导入两段视频,在效果面板中的视频过渡中选择"溶解"中的"交叉溶解"效果添加到两段视频中去,同时点击右键选择设置持续时间来调整转场时间的长短。或者直接拖动"交叉溶解"特效的长短来调节转场的时长,如图 5‑138 所示。

图 5‑138 "交叉溶解"效果添加

2. 设置开场和结尾动态效果

在已经做好的片头和片尾通过添加转场可以实现一定的艺术效果。在视频过渡中选择某个转场效果直接拖到视频的开始或者结尾就可以实现。

(二) 抠像

绿幕抠像是微课制作的常用技术,Premiere 2019 也能够便捷实现。

首先导入一段已经拍摄好的绿幕视频和一张图片作为背景,分别放置在轨道 1 和轨道 2 上,如图 5-139 所示。

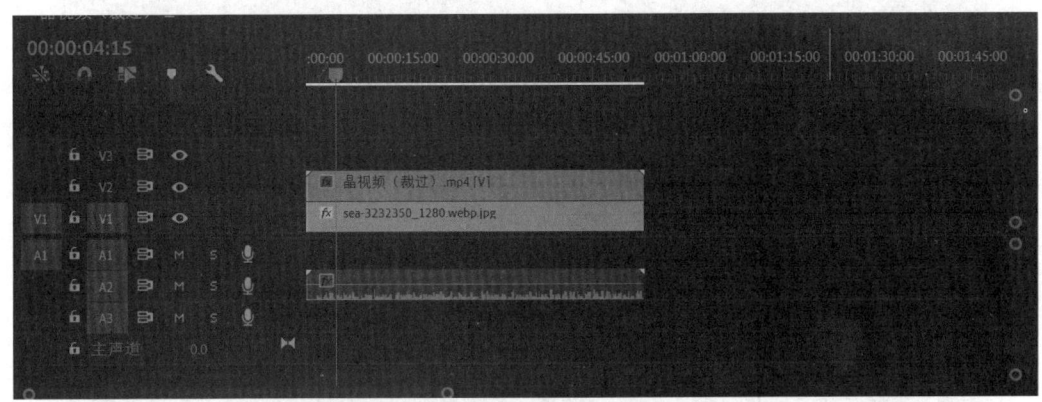

图 5-139 素材导入

其次在效果面板中,选择视频效果—键控—超级键,把"超级键"拖到绿幕视频的素材中去,如图 5-140 所示。

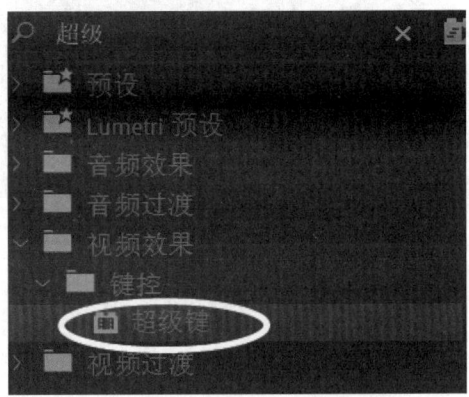

图 5-140 "超级键"效果添加

在"超级键"属性中进行设置。设置主要颜色为吸管颜色,并吸取视频中的绿色,剩下对容差、亮度、饱和度等进行调试,直至满意。

(三) 画中画

首先,导入抠图视频和背景图片以及计算机图片到时间线面板上,并调整其大小,注意将抠图视频放置在视频轨道最上层,如图5-141所示。

图 5-141 图层调整

其次,添加视频轨道,并把画中画的视频拖动到新添加的轨道中去,调整其大小。最后,预览无误后,保存。

三、万彩动画大师特效制作方法

万彩动画大师是一款易用的 MG 动画视频制作工具,对动画类微课视频的制作有极大的帮助。万彩动画大师提供大量精美的素材,方便设计者快速开始制作动画视频。

(一) 软件界面介绍

1. 初始界面

在安装完成万彩动画大师之后,打开软件我们会看到如图5-142所示的界面,这里是软件给用户提供的动画素材模板,尝试选择自己心仪的素材或点击进入下一界面——动画编辑界面。

图5-142 初始界面

2. 编辑界面

图5-143所示是动画编辑界面,是我们学习与操作万彩动画大师的主要界面。在动画制作完成后点击左上角的"文件"按钮,选择发布进入下一界面——动画发布界面。

图5-143 动画编辑界面

3. 动画发布界面

在这里有三个选项,第一个选项是以云端文件的形式分享,就是被分享者无须下载即可观看视频,第二个选项是以视频的形式保存在本地储存空间中,第三个选项是以Gif图片的形式保存在本地储存空间中。如图5-144所示。

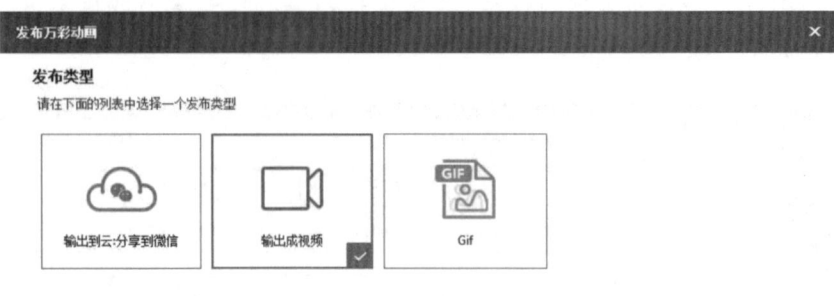

图 5-144 动画发布界面

每个选项下面都会有视频分辨率选项、帧率选项、渲染模式以及储存位置,设置完成之后点击发布即可生成我们需要的微课形式,如图 5-145 所示。

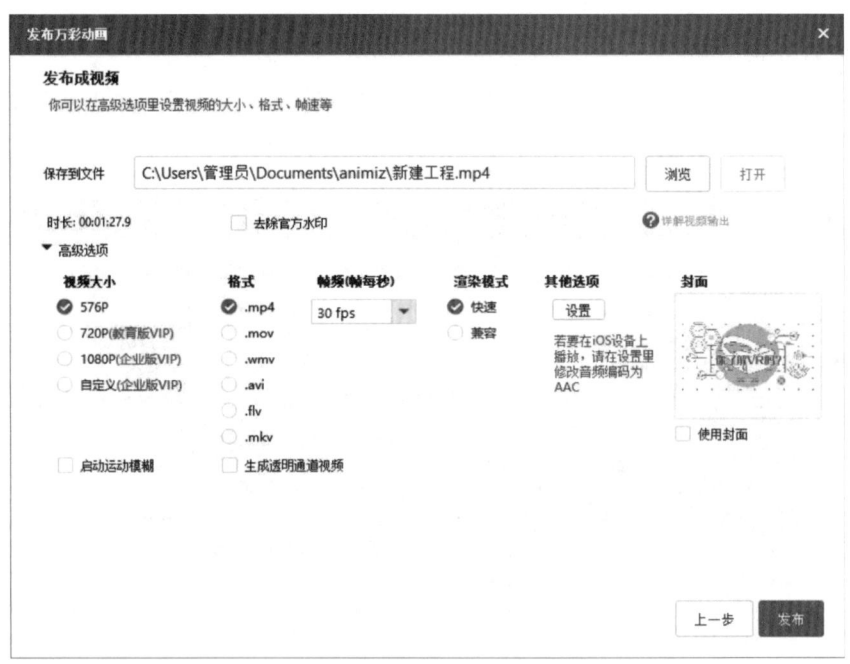

图 5-145 属性设置

(二)特效介绍

1. 镜头

在每一个场景中可以添加任意镜头,包括平移、旋转和缩放镜头。放置在镜头里的内容将被呈现,而镜头外的内容将无法呈现。在制作微课视频时,可能会出现多个教学热点,这时如果教师想要学生关注其中的某个热点区域,可以利用万彩动画大师的镜头功能使视频中的部分内容平移、缩放、旋转,从而实现对该部分内容的突出或强调。具

体操作如下:

(1) 镜头的缩放效果

镜头轨道上可以添加多个镜头。在轨道上选定某个镜头时可以在"视频预览"窗口调节该镜头的大小和位置。在镜头轨道上添加两个及以上的镜头,分别调节每个镜头的大小和位置,随着时间的推移,镜头之间会相互转换,即可实现镜头的缩放效果。示例如下:

第一步,点击素材库中的图片素材,添加"街道"图片素材,如图 5-146 所示。

图 5-146 添加素材

第二步,点击镜头轨道上的加号按钮,添加一个新的镜头,如图 5-147 所示。

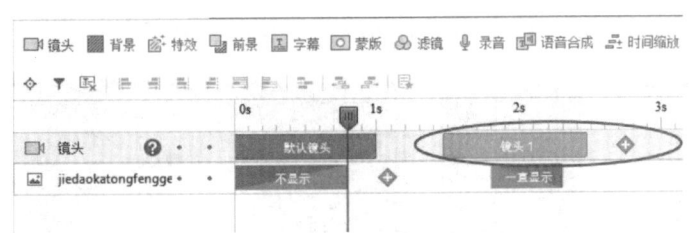

图 5-147 添加新镜头

第三步,选中新添加的镜头,调节新镜头的大小和位置使其集中在小汽车上,如图 5-148 所示。

图 5-148 调整新镜头

第四步,点击预览即可看到镜头的缩放效果。

(2) 镜头的平移效果

将两个及以上的相同大小镜头放置在不同的位置,即可实现镜头的平移效果。示例如下:

第一步,点击素材库中的图片素材,添加"四季"图片素材,如图 5-149 所示。

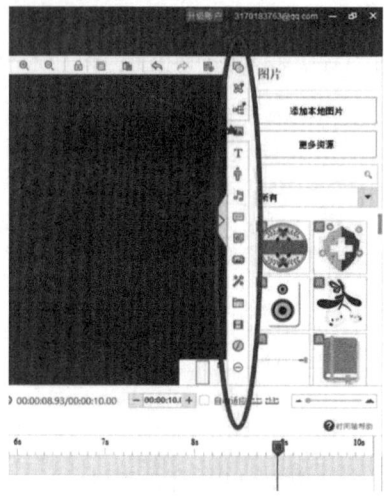

图 5-149 素材库

第二步,调整图片大小,使得图片中"春"的部分占满整个镜头,如图 5-150 所示。

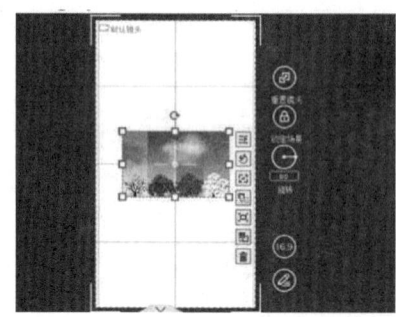

图 5-150 效果调整

第三步,点击镜头轨道上的加号按钮,添加一个新的镜头,选中新添加的镜头,在"视频预览"窗口单击左键将新的镜头移动到"夏"的部分,随着时间的推移,镜头会从"春"移动到"夏",这样就实现了镜头的平移。再新建两个镜头重复上述操作,即可实现"走过四季"这一动态效果。如图 5-151 所示。

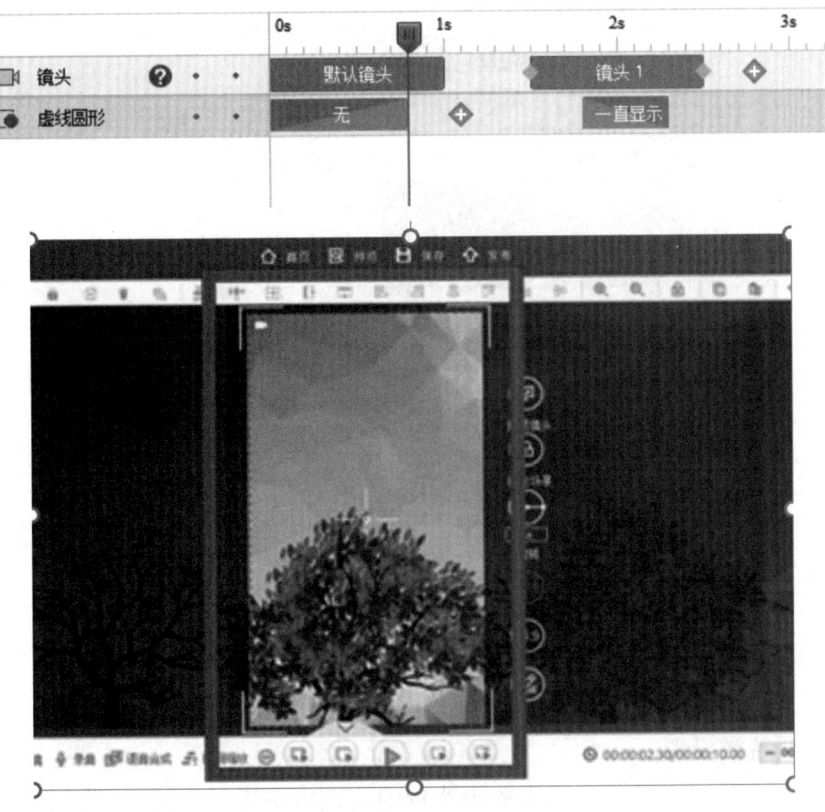

图 5-151 效果预览

2. 背景

（1）背景设置

利用万彩动画大师，在"视频预览"窗口可以根据自己的需求设置需要的背景。具体操作如下：

第一步，点击左下角主工具栏"背景"选项，会出现背景轨道，如图 5-152 所示。

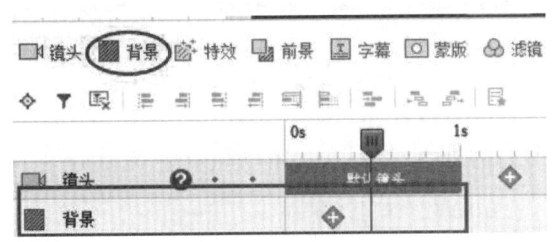

图 5-152 背景设置

第二步，点击背景轨道上的加号添加背景，可以选择软件自带的背景，也可以点击下方的"选择文件"插入自己选好的背景图片，如图 5-153 所示。

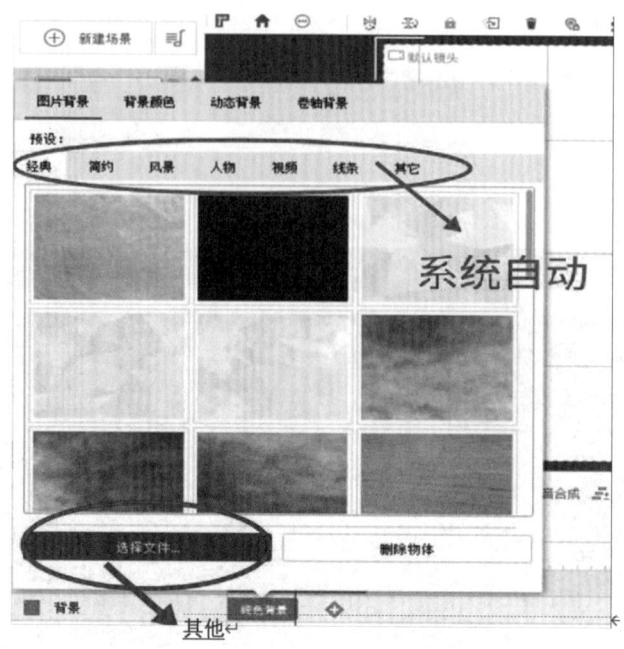

图 5-153 背景选择

(2) 背景特效设置

主工具栏中的"特效"是专门服务于背景的。点击主工具栏的"特效"会出现背景特效轨道,如图 5-154 所示。

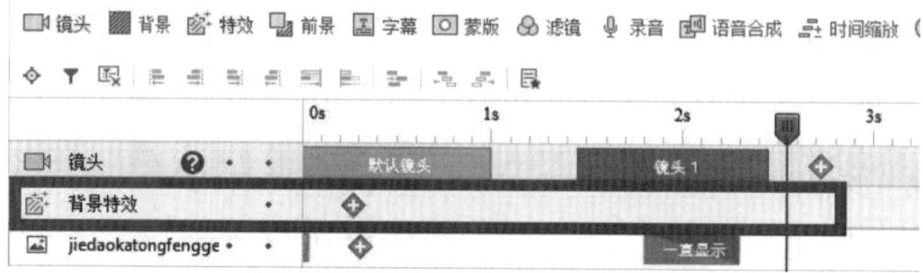

图 5-154 特效选择

点击背景特效轨道上的加号,选择适合的特效,根据自己的需要设置特效属性,如图 5-155 所示。

图 5-155　背景特效添加

3. 前景

点击主工具栏中的"前景"选项,出现前景轨道,点击前景轨道上的加号,选择想要的前景来布置自己的场景,如图 5-156 所示。

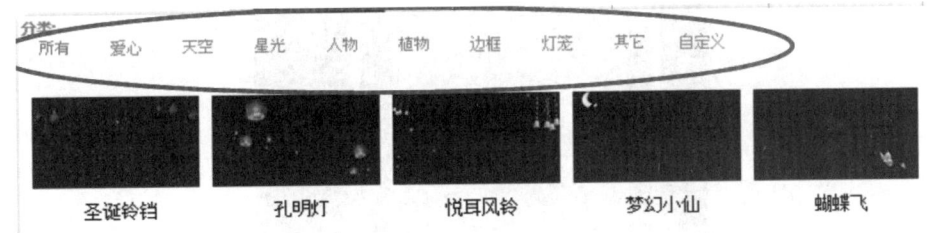

图 5-156　前景添加

4. 蒙版

蒙版就是选框的外部(选框的内部就是选区)。"蒙版"一词本身即来自生活应用,也就是"蒙在上面的板子"的含义。使用蒙版可以突出想要展现的内容。示例如下:

第一步,在素材库中插入"蒲公英"图片素材,如图 5-157 所示。

第二步,点击主工具栏中"蒙版"按钮,出现蒙版轨道,点击加号按钮,在弹出的对话框中,选择"圆形"的蒙版形状,并对蒙版形状的属性进行设置:将颜色的 RGB 设置为 219:229:241,将透明度设置为 80%,勾选"光圈滤镜",将光圈颜色的 RGB 设置为 219:229:241,将光圈透明度设置为 80%。点击"确定"按钮。如图 5-158 所示。

图 5-157　"蒲公英"图片素材

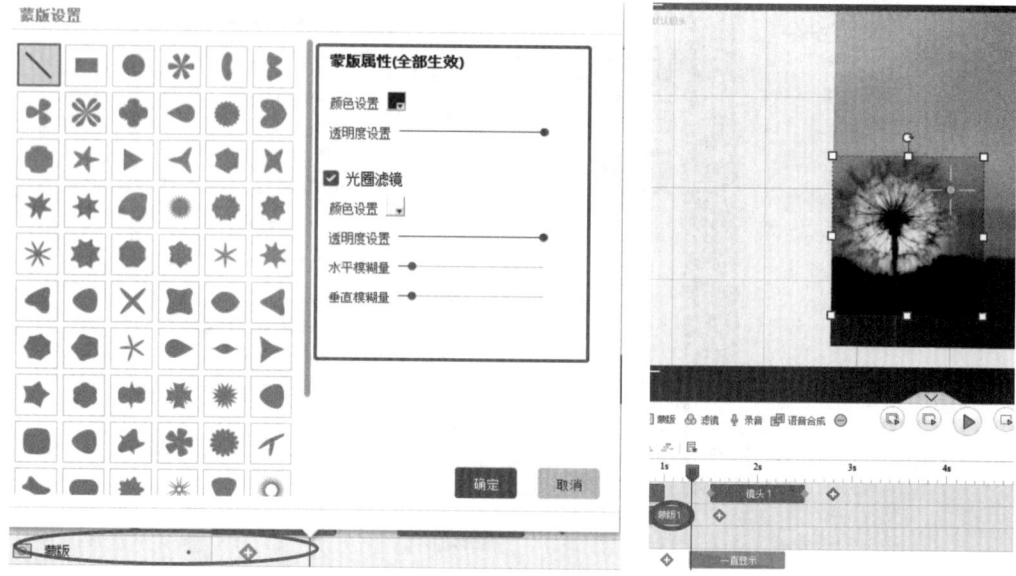

图 5-158 效果设置

第三步,点击蒙版轨道上的蒙版一,在"视频预览"窗口拖动选区,调整选区的大小和位置。这样一个简单的蒙版就做好了,如图 5-159 所示。

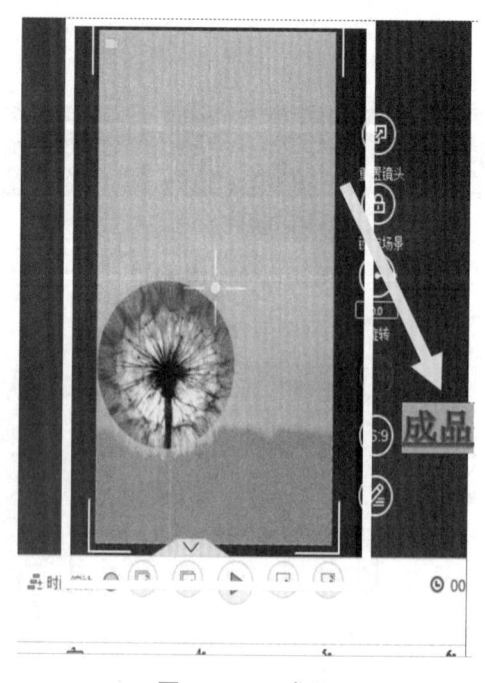

图 5-159 成品

5. 滤镜

滤镜,主要是用来实现图像的各种特殊效果。示例如下:

第一步,在素材库中插入"树"图片素材,如图 5-160 所示。

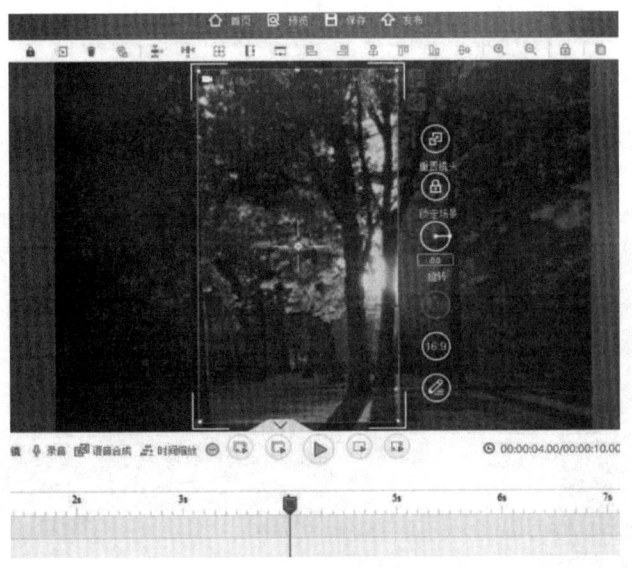

图 5-160 "树"图片素材

第二步,点击主工具栏的滤镜按钮,在弹出的"滤镜设置"对话框中设置滤镜效果,勾选颜色滤镜后再勾选渐变滤镜,选择渐变滤镜中的线性渐变,双击滑块调节滑块颜色,如图 5-161 所示。

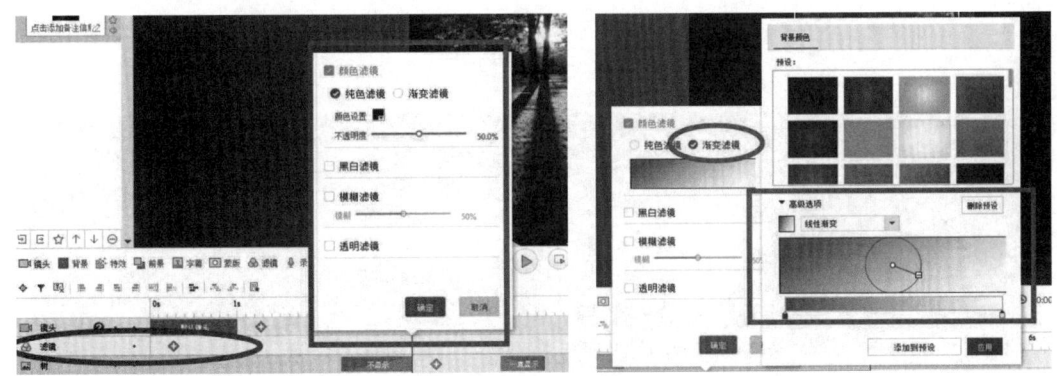

图 5-161 滤镜设置

6. 录音

录音可以为场景配置语音,使得画面更加生动。具体操作如下:

点击主工具栏的录音按钮,出现录音轨道和一个红色的录音按钮,点击录音按钮即可开始录音。录音结束后,右键单击音乐轨道的录音,在弹出的"声音编辑"对话框中点击裁剪音频,即可对录好的音频进行剪辑,如图 5-162 所示。

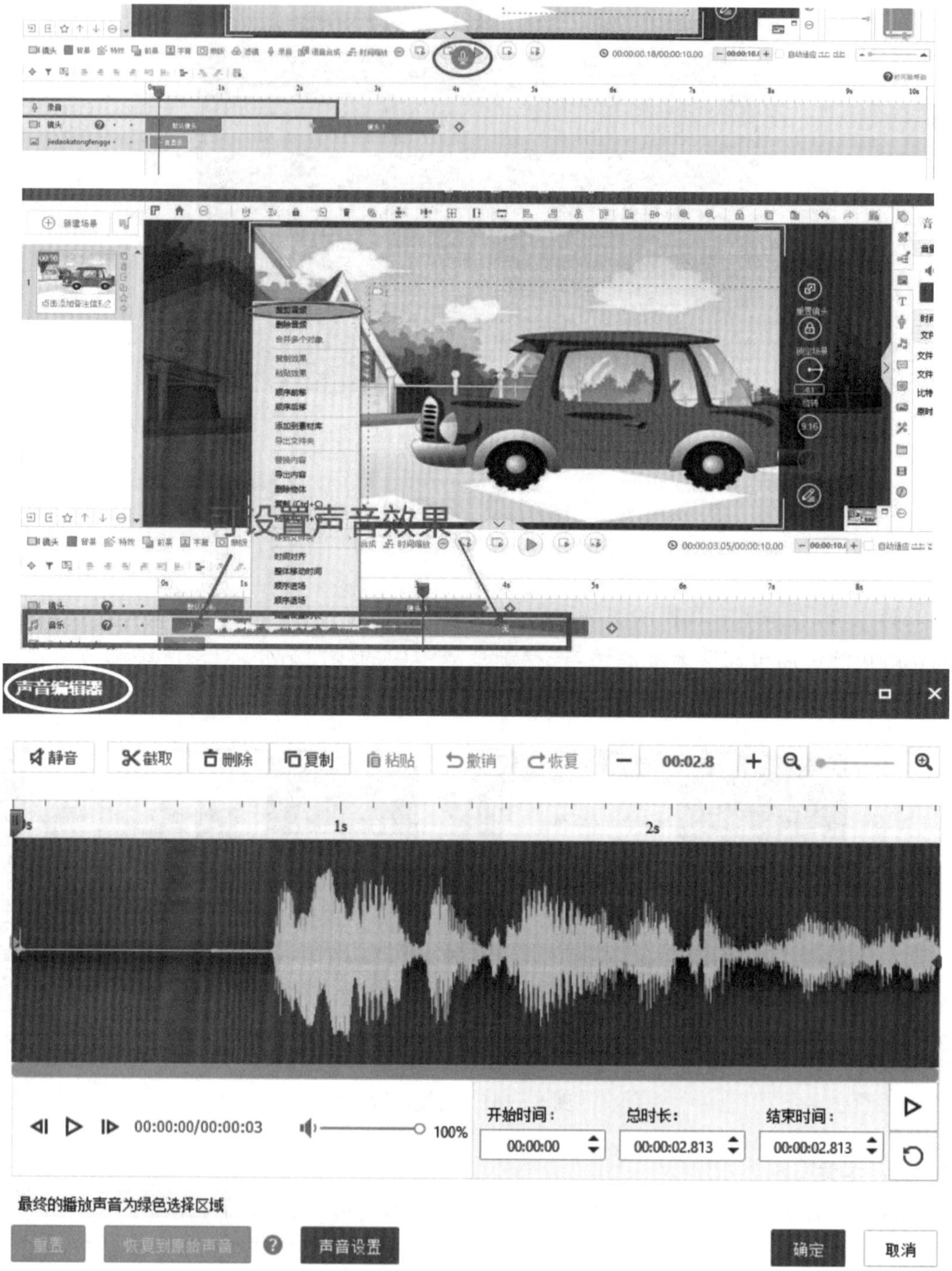

图 5-162　录音添加与编辑

7. 语音合成

通过语音合成功能，可以将文字转化成语音，使动画效果变得更有趣。有多种角色和声音可供选择。具体操作如下：

点击主工具栏的"语音合成"按钮，弹出语音合成的对话框，在左边的文本框中输入想要合成语音的文字，在右边的角色选择栏中可以选择合适的角色，如图 5-163 所示。

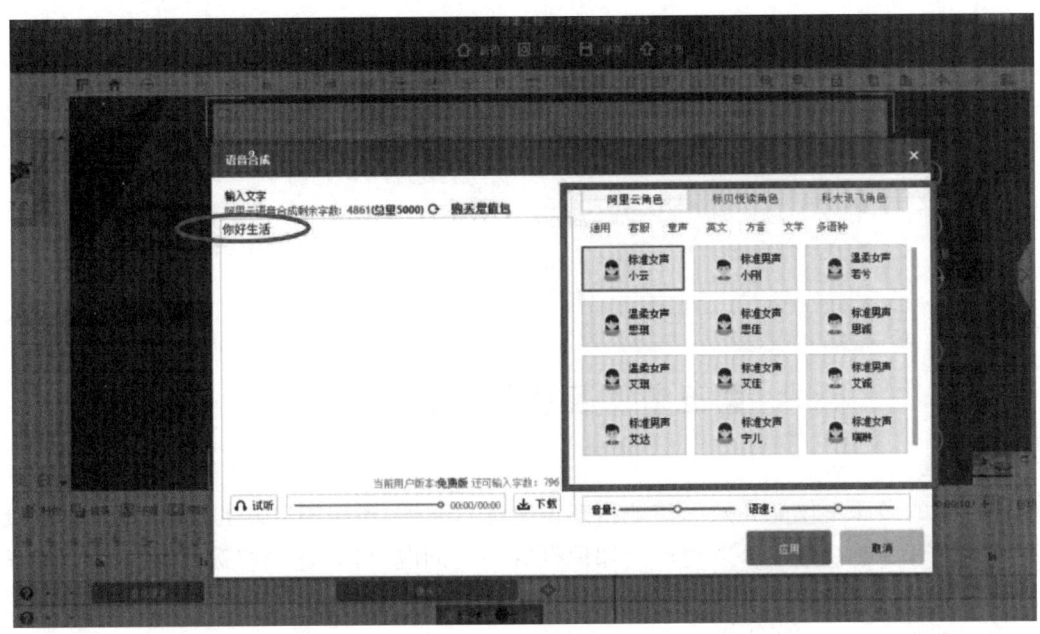

图 5-163　角色选择

右键单击语音合成轨道的音频，在弹出的对话框中点击"裁剪音频"，即可对音频进行剪辑，如图 5-164 所示。

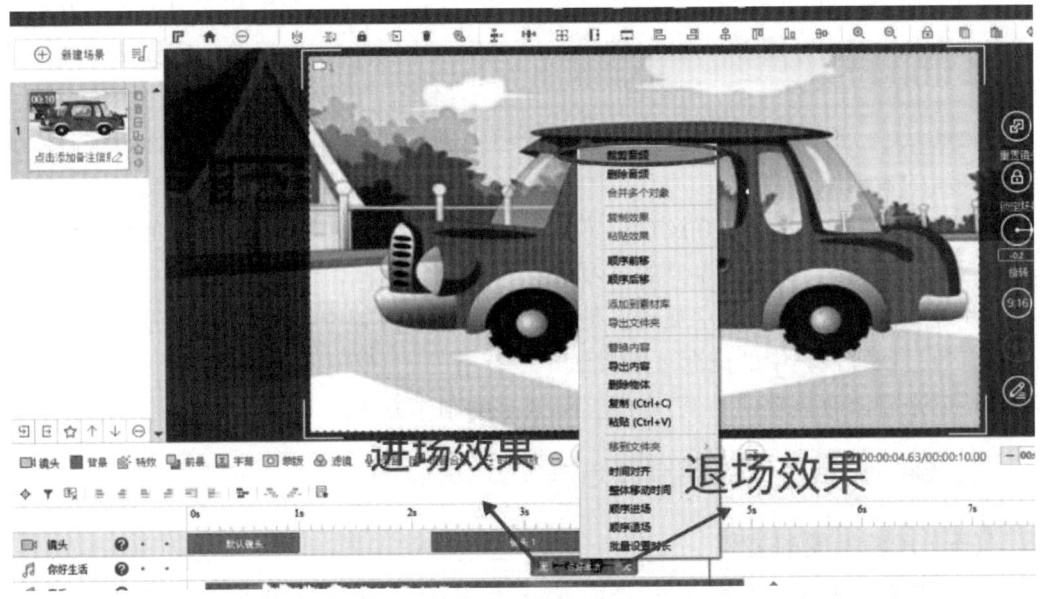

图 5-164　裁剪音频

8. 时间缩放

时间缩放可以调节这个场景的时间。具体操作如下：

在主工具栏点击时间缩放按钮，通过调节加减号调节这个场景的时间，也可以手动自定义调节场景的时间，还可以直接在界面上的快捷键上调节场景时间，如图5-165所示。

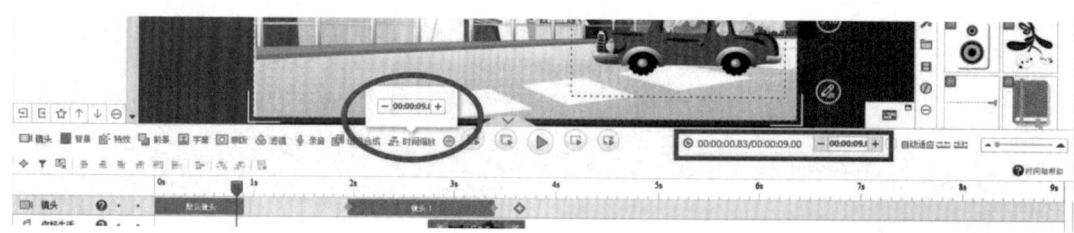

图 5-165 时间缩放

第五节 互动效果制作方法

优秀的微课不仅能高效简洁地将知识呈现给学生，还需要良好的互动，让学生积极主动地思考。在视频中可以对重点知识设置一些问题，可以达到提高学生注意力和学习效率的目的。学习是学习者主动积极的社会活动。线下师生可以面对面进行互动，但线上微课学习就缺少这样一个环境，怎么办呢？线上互动或许可以解决这一问题。

一、线上互动的类型

线上的互动大致分为四种，即学生和学习内容的互动、老师和学生的互动、学生和学生的互动、家庭和学校的互动。在这里，将重点向大家介绍学生和学习内容的互动。

学生和学习内容能否有效互动涉及多个方面的因素。在这里给大家提出一些小的建议：

第一，线上教学内容要有进入界面。让学生进入课程后，可以通过图标和链接，明确下一步的行动。

第二，线上教学内容最好设置浏览地图。浏览地图既可以让学生全面地了解课程环境，又可以快速获得自己需要的学习信息。

此外在录播课程中，课堂互动多是通过回答教学视频中设置的小问题进行的。学生只有通过回答视频中的问题才能继续下一环节的学习。

接下来就以两款软件为例，介绍互动效果的制作方法。

二、Camtasia 互动效果制作方法

（一）测验问题的类型

测验问题类型包括多项选择、填空、简答和真/假四种类型，用户可根据自己的需要

自行选择问题类型,如图 5-166 所示。

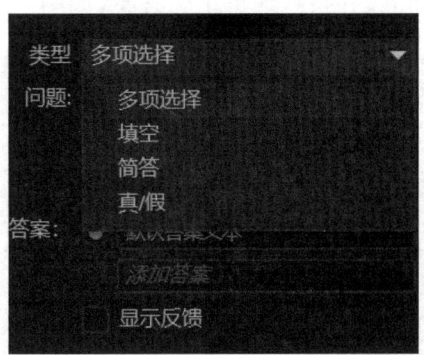

图 5-166　互动类型

(二)发布测验的步骤

1. 打开测验视图

在软件主界面中,打开测验视图的方法有两种:一是同时按下 Ctrl+Q;二是单击时间轴上的"标记"按钮下的下拉菜单,选择测验,如图 5-167 所示。

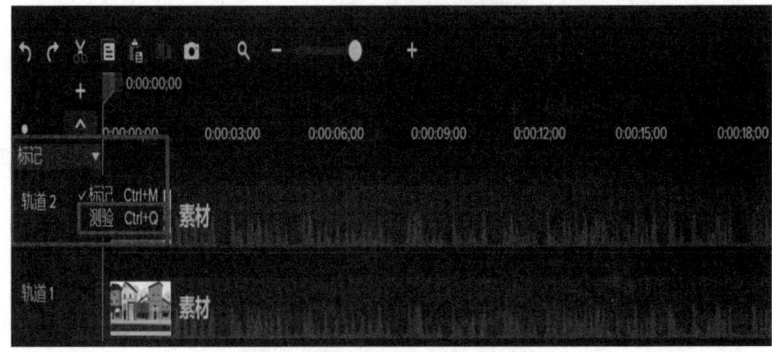

图 5-167　打开测验视图

2. 确定测验出现场景

在时间轴的播放界面上确定设置的界面,将绿色加号移动到需要添加测验的地方,单击鼠标即可创建一个测验,如图 5-168 所示。

图 5-168　测验位置设定

3. 编辑正确答案

在测验问题框中，添加问题内容，编辑正确答案，如图 5-169 所示。

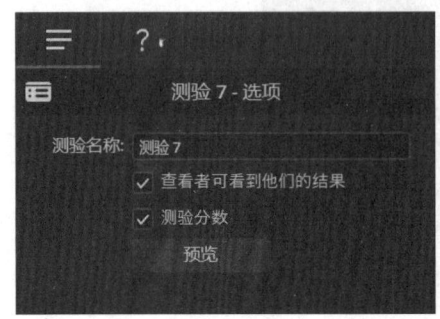 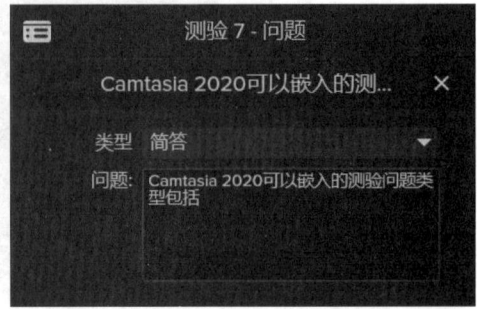

图 5-169　答案编辑

再点击"预览"按钮，如图 5-170 所示，可以预览添加问题的样式。

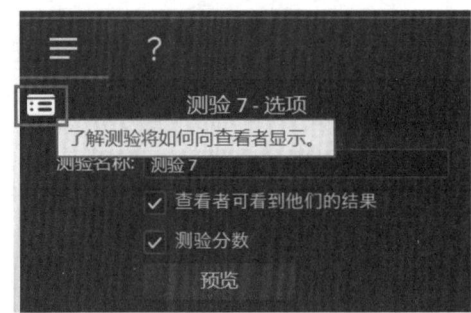 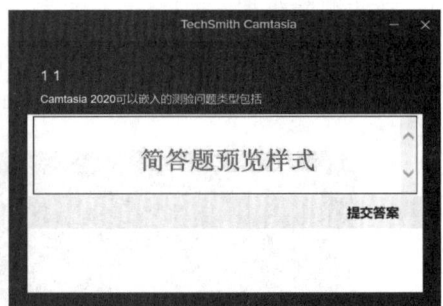

图 5-170　问题样式

4. 移动测验出现的时间

若需要移动测验出现的时间，需要打开测验视图，用鼠标选中该测验，按下鼠标左键沿着时间轴刻度线直接左右拖动，即可实现测验的位置移动。

5. 测验发布

使用 Camtasia 2020 编辑视频时，如果在视频中添加了测验，则在生成和分享视频时，同样需要进行相关的设置。

需要强调的是，单击 Camtasia 2020 主窗口的"导出"按钮后，选择"自定义生成设置"，单击"下一步"。在"生成向导"窗口中选择"MP4—智能播放器(html5)"选项后进入下一步。"生成向导"窗口（测验报告选项）是设置测验相关参数的重要窗口，如图 5-171 所示。

图 5-171 测验报告选项界面

该窗口设置内容包括使用 SCORM 报告测验结果、通过电子邮件报告测验结果、查看者身份、测验外观四部分内容。

(1) 使用 SCORM 报告测验结果

生成视频的过程中,如果勾选了"使用 SCORM 报告测验结果"这一方框,则"SCORM 选项"处于可编辑的状态,单击打开 SCORM"清单选项"对话框,如图 5-172 所示。此对话框中主要包括课程信息、测验成功、完成要求、SCORM 封装选项等内容。

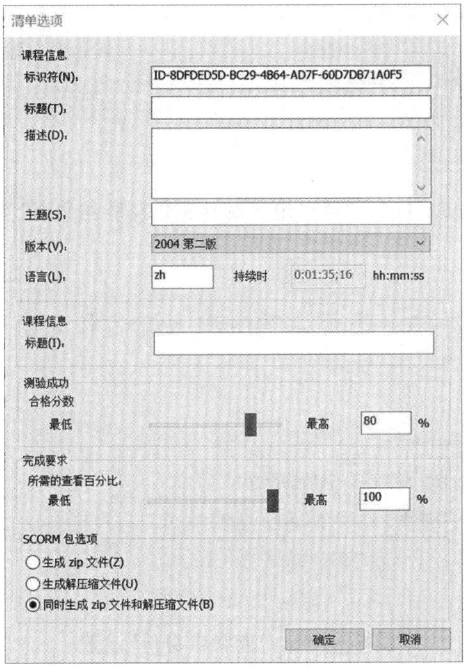

图 5-172 SCORM"清单选项"对话框

测验成功是指对学生回答测验题时及格分数的最低要求,可以通过右侧的水平滑块来调整比例要求。例如,设置为80%,则答题者答题正确率要达80%,才可继续观看后面的视频。

完成要求是指对学生观看视频总量的要求,通过右侧的水平滑块可调整"查看百分比"的数值。例如,设置为100%,则答题者在答题前必须看完视频的100%才能进行答题。

(2) 通过电子邮件报告测验结果

生成视频的过程中,如果勾选"通过电子邮件报告测验结果"方框,则"收件人电子邮件地址""确认电子邮件地址"会处于可编辑的状态,编辑者可在后面的文本框中填写正确的电子邮件地址,如图5-173所示。若学生登录观看视频,答题并提交答案后,会自动将测验结果发送至填写的邮箱。

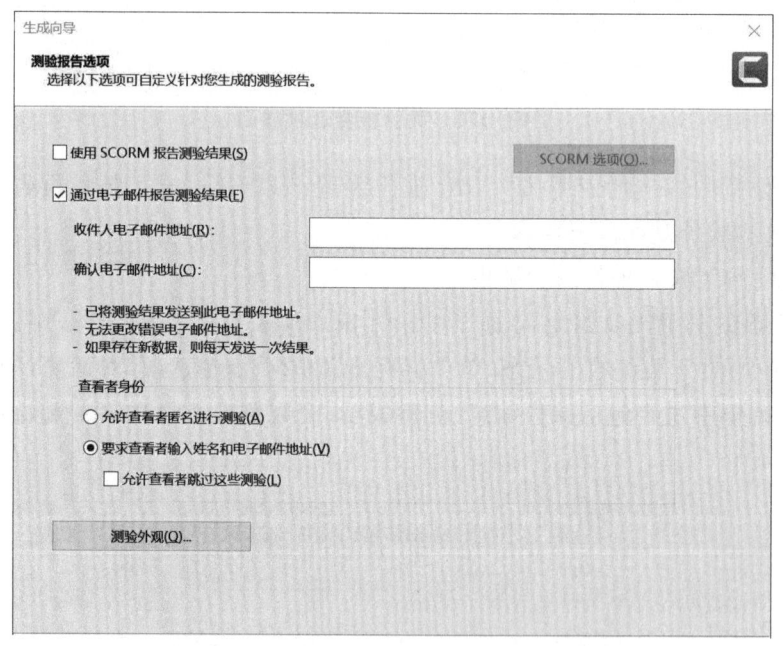

图 5-173 "通过电子邮件报告测验结果"设置

(3) 查看者身份

可根据编辑者的需要决定是否让学生输入姓名和电子邮件地址,如图5-174所示。

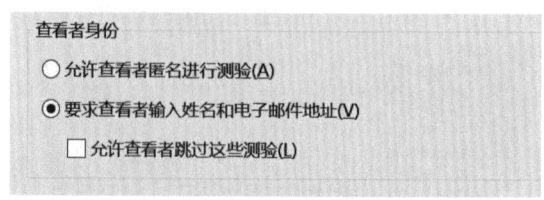

图 5-174 "查看者身份"设置

（4）测验外观

测验外观主要是对答题界面的设置，设置的具体内容如图 5-175 所示，编辑者可根据具体需要对文本框进行设置。

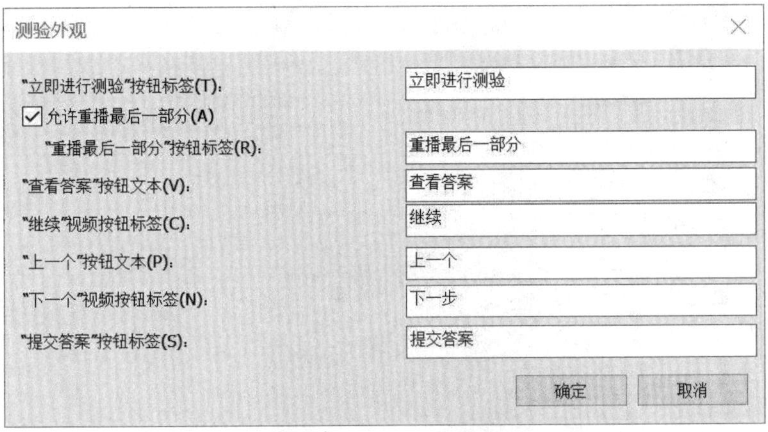

图 5-175 "测验外观"设置

三、H5 互动效果制作方法

讲 H5 之前，先向大家介绍一下 HTML。

HTML 的全称为超文本标记语言，是一种标记语言。它包括一系列标签，通过这些标签可以将网络上的文档格式统一，使分散的 Internet 资源连接为一个逻辑整体。HTML 文本是由 HTML 命令组成的描述性文本，HTML 命令可以说明文字、图形、动画、声音、表格、链接等。超文本是一种组织信息的方式，它通过超级链接方法将文本中的文字、图表与其他信息媒体相关联。这些相互关联的信息媒体可能在同一文本中，也可能是其他文件，或是地理位置相距遥远的某台计算机上的文件。这种组织信息方式将分布在不同位置的信息资源用随机方式进行连接，为人们查找、检索信息提供方便。

而 H5 是构建 Web 内容的一种语言描述方式。H5 是互联网的下一代标准，是构建以及呈现互联网内容的一种语言方式，被认为是互联网的核心技术之一。H5 也是制作线上互动的一大利器。

接下来向大家介绍详细的操作步骤。

（一）显示测验试图

在功能栏中点击文字，添加文本框，输入自己需要的文字，然后在右侧的功能栏中对自己需要的文字选项进行设置调节。

H5 交互式页面的一大特点就是交互功能，功能栏里有互动选项，点击可以看到里面有很多交互模式可选择，如图 5-176 所示。

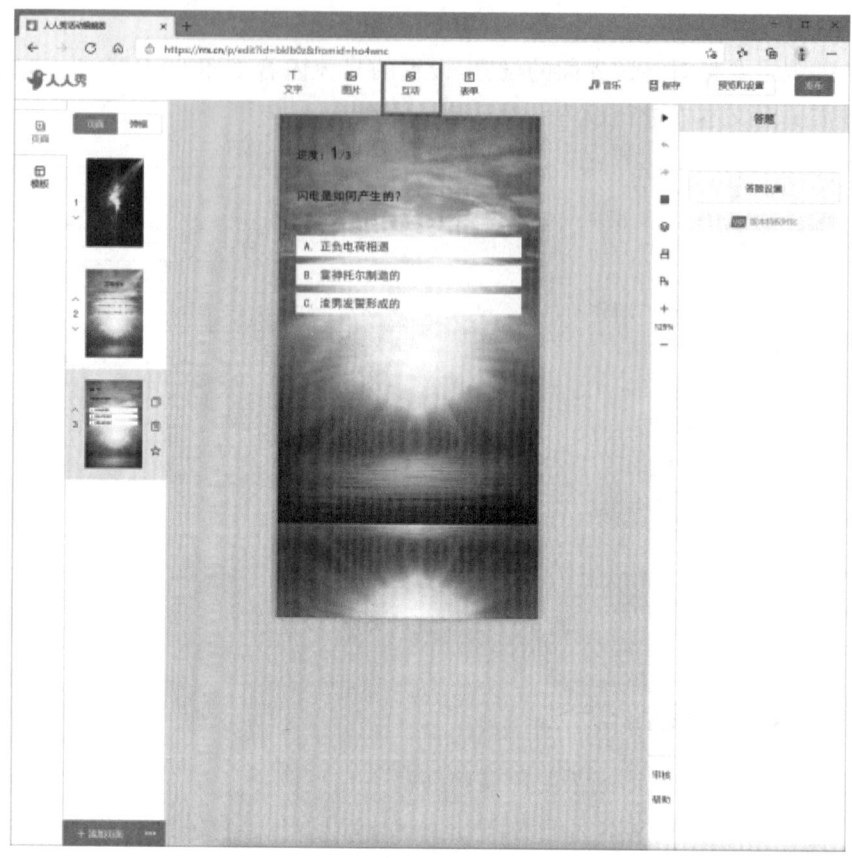

图 5-176 模式选择

(二) 进行答题设置

选择答题模式,在右侧的功能栏中就出现了答题设置的字样。点击答题设置,可以看到里面有题目设置、奖品设置、高级设置等等,比如要设置题目,可以进入"题目设置",如图 5-177 所示。

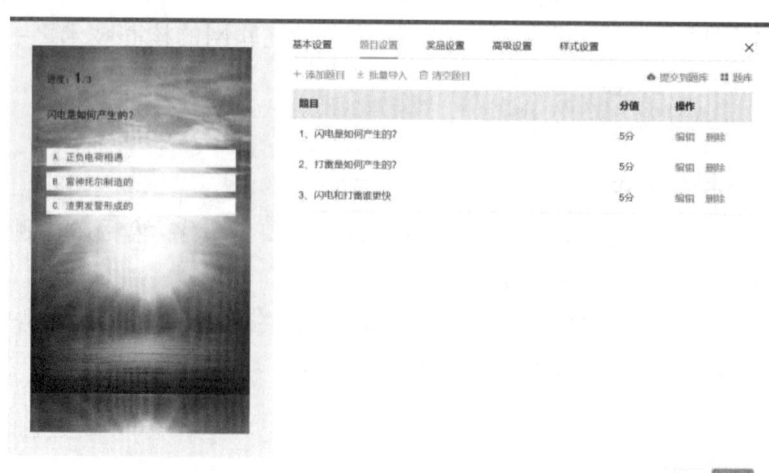

图 5-177 答题设置

点击编辑进入题目设置,可以设置题目、题目类型、分数、答案、正确答案选项等,如图 5-178 所示。

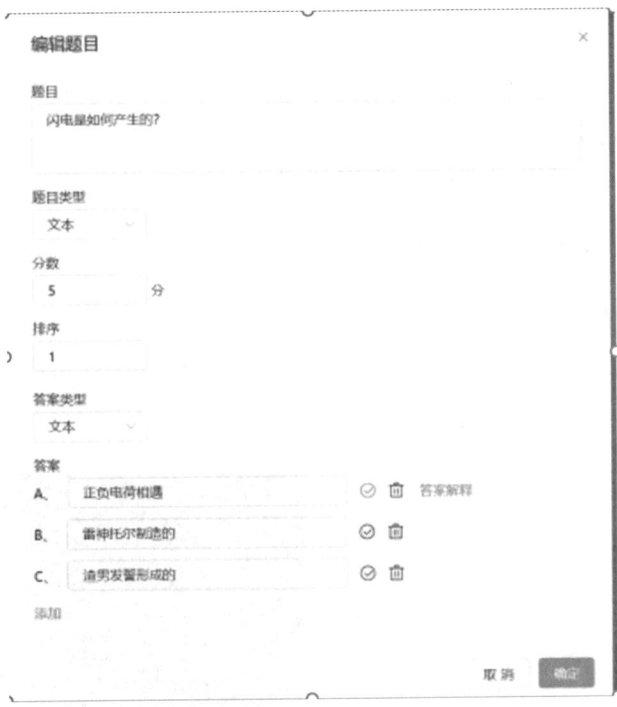

图 5-178 问题设置

(三) 发布

设置完成之后,点击右上角的发布,进入发布页面,设置交互页面的标题与介绍。点击确定即可得到该交互页面的链接与二维码,将链接或二维码分享到手机端即可操控刚刚制作的 H5 交互设计,如图 5-179 所示。

图 5-179 完成发布

第六节 字 幕

视频在后期处理中添加的文字内容为字幕。字幕可以帮助观众更加清晰地了解视频内容，尤其是帮助理解语音部分内容，从而快速接收消化信息。本节将介绍 Camtasia、Premiere 以及万彩动画大师三种软件的字幕制作方法。

一、Camtasia 字幕制作方法

（一）添加字幕

点击主页面左侧工具栏最下方"更多"，选择"字幕"，就会在游标停留处显示新建空白字幕，同时出现字幕编辑栏，如图 5-180 所示。

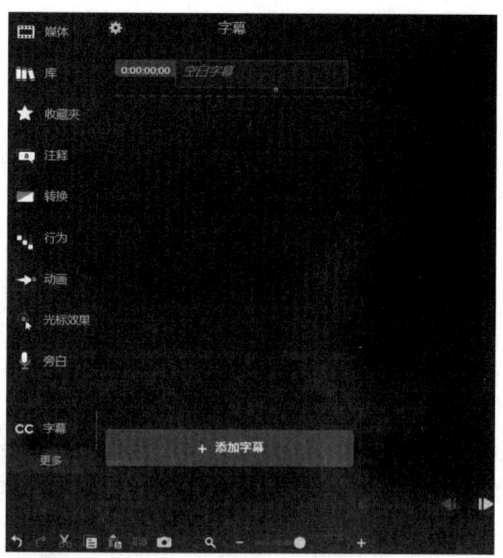

图 5-180　字幕创建

1. 手动字幕

我们可以根据音频播放内容在字幕框内手动输入相应文字，并通过重播键反复听音频，从而确定轨道上的字幕长度，使音字相配。

当需要输入下一句字幕时，点击绿色添加字幕按钮或重复播放键右边的加号即可在该句之后添加新字幕，如图 5-181 所示。一般视频的句与句之间会存在一些间隔，因此我们之后也需要继续调整字幕条的间隔。

2. 同步字幕

手动字幕虽然不容易出错，但是效率较低，因此我们可以选择更加方便快捷的同步字幕。

在使用同步字幕前我们先要得到微课的音频文件，以便利用第三方工具导出字幕文字。选择导出，找到自定义生成，点击新自定义生成，我们可以看到有几种文件格式

可以选择。选择最后一个"M4A-纯音频"并设置输出文件名与地址等信息，就可以得到微课的音频文件，如图5-182所示。借助第三方平台将音频转化为文字，将大大提升添加字幕的效率。

图5-181 创建新字幕

图5-182 导出字幕文字

得到全部字幕文字后,点击字幕栏左上角的齿轮状设置按钮,第一个即同步字幕,如图 5-183 所示。

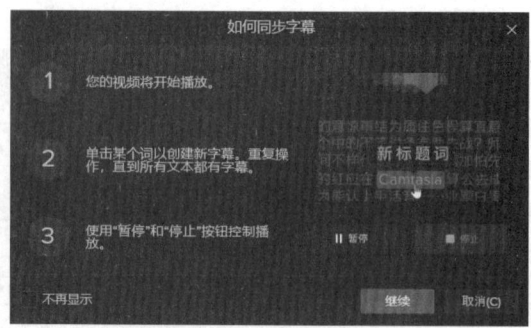

图 5-183　同步字幕

将准备好的全部视频字幕文字,放置到新建的空白字幕中。点击同步字幕,选择继续之后,视频将开始播放。我们在听视频声音的同时,选择要创建新字幕的起始字,即新标题词,这时字幕会分开,使音画同步,如图 5-184 所示。

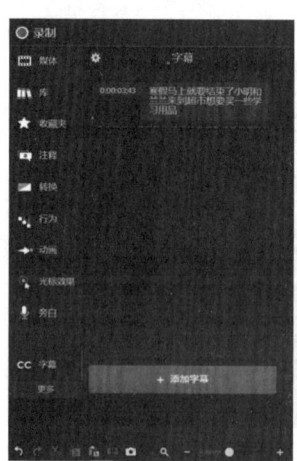
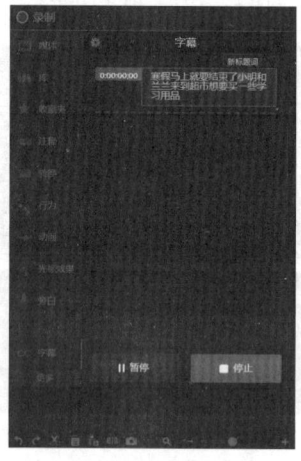
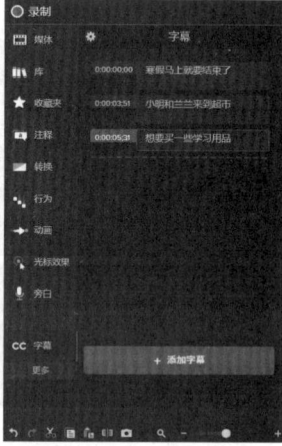

图 5-184　音画同步设置

(二) 调整字幕

视频画面左下角有调整字幕格式的按钮,可以根据视频选择合适的文本样式和全局属性,改变字幕文字的大小、字体样式、背景填充、不透明度和对齐方式,为视频添彩,如图 5-185 所示。

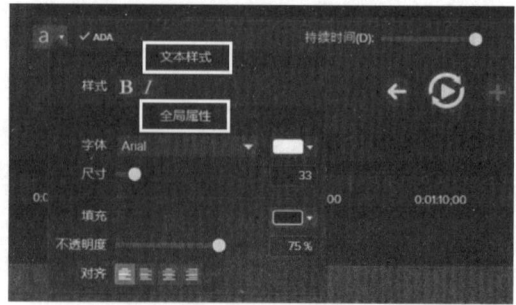

图 5-185　字幕属性设置

点击视频页面右下角的字幕选项键有"拆分当前字幕""与上一字幕合并""与下一字幕合并""延长持续时间"和"缩短持续时间"等选项,可以对字幕进行调整,如图5-186所示。

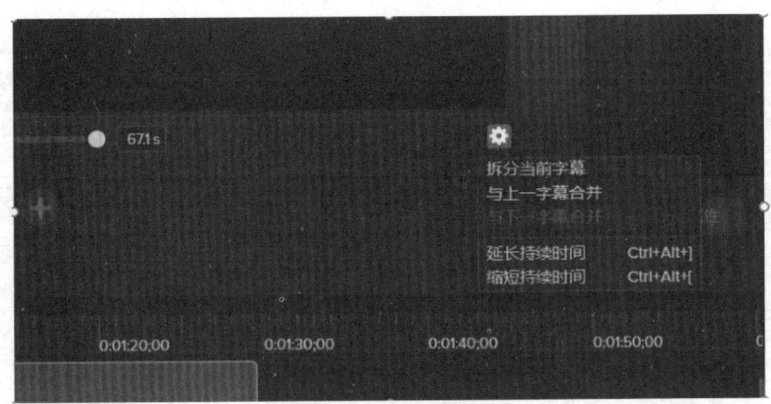

图 5-186　字幕调整

二、Adobe Premiere 2019 字幕制作方法

利用 Premiere 添加字幕时,首先要将游标拖至视频需要添加字幕的位置,为字幕的添加工作做好准备。下面将介绍 Premiere 中横向字幕和滚动字幕两种添加字幕的方式。

(一) 横向字幕

1. 添加字幕

首先,将页面置于"编辑"选项的页面下,鼠标左键长按工具栏处"T",会出现如图5-187所示的"文字工具"和"垂直文字工具"两种选项,"文字工具"即横向文字工具。保持鼠标的点击动作,直接拖动光标至所需选项即可。此处我们以添加横向字幕为例。

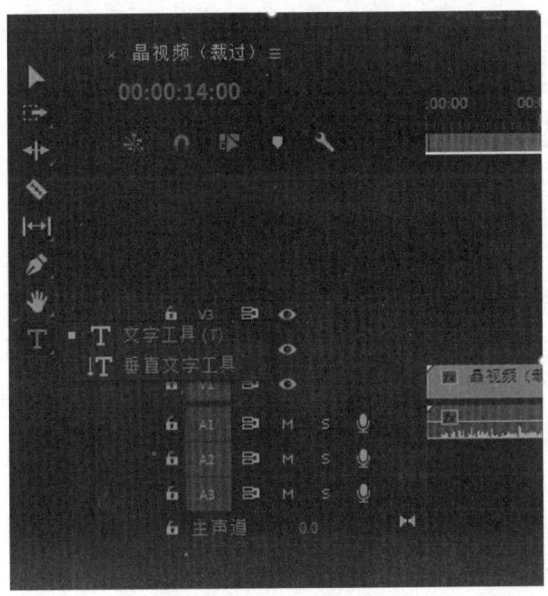

图 5-187　字幕添加

选择好文本类型后,鼠标移动到节目监视窗口,可以看到光标变成了文本框形式,点击字幕需要放置的位置,即可开始手动创建字幕。与此同时,视频轨道上会出现字幕的图层,如图 5-188 所示。

图 5-188 字幕图层

2. 调整字幕

键入字幕文字后,可以从左上方效果控件处对字幕进行进一步调整。可调选项包括字幕位置、字体不透明度、文本字体、对齐方式、字体的加粗、倾斜、颜色等。制作者可根据需要设置合适的效果对字幕进行美化。此处将介绍最常见的几个字幕文本调整方式的步骤。

(1) 字幕位置调整

有两处效果选项可以对字幕位置进行调整:运动—位置;变换—位置。

运动—位置:调整方式也有两种。第一种,将光标移动到位置后第一个数字上,待光标变成"手指"形状,保持点击状态,可通过左右拉动鼠标,改变字幕的左右位置;将光标移动到第二个数字上,保持点击状态左右移动鼠标可改变字幕的上下位置,如图 5-189 所示。

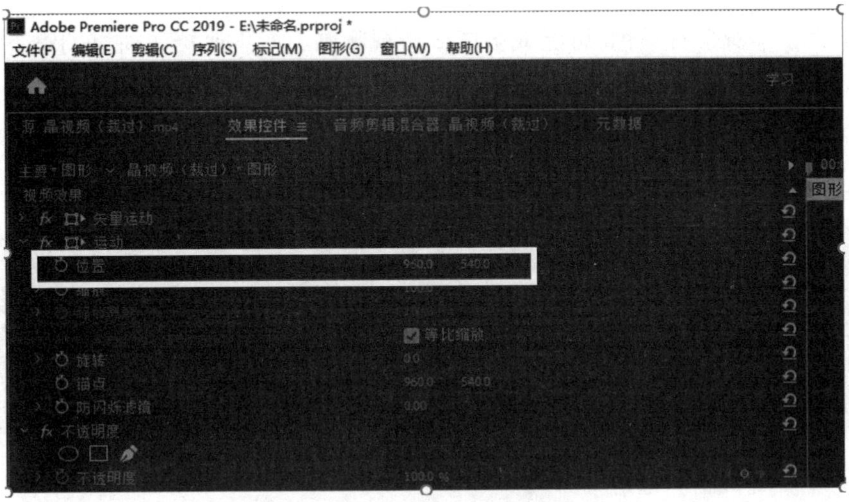

第五章 微课视频后期剪辑与处理

图 5-189 "运动—位置"方式一

第二种，直接点击数字，输入坐标，可直接改变字幕位置，如图 5-190 所示。

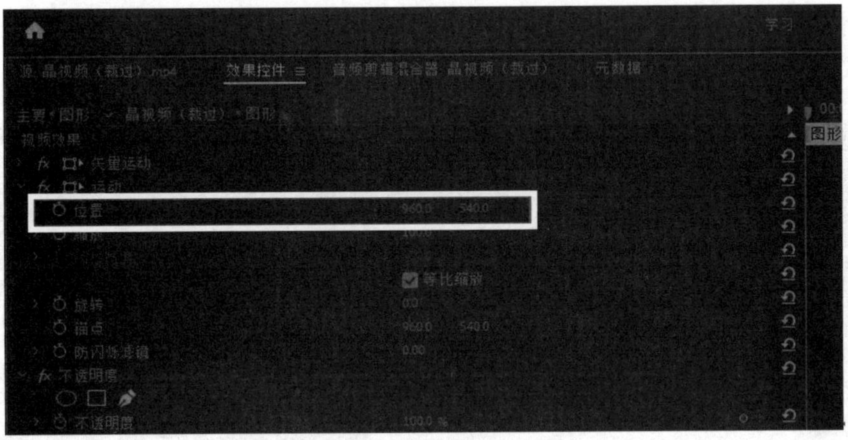

图 5-190 "运动—位置"方式二

变换—位置：效果控件窗口向下移动可找到变换—位置，如图 5-191 所示，具体操作步骤与上述步骤相同。

图 5-191 "变换—位置"方式

213

(2) 不透明度

由于文字本身带有颜色,可能或多或少对视频画面产生遮挡。通过调整不透明度,可以让整个字幕更适合视频画面,使字幕与画面更加和谐融洽。具体操作步骤如下:

在效果控件中找到"不透明度"选项,将光标移至数字,点击进行调节或直接修改数字,如图5-192所示。

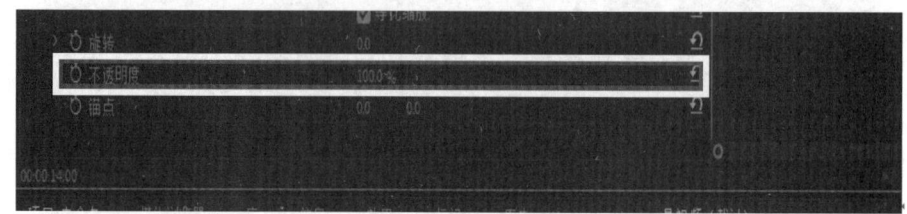

图 5-192 不透明度调整

(3) 文本调节

文本调节主要包括字体、文字大小、颜色等,这些操作均在效果控件——文本(字幕制作)中找到并设置。

字体:找到源文本选项,选择其中合适的字体,同时可点击下方示例设置文本的加粗或倾斜等效果,如图5-193所示。

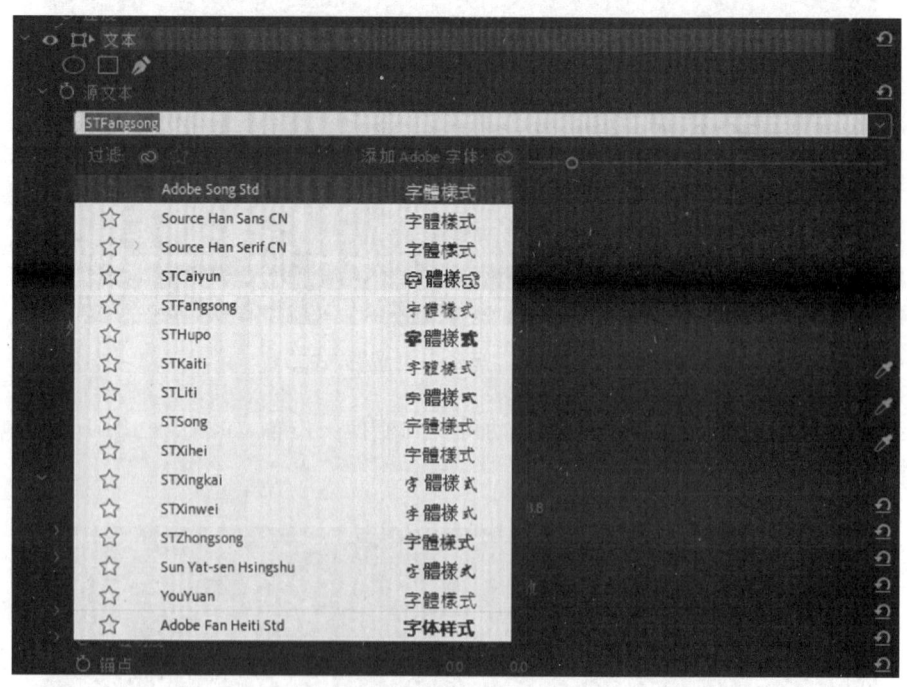

图 5-193 文本调节

文字大小:调整文字大小的方法有两种。

选中需要调整大小的文本,拉动控制文字大小的按钮,随着数字的增大或减小,文本大小会随之增大或减小。通过这一方式调整文本至合适大小,如图5-194所示。

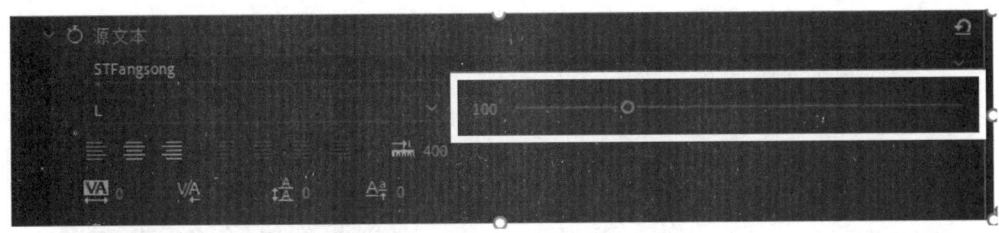

图 5‑194　文本大小调节

源文本—变换—缩放，通过这一操作可直接改变文字大小，方便快捷，如图 5‑195 所示。

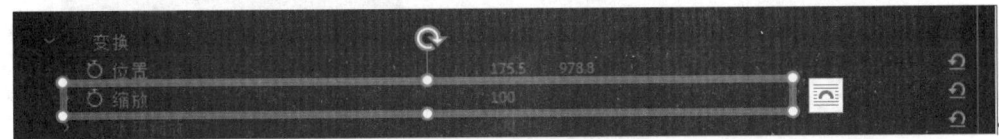

图 5‑195　缩放

文字颜色：根据需要，先行勾选填充或描边选项。点击色块，可在弹出的色卡中选择所需颜色对文字进行颜色设置，如图 5‑196 所示。

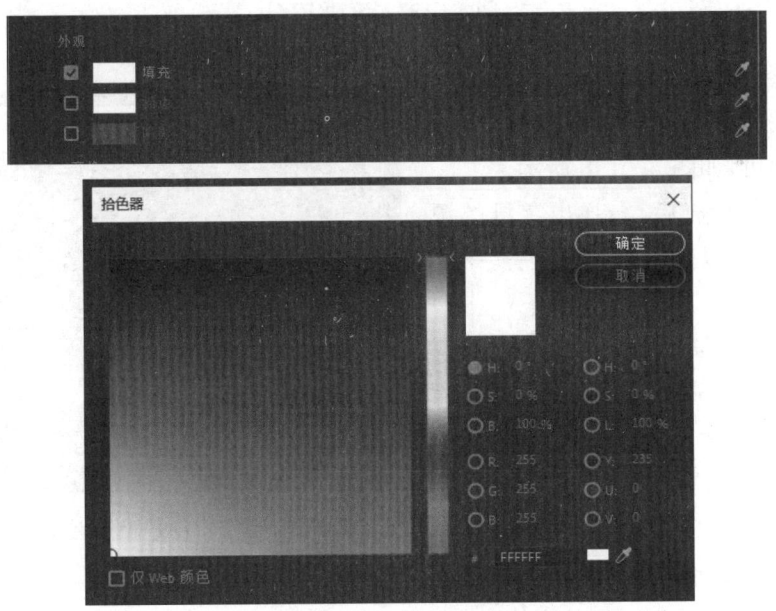

图 5‑196　文字颜色

或者点击右边吸管工具，选中界面中想要的颜色，字体即会自动变为所选颜色。上述对文本的编辑操作，一般以大小合适，不影响视频画面的观看为宜。

(二) 滚动字幕

点击文件—新建—旧版标题，如图 5‑197 所示。

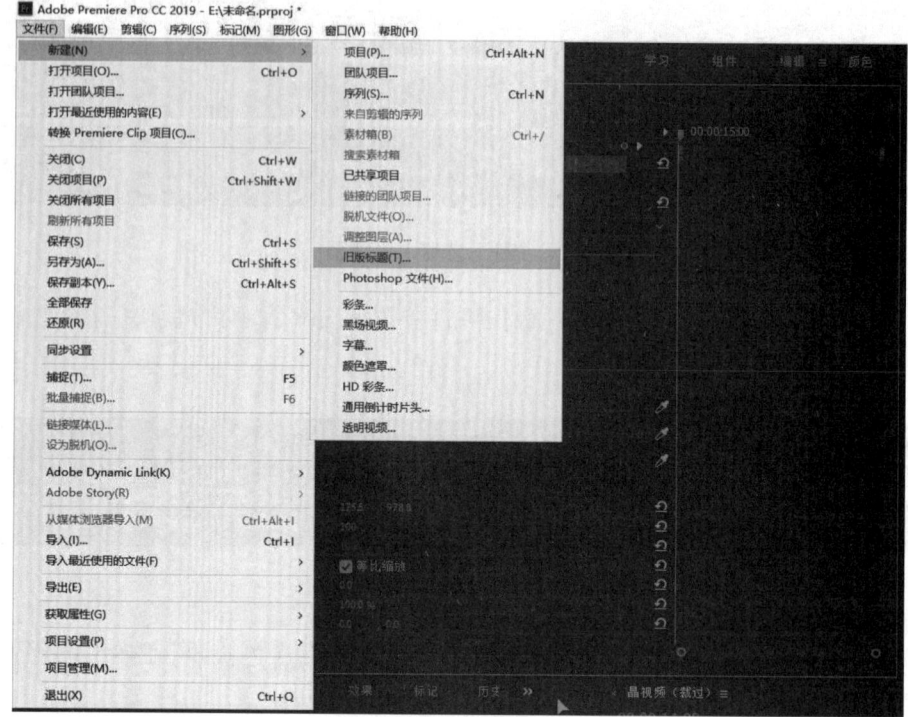

图 5-197 滚动字幕

之后会弹出字幕的创建框,参数一般默认形式就可以,对字幕进行命名后,点击确定即可,如图 5-198 所示。

创建字幕完成后,会弹出字母的源监视器,在此可以对字幕进行设置。

1. 添加字幕

在进入这一页面时,光标会自动变为输入文本的形式,点击视频中需要输入文本的位置,输入文字,例如,输入"本节将介绍滚动字幕的设置"。

输入完成后,可以看到视频中并没有正确地显示文字,是因为默认的字体

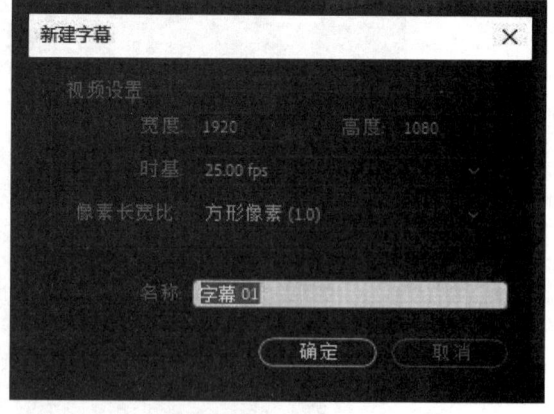

图 5-198 新建字幕

不含当前文字,因此需要调整字体。点击右侧字体系列,可以设置为中文字体格式,在这里以宋体为例。

字体调整好之后,就可以看到输入的文字变成正确的形式。

2. 调整字幕

在版面右侧,可以看到许多可以对文本进行调整的选项。根据需要,可以对文字大小、颜色等格式进行设置,如图 5-199 所示。

图 5-199　字幕调整

3. 滚动效果设置

点击左上侧控制滚动效果设置的图标,如图 5-200 所示。

图 5-200　滚动效果设置

在弹出的"滚动/游动选项"对话框中,选择所需要的滚动效果,此处,以"向左滚动""开始于屏幕外""结束于屏幕外"为例进行设置,点击"确定",设置完成,如图 5-201 所示。

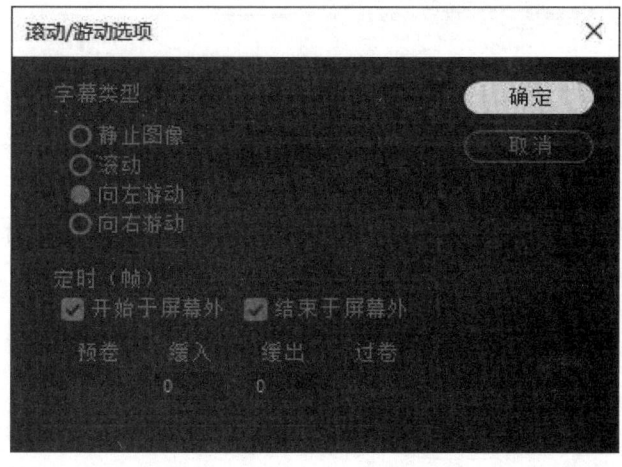

图 5-201　滚动/游动选项

直接点击右上角"×"号退出。此时会发现时间线上并没有自动生成字幕序列,需要我们将左下角项目面板中形成的字幕项目拖动到时间线上的相应位置,如图5-202所示。

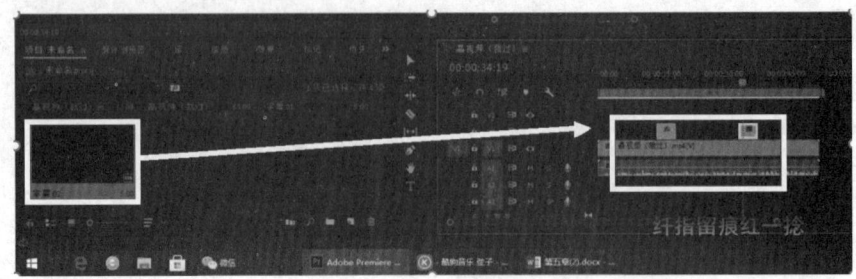

图5-202 效果预览

滚动字幕设置完成。

三、万彩动画大师字幕制作方法

(一) 添加字幕

点击主工具栏中的"字幕"选项,出现字幕轨道和字幕列表,我们可以根据音频播放内容在字幕框内手动输入相应文字,并通过重播键反复听音频从而确定轨道上的字幕长度,使音字相配。点击字幕列表中的添加字幕选项可以添加新的字幕;点击字幕轨道中的加号按钮也可以添加新的字幕,如图5-203所示。

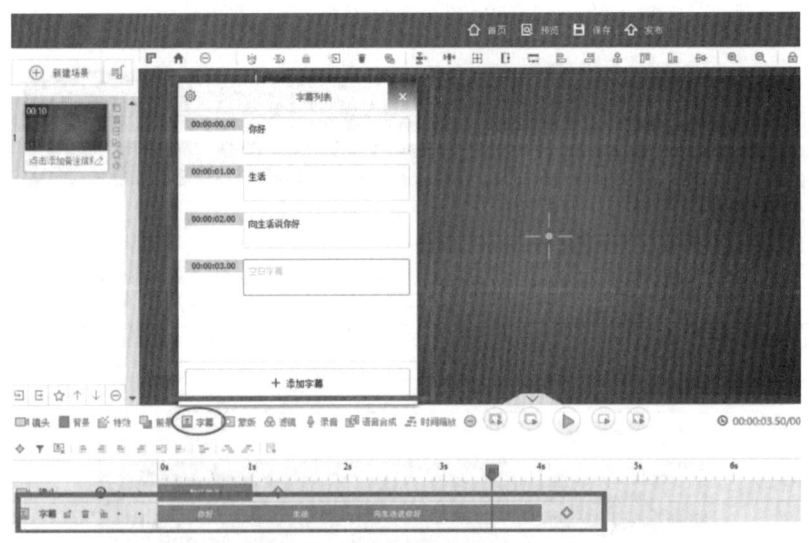

图5-203 添加字幕

点击字幕轨道上需要更改的字幕,选中的字幕轨道会从蓝色变为绿色,拖动字幕首尾两端的黄色按钮即可改变该条字幕的时间,如图5-204所示。

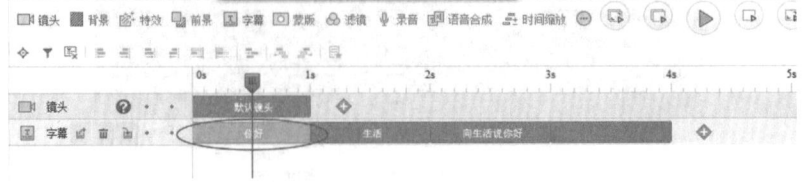

图5-204 时间调整

(二) 调整字幕

选中字幕轨道需要设置效果的字幕,单击右键,在弹出的对话框中点击"修改字幕"选项,如图 5-205 所示。

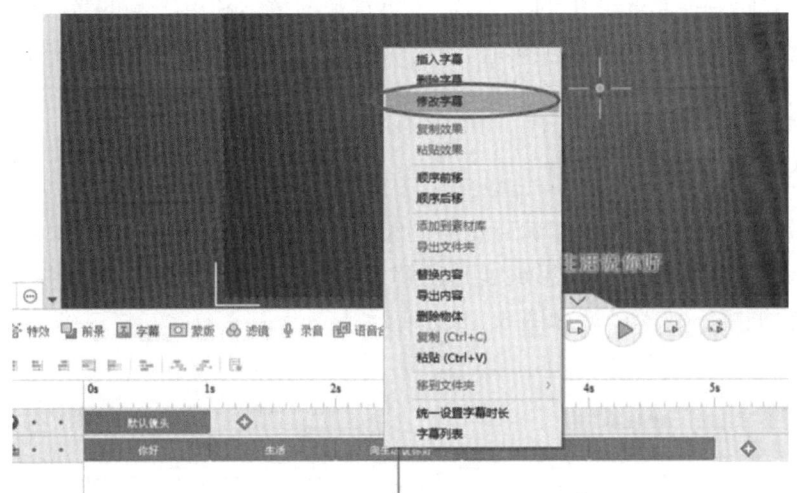

图 5-205 修改字幕

在弹出的"字体设置"对话框中可设置该条字幕的字体样式、大小以及进场效果和退场效果。点击"应用到所有"按钮,可以将所设置的效果应用到所有字幕,如图5-206所示。

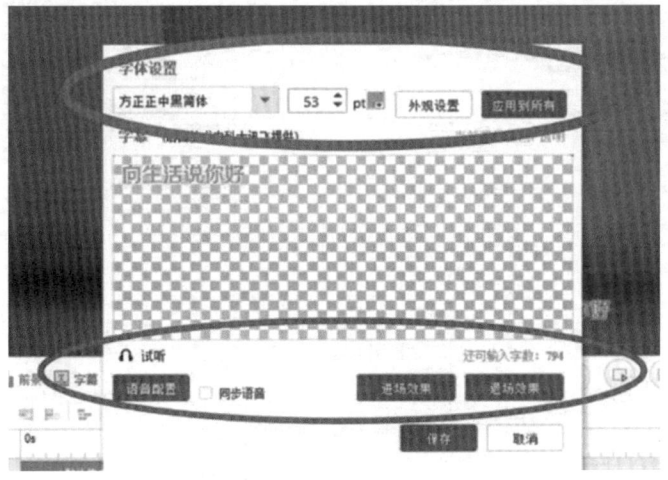

图 5-206 效果设置

第七节 案例介绍——《光的直线传播》

上述向大家介绍了对于视频、音频的基础剪切及特效、互动效果设置。本节内容将借助《光的直线传播》这一具体的微课作品,简单展示从第一步选题开始到最后一步制作完成,主要介绍其中运用后期制作的整个流程结构,结合课程特点,分析后期制作对微课作品起到的"改头换面"的效果。

一、选题

本节展示的案例为《光的直线传播》,选自八年级物理。选题原因有二,其一是因为《光的直线传播》一课是光学中的开篇,需要更直观的教学和更丰富的教具呈现形式;另一个原因就是本课内容涉及多项实验,更适合通过视频进行展示,相对于直接、枯燥的讲解,视频、实验的形式呈现能更好地帮助学生理解,同时加深对本课内容的印象。

二、教学设计

以"感知光"导入,让课堂充满诗意的同时呼应光的传播路径;沿光源—光的传播路径—为什么光沿直线传播这一思路展开讲解,对相应环节设置实验进行探索、验证,条理清晰,逻辑顺畅。教学设计如图 5-207 所示。

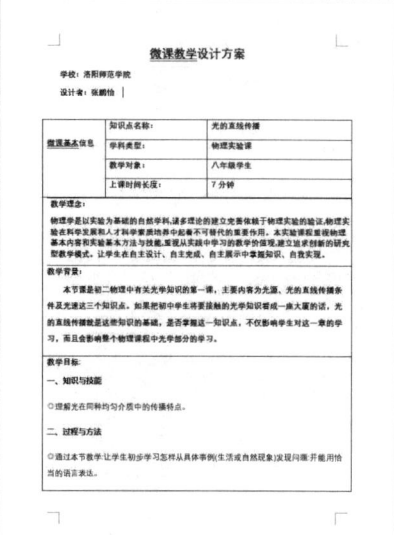

图 5-207 教学设计

三、素材收集

素材收集部分主要包括视频、音频、图片等的收集。在本节微课作品中,主要有绿幕视频的拍摄、实验视频的拍摄、图片的收集、背景音乐的收集。

绿幕视频的拍摄:教师站在绿色幕布前,利用摄影机进行拍摄,将需要教师出镜讲解的部分进行录制,如图 5-208 所示。教师出镜录制需要注意几个方面:衣着应较正式且颜色不能与幕布颜色相近或相同,防止后续难以"抠除"背景幕布;打光应均匀,以免影响拍摄效果;教师应直视、平视镜头,避免出现"斜视""仰视"或"俯视"等情况。

图 5-208　绿幕视频

实验视频的拍摄:根据所需,用相机或手机进行拍摄(手机拍摄需要准备支架以防抖动),在后期插入视频中使用,如图 5-209 所示。

图 5-209　实验视频

图片收集:由于本节微课主题是"光的直线传播",因此少不了一些光源及光的现象的图片展示,可以从各种网站进行图片收集,如图 5-210 所示。但要注意版权问题,选择可以使用的图片进行引用。

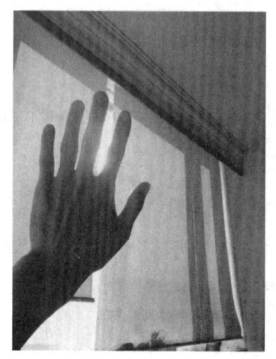

图 5-210 素材图片

四、PPT 课件制作与录制

PowerPoint 中有许多针对页面的切换效果以及可以为页面中的素材添加的动画。通过设置这些效果可以使画面更丰富、流畅。

1. 单张效果设置

在"感知光"这一页面，教师利用图片的轮换效果，在突出重点图片的同时，保留前后两张图片，而并非完全取消，如图 5-211 所示。这一做法，允许学生在关注重点图片的同时，对前一图片进行回味以及对后一张图片进行把握。

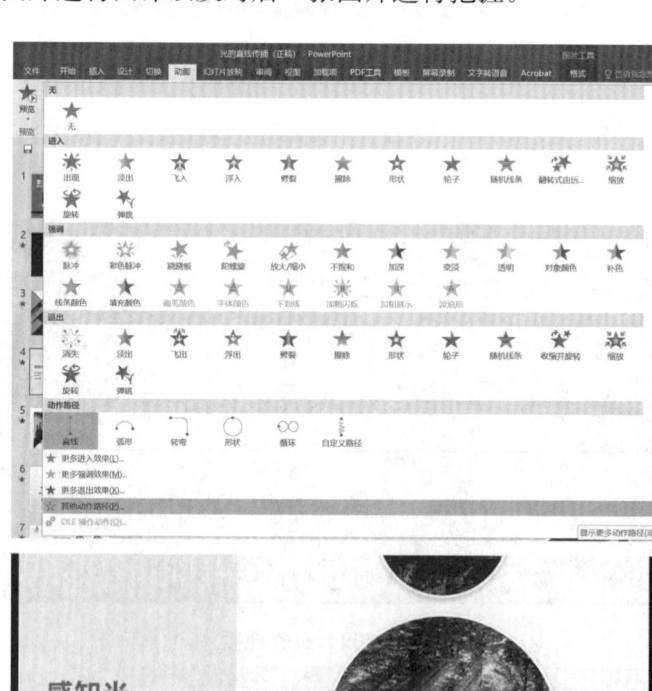
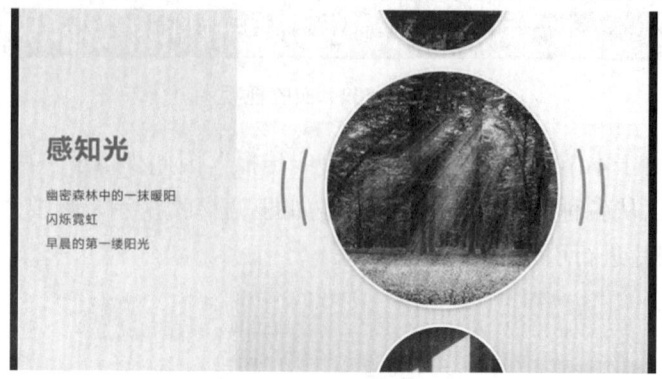

图 5-211 轮换效果

2. 多张页面切换

在两张页面的切换当中，使用了"涟漪"和"百叶窗"的切换效果，如图 5-212 所示，相比于没有任何动画效果，直接切换页面的方式来说，选择合适的切换效果使得文档"高级"许多。

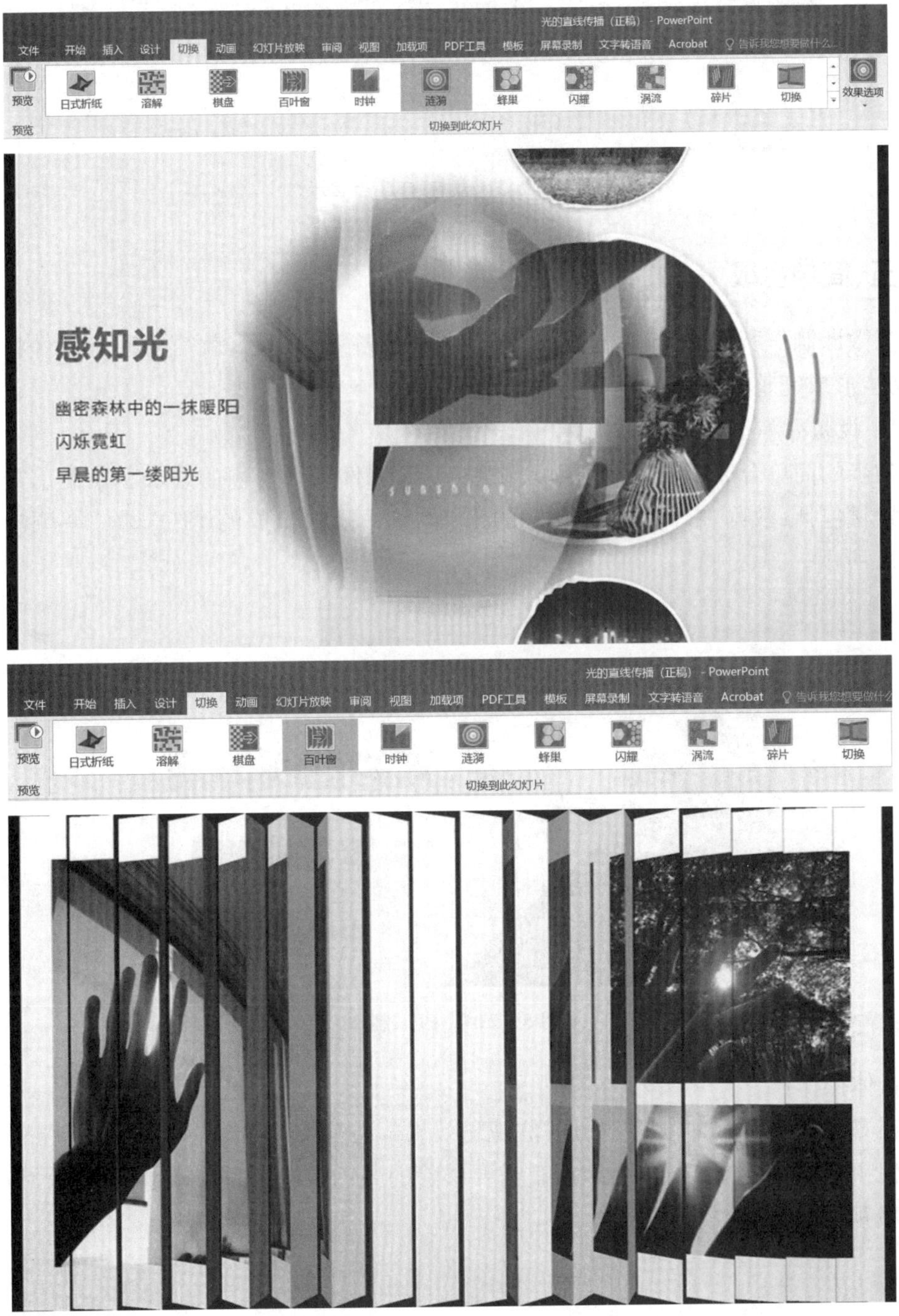

图 5-212 切换效果

3. PPT 课件录制

PPT 课件录制视频：利用 PPT 自身的"录制幻灯片演示"功能，如图 5-213 所示。通过控制幻灯片的播放，使其与讲解的内容同步出现，以保证后期合成时的音画同步。

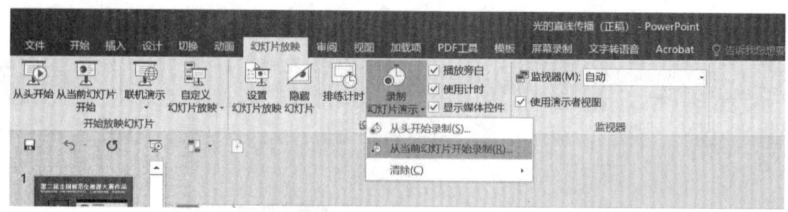

图 5-213 录制幻灯片演示

五、简单合成

当微课制作所需的视频、音频、图像等素材准备完成之后，就需要通过软件将其合成，初步形成完整的视频。

1. 视频叠加

初步的简单合成主要包括教师人物和 PPT 课件录制视频的叠加。在此前需要准备的素材包括：教师在绿幕前录制好的出镜视频；录制完成的 PPT 课件视频。如图 5-214 所示。

图 5-214 PPT 制作

具体操作：

在 Camtasia 中，从"更多"中选择"视觉效果"，在其中找到"移除颜色"，选中效果拖动到视频上，左边会出现选项框，调整需要移除的颜色，以达到"抠除绿幕"的效果，如图 5-215 所示。

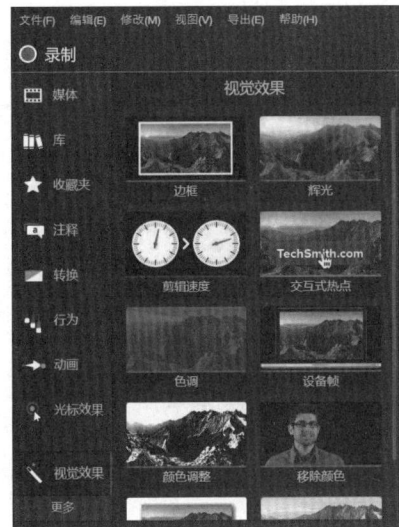

图 5‑215　抠除绿幕

将人物的视频轨拖动到 PPT 视频轨的上方,调整画面位置及大小,达到合适的效果即可,如图 5‑216 所示。

图 5‑216　视频叠加效果预览

2. 插入视频

部分微课作品,例如物理、化学等,会涉及教师做实验的部分。本节微课中就牵涉到将一段视频,插入原有的视频当中。

类似这种实验视频需要插入原视频时,只需要将原视频需要插入的部分剪切开,将实验视频拖动到时间轴上相应部位即可完成初步合成,如图 5‑217 所示。

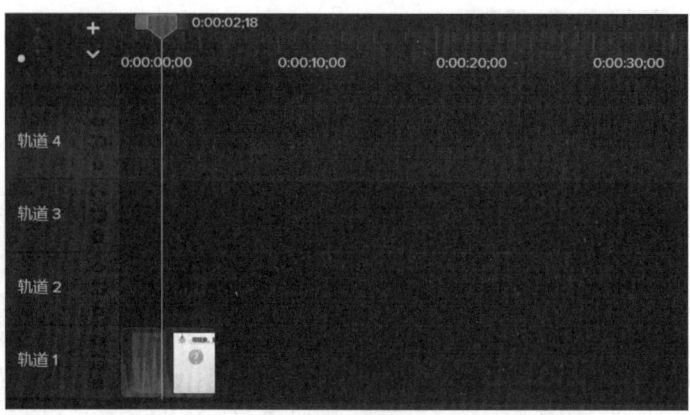

图 5-217 插入视频

六、效果添加

将素材全部整合结束后,可以根据需要,利用 Camtasia 软件中的特效对视频进行后期美化加工,以实现"1+1＞2"的效果。

1. 缩放效果

在 Camtasia 中利用缩放效果对视频进行设置,让视频更加灵活生动。操作如下:

从左侧工具栏的动画栏中找到缩放效果,将时间轴拖动到需要设置缩放效果的起始位置,拉动"缩放"按钮,对此处画面效果的大小进行设置。如图 5-218 所示。

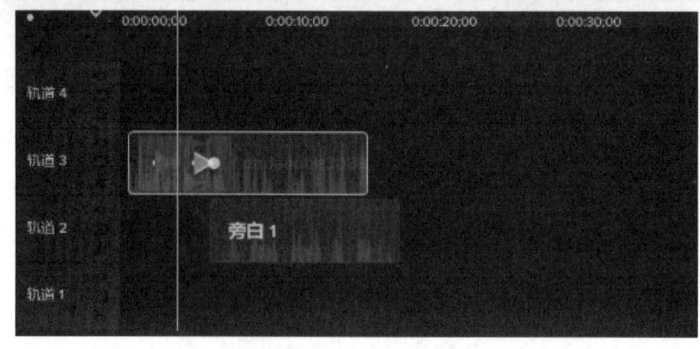

图 5-218 起始位置设置

接着,将时间轴拖动到需要进行缩放设置片段的末端,对此处画面大小进行设置。设置完成后就可以看到本段视频的缩放效果。如图 5-219 所示。

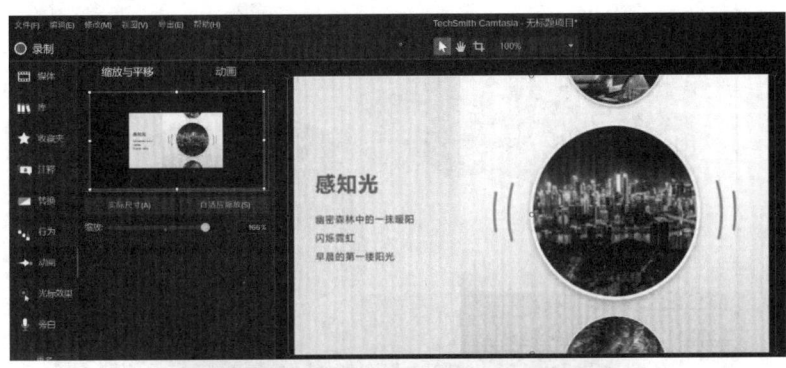

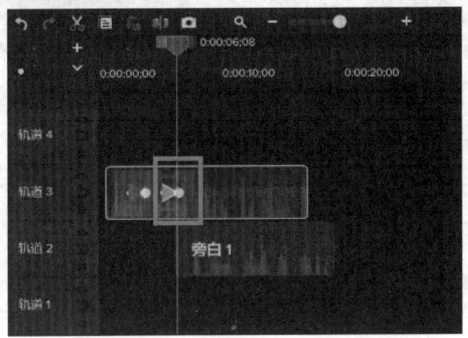

图 5-219　结束位置设置

2. 画中画效果

画中画的要点就在于将两个或多个视频放置在不同轨道上。将需要呈现在画面最上方的视频放置到轨道最上层,在图 5-220 中,将"演示实验"放置在轨道 3 上;将"电脑"图形放置在第二层,即"实验"下边起修饰作用;将人物抠图组合后的画面放置在最下层轨道。多个轨道按照这样的方式进行放置,就会出现"画中画"效果。

3. 添加背景音乐效果

单调枯燥的课堂难免令人乏味,微课的一大优势就是可以通过添加各种生动的素材对其进行"装修",例如,本节微课作品中,可以通过在适时的地方添加背景音乐,对课堂氛围进行烘托,让学习变得轻松。在感知光的部分,给人以光明、轻快的感受,因此在选择背景音乐时可以选择舒缓、令人愉悦的轻音乐。将音乐文件拖动至轨道上相应位置,即可完成操作,如图 5-221 所示。

4. 添加字幕

在视频制作完成的最后,为了帮助学习者更加简便、快捷地接收教师所传达的内容,可以给视频加上字幕,如图 5-222 所示。给教师生动的语言辅以文字解释,让课堂更高效。

图 5-220 图层设置

图 5-221 添加音乐

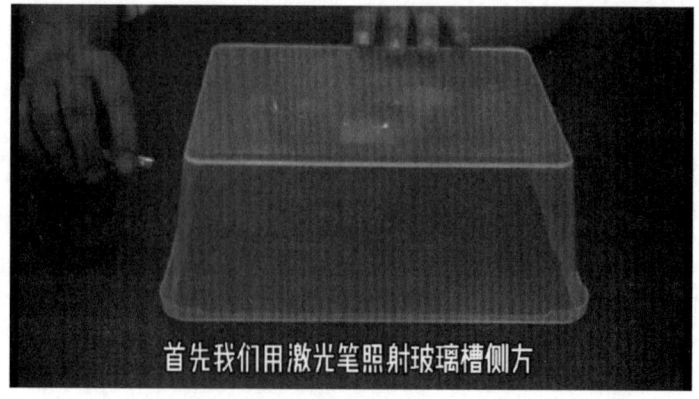

图 5-222 字幕效果

利用 Camtasia 对视频添加字幕。点击"更多",找到"字幕",在弹出的字幕框中输入文字即可,如图 5-223 所示。

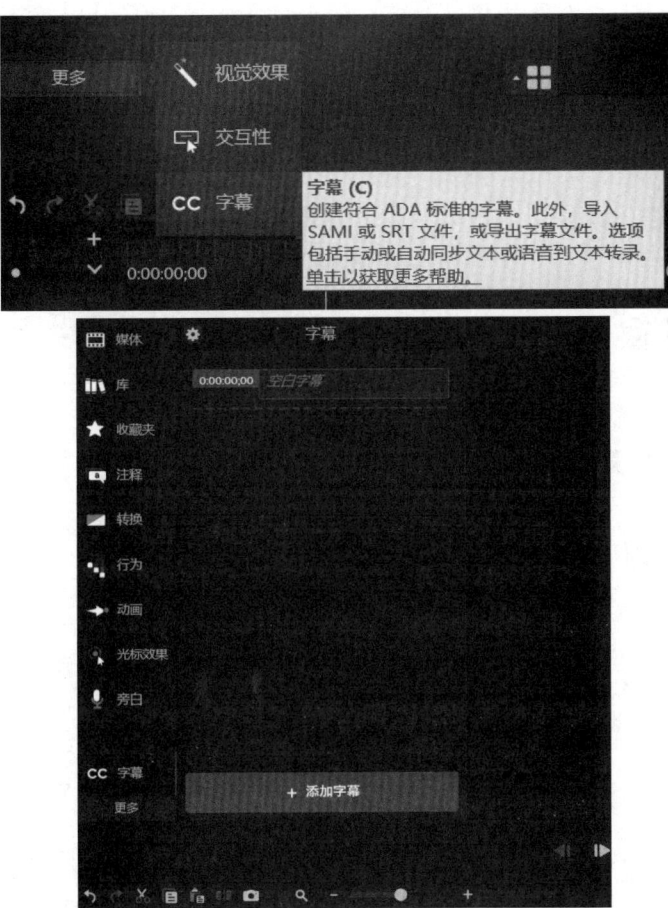

图 5-223 输入文字

最后,视频后期加工完成,将视频导出,即可获得完整的微课作品。

案例作品的制作流程剖析到这里就结束了。各种软件的效果是多样的,而每节微课所能容纳的效果是有限的。后期效果的运用不是越多越好,想要制作出精良的微课作品,需要制作者不断探索尝试,选择最适合的效果加以运用。

思考与练习

尝试根据小学学科的具体知识点,制作一个完整的微课作品。

第六章
微课设计与制作综合实例

1. 熟悉不同类型微课教学设计与开发的重点。
2. 不断提升微课设计与开发的实操经验。

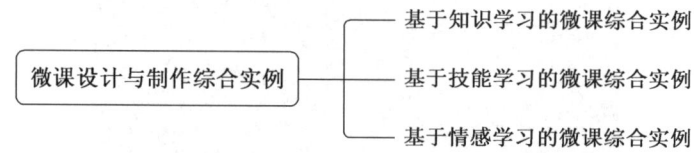

在信息时代,发挥微课的优势,丰富教学手段,提升教学效果,是教师教育信息化能力的重要体现。本章结合学校教育中常见的学习类型,介绍三个典型的微课设计与制作的综合实例,便于直观地了解微课设计与制作的基本过程。

第一节 基于知识学习的微课综合实例

知识是人类对客观事物的认识和实践经验的总结,在学校教育阶段,对知识的学习是促进学生身心发展的重要手段。根据布鲁姆的认知领域教学目标分类体系,知识分为事实知识、概念性知识、程序性知识和元认知知识。这里介绍的是辽宁省沈阳市法库县秀水河子镇中心小学翟琦老师的微课《学写请假条》,书写请假条属于事实知识范畴。

一、教学设计

(一)确定主题

"学写请假条"是语文出版社出版的小学语文三年级上册语文百花园(三)中"笔下生辉"部分的内容。这部分内容的学习类型为应用文写作,是在小学生学习口头请假的基础上，学会书面请假，即会写请假条。

针对这部分内容，教材中给出了符合书写规范的请假条范例，同时提出了三个问题，要求学生通过观察与思考，发现并总结请假条的基本内容、格式及注意事项。从教材的内容安排来看，并没有明确给出这三个问题的答案。因此，翟琦老师确定以"学写请假条"为主题制作一节微课，为学生进一步明确请假条的基本内容、书写格式及注意事项提供课外学习资源。

(二) 设计教学目标

1. 教学目标归属领域分析

对照中国学生发展核心素养基本要点和主要表现，"学写请假条"这一课时的学习重点应归属"社会参与—责任担当—社会责任"领域。学校的生活和学习是学生作为社会一分子的社会属性的体现，规则意识和对应能力的培养应从小做起，从小事做起。在集体生活中，有事要请假是学校规则的一个重要组成部分，而学会书写请假条是规则意识与遵守规则的出发点。

2. 学习水平分析

请假条书写是小学文书写作训练的内容之一，它通常有固定的格式和内容要求，属认知领域中的事实知识范畴。从这一角度分析，学生对事实知识的学习应达到通晓其具体的细节和基本要素的水平。从现实需求的角度分析，通过微课的学习，应使学生在有书写请假条的需求时，能够记忆/回忆起请假条的写法，并能根据自己的实际情况正确书写请假条。因此，这节微课的教学目标应定位在应用水平，即能够在给定的情景中执行或使用程序。

3. 选择行为动词

借鉴《国家课程标准中的学习水平与行为动词》，本节课的教学可从结果性目标中寻找合适的行为动词。在应用水平上，定位为在新的情境中使用抽象的规则。即依照请假条的规范正确书写请假条，可以使用的动词为撰写、书写等。

4. 编写教学目标

基于以上分析，翟琦老师确定了教学目标：正确书写请假条。

(三) 选择微课内容

选择微课内容就是要确定哪些内容必须要讲，而哪些内容不必要讲。请假条是应用文的一种，应用文是一种特殊的文体，其重点在内容和格式，对文采要求不高。结合教学目标，这节微课的教学内容要点包括两个部分的内容。第一部分帮助学生正确认识请假条，由为什么要写请假条、请假条的基本内容和规范的请假条格式等组成。第二部分帮助学生避免书写请假条中常见的错误，由请假条的注意事项等组成。

(四) 组织微课结构

这节微课翟琦老师采用了讲授法，依次呈现了为什么要写请假条、请假条的基本内容和格式以及写请假条的注意事项等内容。

1. 教学方法的运用

首先,翟琦老师以小学生生活中常见的请假缘由这样的具体场景为载体,介绍了为什么要请假,同时明确指出,当需要请假的时候,应该向老师递交请假条。润物细无声地使小学生明白当不能正常到学校上课时应该如何做,培养了小学生的规则意识和责任心。然后,简明扼要地介绍了请假条的基本结构。为了进一步明确请假条的组成要素,提高讲授的生动性、针对性和有效性,翟琦老师在教学活动的组织上融入了生动的案例。以案例为切入点,呈现了两个正确规范的请假条范例。第一个范例的呈现较为详细,生动直观地展示了请假条的内容结构,同时也对请假条的书写格式要求做了清晰的说明。第二个范例的呈现过程较为简略,起到了强化认知的作用。接下来,翟琦老师出示了一个有问题的请假条范例,请同学们尝试找出请假条中的错误。一方面考查学生对请假条的基本结构的学习程度,另一方面再次强化和明确请假条的书写要求和规范。最后,翟琦老师设计了一个小练笔。给出规定情景,请同学们尝试写一张请假条。本节微课的基本结构如图 6-1 所示。

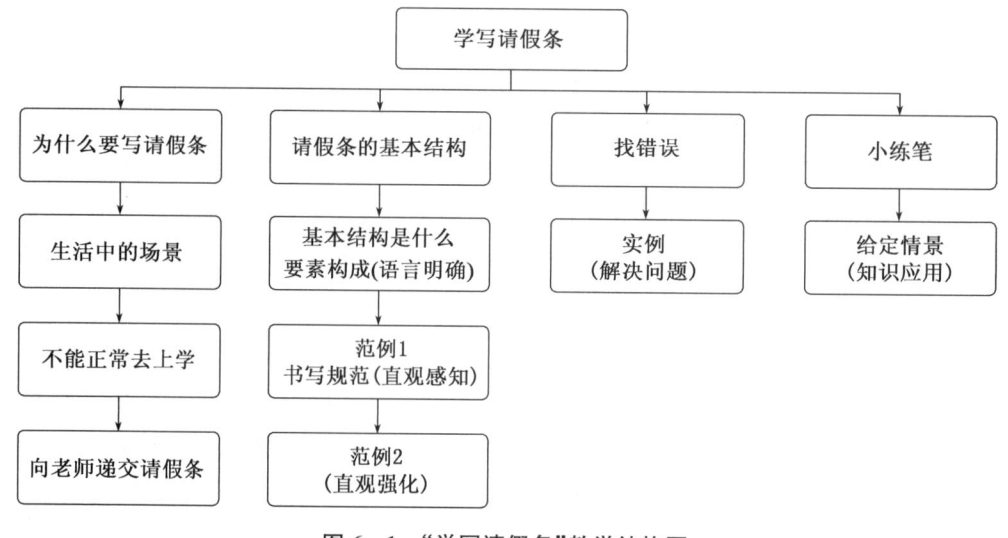

图 6-1 "学写请假条"教学结构图

2. 教学媒体设计

"学写请假条"这节微课的教学媒体设计主要体现在课件的制作上,主要涉及选择素材、设计布局和设置动画。

(1)选择素材。这节微课课件中的素材以图片和文字为主。微课中文字素材的呈现目的在于展示重点、强调要点,翟琦老师的文字设计只呈现要点,把解释性的内容融入解说词当中。在图片的选用上,主要运用了修饰性图片和表征性图片。修饰性图片以背景图片和幻灯片页内的修饰图为主。表征性图片的运用主要用于表征教师和学生的身份、请假的具体情景等。如在呈现为什么要写请假条的教学内容时,对常见情况的介绍选用了与情景具有一致性的图片表征出来,如图 6-2 所示。

(2)设计布局。这节微课内容明确,结构清楚。教学内容的呈现以结构性主体对

图 6-2 表征性图片的应用

象为主,如请假条的结构、请假条案例(范例)、找错误(有问题的请假条)、请假条任务布置等。因此,在幻灯片的结构布局上,翟琦老师应用较多的是简单有效的标准型版面,页面内容包括标题、内容,如图 6-3 所示。

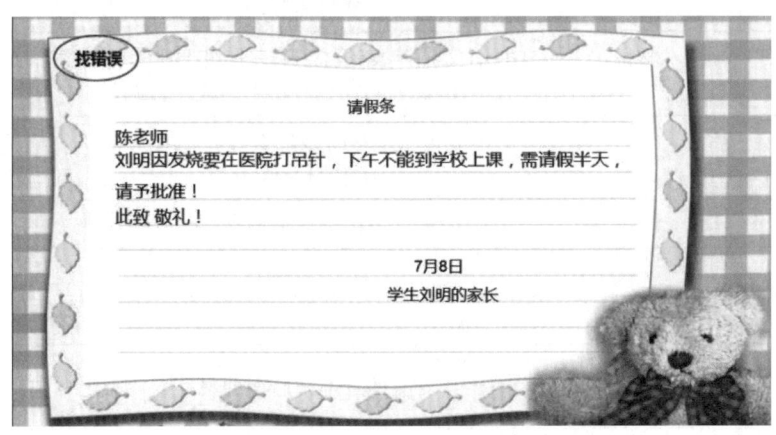

图 6-3 标准型页面布局

(3) 设置动画。动画在这节微课中主要以自定义动画的形式呈现。自定义动画的应用除了用以控制幻灯片的放映之外,在使用范例强调请假条的基本结构和书写规范时,灵活选用了自定义动画效果。采用一对一的出现和消失效果,清晰明了地将请假条的每一个组成部分及其书写规范呈现给学习者,如图 6-4 所示。在呈现错误请假条的不当之处和原因时,翟琦老师设计了同样的处理方法,使得整节微课节奏一致,结构清晰,逻辑分明。

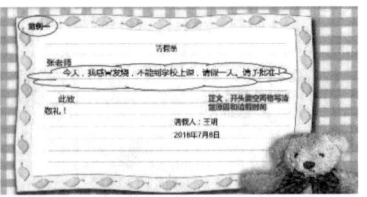

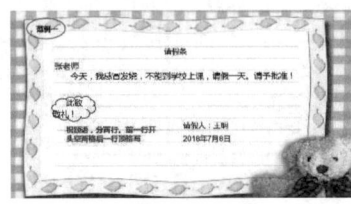

图 6-4　运用自定义动画——呈现请假条的组成部分及其书写规范

（五）微课脚本

"学写请假条"微课脚本如表 6-1 所示。

表 6-1　"学写请假条"微课脚本

录制时间：2017 年 6 月

微课主题	学写请假条			
知识点来源	学科：　小学《语文》　年级：　三年级上册　教材：　S 版 单元/课时：语文百花园三，笔下生辉			
需求分析	不能正常上学时该怎么告诉老师呢？ 不会写请假条			
教学目标	正确书写请假条			
适用对象	小学生			
呈现方式	讲授			
微课视频 制作方法	课件录屏＋后期剪辑			
人员分工				
微课视频录制				
分镜 头号	画面	声音	实现方式	镜头切换	时长
镜头 1	片头	解说	课件录屏＋录音	无	17 s
镜头 2	什么时候需要请假	解说	课件录屏＋录音	幻灯片切换	51 s
镜头 3	过渡语	解说	课件录屏＋录音	幻灯片切换	3 s
镜头 4	请假条的结构	解说	课件录屏＋录音	幻灯片切换	32 s
镜头 5	请假条的书写规范（范例一）	解说	课件录屏＋录音	幻灯片切换	49 s
镜头 6	明确请假条的书写规范（范例二）	解说	课件录屏＋录音	幻灯片切换	23 s
镜头 7	找错误——找出请假条(1)中的错误	解说	课件录屏＋录音	幻灯片切换	29 s

(续表)

分镜头号	画面	声音	实现方式	镜头切换	时长
镜头 8	改正后的请假条(1)	解说	课件录屏+录音	幻灯片切换	5 s
镜头 9	正确书写请假条小口诀	解说	课件录屏+录音	幻灯片切换	52 s
镜头 10	小练笔	解说	课件录屏+录音	幻灯片切换	35 s
反思					

二、视频素材搜集与处理

这节微课视频素材的类型主要是课件录制生成视频,其基本过程包括制作课件和录制视频两个阶段。以课件录制生成视频为主的微课制作的关键点在于声音和画面的同步处理。在录制视频之前,可先行录制音频,即录制微课解说词,录制方法可参考第四章的具体内容。在此基础上,着重考虑课件中每个对象出现在画面中的时间节点。

(一) 制作课件

1. 完成课件常规制作

根据教学内容的安排,搜集图片、输入文字等相关素材。结合镜头呈现的需求,依次添加相应的内容,并做好每一页的排版设计与制作。

2. 完成课件播放节奏的处理

以录制课件生成视频为主的微课制作的关键点在于声音和画面到同步处理。在微课脚本确定之后,解说声的节奏已经基本确定。课件的播放节奏以解说音为依据。根据解说内容呈现的节奏,针对不同的内容采用不同的处理方法。

对节奏较为紧凑的内容,为课件中相应的对象添加自定义动画,并设置"开始"属性为"之后",必要时可设置适当的延迟时间,以保证两者节奏的一致。如在呈现什么时候需要写请假条时,课件中列出了小学生常见的请假缘由,如图 6-5 所示。由于涉及数量较多,可以为这些对象分别添加自定义动画,并使其自动依次播放。这样减少了后期视频录制的操作量。

图 6-5 为节奏紧凑的内容添加自定义动画

对节奏较为舒缓的页面,如在呈现请假条的基本结构时,由于要对每个基本要素做简要的解释说明,因此设置自定义动画属性值为"之后"或延迟就显得较为笨重,如图6-6所示。这时候,可以为这课件中每个基本要素添加自定义动画,并设置"开始"属性值为"单击时"。这样制作的优势在于,录制课件时,可以根据监听到的声音,适时按下键盘上的下箭头激活动画播放,从而实现解说声与画面节奏的一致性。

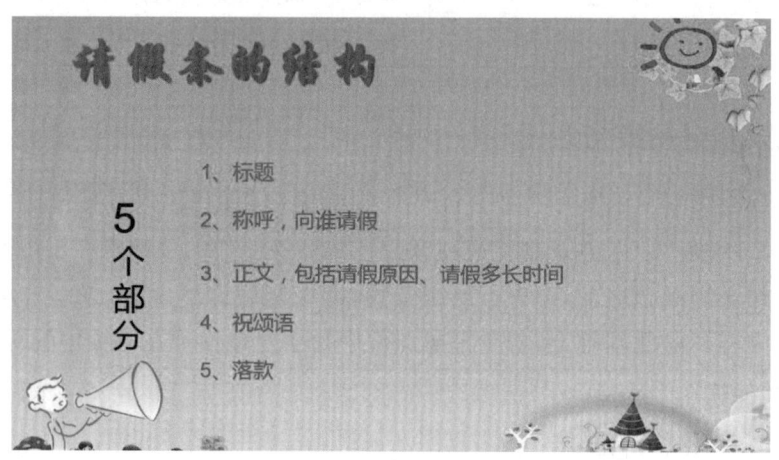

图6-6 为节奏舒缓的内容添加自定义动画

（二）录制视频

录制课件视频,可采用录屏软件录屏。具体做法如下:

1. 准备工作

打印解说词,在纸质解说词中标记要切换的点。在其他播放设备中如手机上存储事先录制好的解说词音频。在电脑上从头开始放映幻灯片。

2. 录制

戴上耳机播放解说词音频,监听的同时查看纸质解说词中是否有切换标记。遇到切换标记,按下键盘上的下箭头切换。如此循环,直至整个课件录制结束。

3. 查看录制效果

播放录制好的视频,查看录制效果,重点查看录制节点是否匹配。如有问题,可重新录制有问题的部分。

三、视频后期处理

这节微课的后期处理主要涉及解说音和画面的同步处理,在视频剪辑软件中,通过裁剪、调整视音频的相对位置等操作即可实现,具体做法可参考本书第五章内容。

第二节 基于技能学习的微课综合实例

基于技能学习的微课的重点在于技能习得过程的清晰呈现,这里介绍由原西安高新区第五小学体育教师孙寅超老师设计并开发的一节微课《蹲踞式起跑》。

一、教学设计

(一) 确定主题

小学体育与健康教学内容中,"跑"这一技能领域的学习包括快速跑、耐久跑、接力跑和障碍跑等四个部分的内容。根据课程标准的要求,快速跑是小学生"跑"这项运动技能领域中的一项重要学习内容。但小学阶段的起跑方法以站立式起跑为主,不包括蹲踞式起跑。然而孙寅超老师在日常教学中发现,学生对蹲踞式起跑充满好奇和兴趣,他们渴望像运动员那样起跑。同时通过观看本校学生参加体育比赛的录像,发现他们起跑总是比别人慢的问题。为了使学生能够正确掌握这项技术,又不占用课堂教学的时间,孙寅超老师将蹲踞式起跑录制成微课,供有兴趣和有需求的学生课后观看学习。

(二) 设计教学目标

1. 教学目标归属领域分析

对照中国学生发展核心素养基本要点和主要表现,"蹲踞式起跑"这一课时的学习重点是要促进学生"自主发展—健康生活"核心素养的提高,指向学生掌握适合自身的运动方法和技能,养成健康文明的行为习惯和生活方式。参考"体育与健康"学科核心素养,指向学生自身运动能力的发展。

2. 学习水平分析

小学体育与健康课程标准中没有对小学生学习蹲踞式起跑做出明确的要求,可以参考对"跑"这一大类运动技能的总体教学目标要求,确定蹲踞式起跑的教学目标。小学阶段"跑"运动技能总体教学目标要求如表 6-2 所示:

表 6-2 小学阶段"跑"运动技能总体教学目标

1. 能够说出动作名称及术语,知道其基本健身价值。
2. 基本掌握各种跑的动作方法,跑得轻松、自然,跑姿正确,能够在各类奔跑游戏中,发展速度、力量、耐力、灵敏等身体素质,提高运动能力。
3. 能够初步掌握一些简单的跑的锻炼方法,并积极参与各种跑的练习、比赛、游戏和考核等活动,能够体验跑的激情与乐趣;关注自己的成绩,了解自身的进步幅度或存在的问题。
4. 在练习、游戏、比赛中,表现出自信和克服困难的勇气及互相帮助、相互配合、敢于承担责任的品质。

蹲踞式起跑这节微课作为拓展学习资源,对学生的要求不高,也不是必学必会的学习内容。但对有了解兴趣和实践需求的学生来讲,应能保证在本节微课的指导下,了解什么是蹲踞式起跑,学会蹲踞式起跑的基本动作流程。结合布鲁姆教学目标分类体系,

从认知的角度,教学目标应定位在"了解"这一水平。从技能的角度,教学目标应定位在"有指导的反应"这一水平,即在教师(微课)的引导下,能跟随模仿和自主尝试错误。

3. 选择行为动词

借鉴《国家课程标准中的学习水平与行为动词》,本节课的教学可从结果性目标的技能部分寻找合适的行为动词。结合对学生学习水平的分析,蹲踞式起跑的知识学习行为水平应定位在了解阶段,具体表现为"再现或回忆"蹲踞式起跑的基本知识。蹲踞式起跑的技能学习行为水平应定位在模仿阶段,具体表现为"在原型示范和具体指导下完成操作;对所提供的对象进行模拟、修改等"。结合蹲踞式起跑的具体动作流程,可以使用模拟、重复、模仿、再现等动词描述学生应能达到的动作水平。

4. 编写教学目标

基于以上分析,结合可能的学习群体,孙寅超老师制定了如下教学目标:

(1) 能说出蹲踞式起跑的起源、原理和基本动作过程。

(2) 能重复蹲踞式起跑的基本动作过程。

(三) 选择微课内容

"蹲踞式起跑"这节微课的学习目标指向"基本动作过程",那么其教学内容也围绕基本动作过程的所有环节展开。蹲踞式起跑的基本动作过程可以分为三个环节,分别是各就(各)位、预备和跑。如何帮助学习者更好地认识、理解并学会蹲踞式起跑,加强这三个动作环节的学习内容设计是关键。

1. 列出内容要点

首先,了解学生的学习需求。通过对学生的调查,孙寅超老师发现,学生之所以对蹲踞式起跑感兴趣,很大一部分原因是蹲踞式起跑的动作细节很有趣,与人类与生俱来的起跑动作区别较大。另外有部分学生发现体育短跑比赛中,运动员使用的都是蹲踞式起跑方法,那么"我"是不是也可以尝试使用蹲踞式起跑法呢? 据此,孙寅超老师针对蹲踞式起跑这一技能点,结合"是什么或包含什么""为什么"和"有什么用"的知识点组成结构首先列出了以下有关内容,如表 6-3 所示。

表 6-3 蹲踞式起跑相关内容要点

环节	名称	动作	内容列表
1	各就位		① 蹲踞式起跑法每个环节的基本动作是什么? ② 为什么以这样的而不是别的姿势完成动作? ③ 它有用吗? ④ 练习过程中需要注意什么? ⑤ 有没有好的练习方法? ⑥ 提高蹲踞式起跑法的要点是什么? ⑦ 运用蹲踞式起跑法的注意事项有哪些
2	预备		
3	跑		

2. 选择内容要点

根据表6-3可以看出,蹲踞式起跑法的动作过程节奏清楚,内容明确。内容①④⑤是学习蹲踞式起跑的必备内容,内容②③有助于提升对蹲踞式起跑的认识,内容⑥⑦是蹲踞式起跑法的发展性学习内容。

结合小学五六年级学生的学习需求和所确定的教学目标,①④⑤需要在微课中给予清晰的呈现,帮助学习者熟悉蹲踞式起跑的基本流程,对练习中的疑问和容易忽视的问题给予提示和指导。②③可做简要说明,帮助学习者认识和理解蹲踞式起跑,可以形成建立在理解基础上的有意义的练习,有助于形成正确的跑步姿势。⑥⑦是在熟悉蹲踞式起跑基本动作基础上的后期提高部分的内容,不必呈现。

因此,这节微课的内容要点包括蹲踞式起跑的基本原理、蹲踞式起跑的意义、蹲踞式起跑的基本动作、蹲踞式起跑的注意事项。其中,基本原理和意义为简要介绍内容,基本动作和注意事项为重点内容。

3. 确定逻辑关系

针对要点①,蹲踞式起跑法的典型特征是动作上的连贯性和时间上的顺序性,迅速发生,短时间内完成。并且三个环节缺一不可,各自在起跑速度的提升上发挥重要作用。因此,三个环节在逻辑上呈并列关系,可按发生时间顺序呈现。

针对要点②和要点③,其价值在于使学生明白蹲踞式起跑的原理,以及用事实说明蹲踞式起跑法是有效的。因此,可在学习蹲踞式起跑的基本动作即要点①之前,先行呈现,有助于学生形成对蹲踞式起跑动作的正确认识和理解。

针对要点④和要点⑤,是在了解蹲踞式起跑法的基本动作要领的基础上,指导后续的练习过程,是要点①的延续。

基于以上分析,蹲踞式起跑法的要点呈现顺序为②③①④⑤,如表6-4所示。

表6-4 蹲踞式起跑法要点顺序

有力脚在前,脚间一脚宽
后膝跪在前脚边,双手撑地宽于肩
四指并拢贴于线,两手间宽于臂长
臀部抬起,重心前移
臀高于肩,肩部超线
目视前方,低头听枪
两腿同时猛发力
后腿前摆前腿蹬
两手迅速推离地面

(四)组织微课结构

1. 选择教学方法

蹲踞式起跑法属动作技能领域学习内容,学习的关键点在于动作过程的清晰呈现。因此,在教学方法上,孙寅超老师采用了直观演示法,动作要领清晰直观,动作过程生动有效,教学结构如图 6-7 所示。

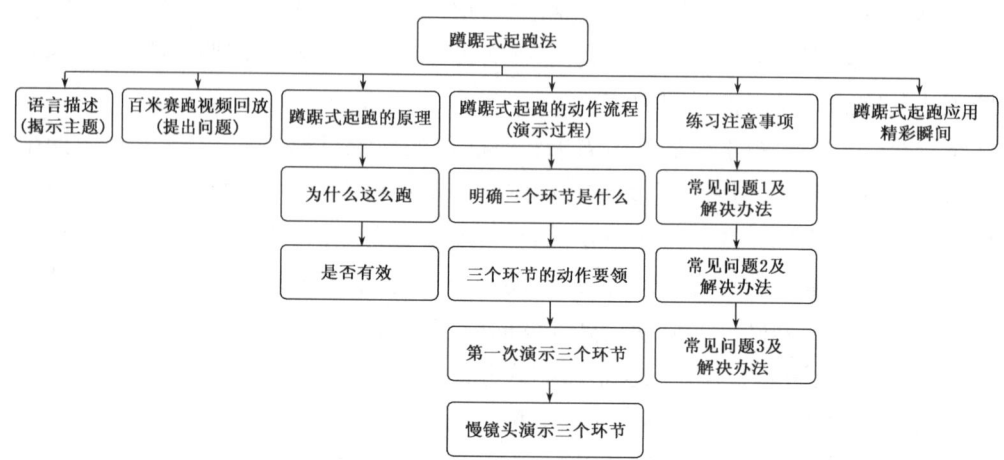

图 6-7　蹲踞式起跑法教学结构图

具体来讲,首先介绍了本节微课的主题——学习蹲踞式起跑法。接下来,以百米赛跑的视频画面引发问题——"我们"能像运动员那样起跑吗？揭示本节微课的学习重点——蹲踞式起跑法为什么比一般的起跑方法速度快,该如何做。在演示过程中,首先介绍了蹲踞式起跑的起源和简要原理分析。接下来,在明确蹲踞式起跑三个环节的基础上,重点演示了蹲踞式起跑动作的执行过程。在总结操作要点部分,呈现了练习蹲踞式起跑法的过程中常见的动作上的问题。

2. 组合教学媒体

采用直观演示法清晰呈现蹲踞式起跑的三个环节是本节微课的重点,如何将教学流程生动有效地传递出来是媒体设计的核心。蹲踞式起跑法是在短时间内完成的动作过程,从动作连贯程度的角度考虑,视频是良好的传递载体;从动作清晰呈现的角度考虑,图片是良好的传递载体。基于此,孙寅超老师在媒体形式上主要采用了图片和视频画面相结合的形式。

（1）图片的选择和应用。对蹲踞式起跑三个环节的基本动作样式、练习中常见问题要点和常见问题要点的解决办法呈现,主要应用图片从静态的角度呈现动作过程,方便学生快速捕捉动作的要点,直观高效地观察动作的重点。同时对蹲踞式起跑的原理和是否有效内容的呈现,也采用了图片作为主要的信息传递方式。本节微课图片的应用如表 6-5 所示。

表 6-5　"蹲踞式起跑"微课图片的应用

蹲踞式起跑的原理	蹲踞式起跑的起源	普通式起跑器

(续表)

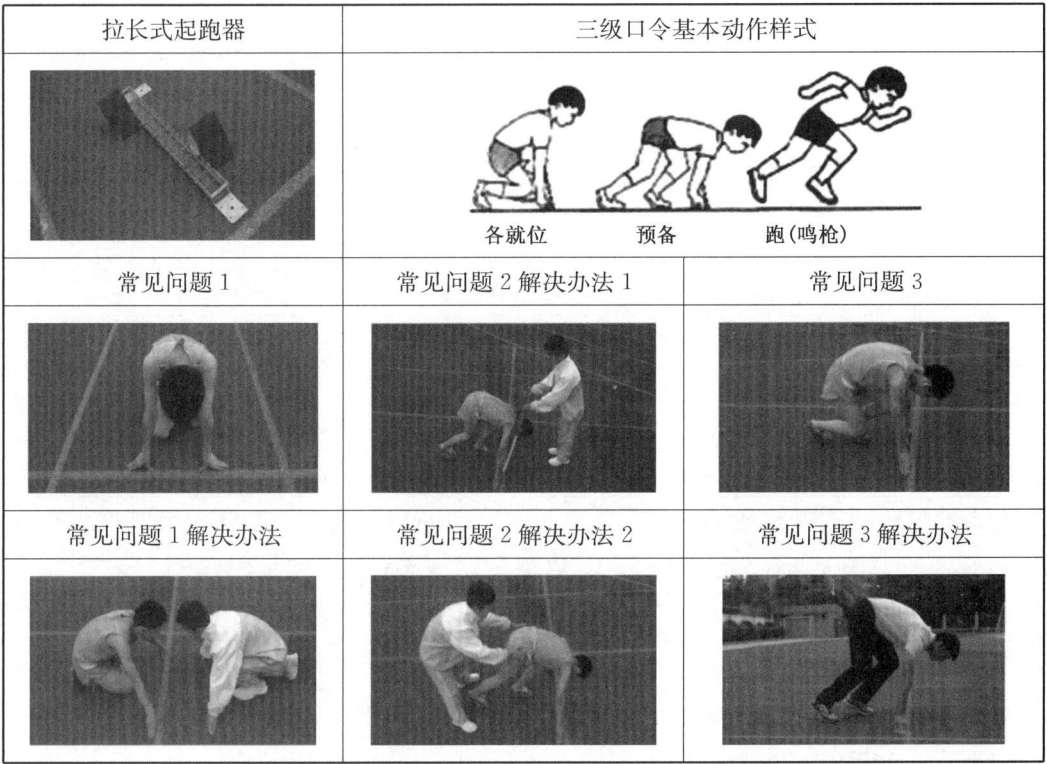

(2)视频的应用。本节微课以媒体形式出现的视频有五处,分别是百米赛跑视频回放、蹲踞式起跑的三级口令执行过程、如何确定有力脚、起跑后重心抬起过早的解决办法以及刘翔采用蹲踞式起跑夺冠的精彩表现。

百米赛跑和刘翔夺冠视频回放供学生从视觉上直观感受蹲踞式起跑在提升短跑速度方面的作用,起到情感引导和升华的作用,激发学生对蹲踞式起跑的好奇心,提升学习动力。

蹲踞式起跑的三级口令执行过程、如何确定有力脚和起跑后重心抬起过早的解决办法这三段视频,一方面为学生了解和熟悉蹲踞式起跑的执行过程提供材料,另一方面为学生自主练习提供模板,学生可以从视频中清晰地获取关于蹲踞式起跑的每一个细节和动作之间的衔接与过渡。

(五)编写微课脚本

蹲踞式起跑微课脚本如表6-6所示。

表6-6 蹲踞式起跑微课脚本

微课主题	蹲踞式起跑
知识点来源	学科:小学《体育与健康》 年级:五年级及以上 教材:人教版
需求分析	满足学生对高水平起跑动作的好奇心,支持有实践需求的 学生通过学习微课提高快速跑水平
教学目标	能重复蹲踞式起跑的基本动作过程

(续表)

适用对象	小学五年级及以上学生				
呈现方式	演示式微课				
微课视频制作方法	视频拍摄＋后期剪辑				
人员分工					
微课内容					
分镜头号	画面	声音	实现方式	镜头切换	时长
镜头1	片头	背景音乐、解说	软件制作	无	2 s
镜头2	蹲踞式起跑的定位	背景音乐、解说	拍摄	无	27 s
镜头3	苏炳添比赛视频回放	无	网络下载（来自优酷网）	水平交叉	14 s
镜头4	运动员起跑方法介绍	解说	去除视频原声,录制解说	无	9 s
镜头5	学生的好奇和向往	无	拍摄	无	5 s
镜头6	蹲踞式起跑的起源	解说	软件后期＋录音	无	42 s
镜头7	蹲踞式起跑的原理	解说	软件后期＋录音	无	6 s
镜头8	蹲踞式起跑的助跑工具	解说	软件后期＋录音	无	14 s
镜头9	蹲踞式起跑的口令	解说	拍摄＋录音	无	10 s
镜头10	三级口令的动作要领——各就位	解说	课件＋软件后期＋录音	无	26 s
镜头11	三级口令的动作要领——预备	解说	课件＋软件后期＋录音	无	17 s
镜头12	三级口令的动作要领——跑	背景音乐、解说	课件＋软件后期＋录音	无	16 s
镜头13	三级口令完整示范	解说	课件＋软件后期＋拍摄＋录音	无	23 s
镜头14	确定有力脚的方法	解说	拍摄＋录音	无	12 s
镜头15	常见问题提示及解决办法	解说	课件＋软件后期＋拍摄＋录音	无	49 s
镜头16	精彩瞬间(刘翔比赛回放)	解说	网络下载＋录音	无	19 s
镜头17	蹲踞式起跑要领小结	解说	课件＋软件后期＋录音	无	21 s
镜头18	片尾	解说	课件＋软件后期＋录音	无	11 s
反思					

二、视频素材搜集与处理

根据前期的设计，本节微课素材主要有图片、声音和视频三大类。其中图片资源放置在课件中，与其他要素相结合，生成新的图片保存待用。声音的录制采用常规的录制途径即可，具体方法可参考第四章的内容。这里重点呈现视频素材的获取，其主要途径有三类，分别是课件生成、现场摄像和网络下载。

（一）课件生成

以课件为基础生成视频素材是视频素材获取的一个重要途径。这节微课没有太多的过渡效果和动画设置需求，在微课的不同节点呈现课件内容，且以单一画面为主，变化不大。因此，没有必要录制课件视频，可以采取把相应页面的课件导出成图片，后期应用视频剪辑软件插入时间线上对应的时间点即可。

1. 图片搜集

本节微课主要采用了网络下载和现场拍摄两种方法获取图片资源。其中袋鼠跳、蹲踞式起跑工具、蹲踞式起跑的缘起、蹲踞式起跑三个环节的基本动作样式，采用网络下载的方式获取。蹲踞式起跑练习中常见的动作问题和解决办法，采用了现场拍摄图片的方法，这样获取的图片针对性强、灵活度高，可以根据需要设计动作要点、选择拍摄角度。同时，现场拍摄的图片天然具有真实感和亲切感，易于营造贴合学习者心理需求的学习氛围。下面主要介绍现场拍摄获取图片素材的过程。

（1）准备阶段。在准备阶段，需要根据微课呈现需求设计好现场拍摄图片的类别和具体内容。准备好教具材料、拍摄设备，确定拍摄者，选择合适的场地和时间点，前去拍摄。本节微课现场拍摄的准备情况如表6-7所示。

表6-7 现场拍摄图片准备情况

类别	具体内容	备注
图片拍摄需求	见表6-6	
设备	数码相机	电量充足，存储空间充足
人员	出镜人员：任教班级两名学生、孙寅超 其他人员：协助参与拍摄（两人）	出镜人员着运动装、运动鞋
教具	体操棒	
环境	塑胶操场百米赛道	选择多云的天气最为合适，人少或与周围的人做出说明，避免不必要的形象出现在镜头中，影响拍摄效果和效率
时间	根据实际情况商定	

(2)拍摄阶段。根据约定参与人、设备和材料,在指定的时间到指定的地点参与拍摄。拍摄过程中,出镜人员要根据微课设计者的要求做出标准的姿势,并能保持一定的时间,以利于取景和拍摄。可以从不同的角度、不同的景别如近景、特写、中景等多拍几张,以备后期有足够的选择空间,避免有新的需求或细节上有不合适的因素,导致重新拍摄。

(3)整理阶段。现场查看拍摄图片效果,如有必要可针对有问题的图片重新拍摄。拍摄全部结束后,整理好所有物品带回。将拍好的图片及时导出到其他存储设备或电脑备用。

2. 制作课件

根据微课视频画面表现的需求,应用 PowerPoint 软件,输入必要的内容,并对页面进行布局排版。

3. 生成图片

根据微课分镜头画面需求,在 PowerPoint 中将对应的页面一一生成图片,并导出备用。

(二)现场摄像

蹲踞式起跑是动作技能领域的学习内容,有必要将动作的过程清晰地呈现出来,供学习者观看和模仿。

1. 设计与准备

根据前期设计,需要现场拍摄的视频片段有七段,分别是蹲踞式起跑的定位、学生对快速起跑方式的好奇、学生回答蹲踞式起跑起跑口令、蹲踞式起跑三级口令执行过程(正面)、蹲踞式起跑三级口令执行过程(侧面)、确定有力脚的方法和常见问题4(中心抬起过早)的解决办法,每段视频拍摄的前期设计和准备情况如表6-8所示。

在拍摄前要准备好摄像机、三脚架、电池等设备,保证设备能正常使用,摄像机电量和存储空间充足。如有必要可提前试用一下相应设备,以确保设备的运转状态。

主创人员与学生和摄像师提前沟通,确定各自的任务和分工,确定拍摄时间和地点。调整好状态,提前准备好台词,达到熟练记忆的程度。对学生2的要求较高,熟练掌握蹲踞式起跑的动作要领,能按要求呈现动作关键点,可提前演练。

表6-8 蹲踞式起跑录制视频的前期设计和准备

视频片段	参与人员	环境	景别	镜头	必备物品及着装要求
蹲踞式起跑的定位	孙寅超	操场	中景	固定位置拍摄	运动装 着淡妆
学生对快速起跑方式的好奇	学生1	校园a地	近景	固定位置拍摄	校服 着淡妆
学生回答蹲踞式起跑起跑口令	学生1	校园b地	近景	固定位置拍摄	校服 着淡妆

(续表)

视频片段	参与人员	环境	景别	镜头	必备物品及着装要求
蹲踞式起跑三级口令执行过程（正面）	学生2	塑胶操场百米赛道	全景（正面）	拉镜头	运动装 跑步鞋（非专业跑鞋）
蹲踞式起跑三级口令执行过程（侧面）	学生2	塑胶操场百米赛道	全景（侧面）	摇镜头	运动装 跑步鞋（非专业跑鞋）
确定有力脚的方法	学生2	塑胶操场百米赛道	全景	摇镜头	运动装 跑步鞋（非专业跑鞋）
常见问题4（中心抬起过早）的解决办法	学生2 学生3	塑胶操场百米赛道	全景（正面）	固定位置拍摄	运动装 跑步鞋（非专业跑鞋） 体操棒

2. 现场拍摄

这节微课现场拍摄片段较多，可请参与人员根据事先约定的时间和地点到达拍摄现场，视频拍摄的基本流程如下：

图6-8 蹲踞式起跑现场拍摄视频效果示意图

（1）确定摄像机和演员的位置。调整好摄像机的角度和高度，确保演员出镜效果。

（2）开始拍摄。摄像师做好准备，给出开始信号。演员调整好状态，按照要求说出台词，做出相应的动作。特别是要提醒学生3在完成蹲踞式起跑动作的过程中，要放松，注意安全。

（3）录制结束。录制结束后，现场查看录制效果。确定录制没有问题，再请演员离开。如有必要，可以多录一次，以免后期发现新的问题，可以加以弥补。

（4）导出视频。录制结束后，及时将视频从摄像机中导出到电脑上并备份，避免别人误操作删除视频。

（5）整理现场。请演员离开，并整理现场。

（三）网络下载

这节微课通过网络下载的视频素材有苏炳添百米比赛视频和刘翔110米栏夺冠视频，视频来自优酷网。

三、视频后期剪辑

"蹲踞式起跑"后期剪辑采用的软件是Camtasia Studio，主要包括添加片头片尾、视频片段基本剪辑、添加重点提示、设置慢速回放、添加背景音乐等。关于如何使用Camtasia Studio软件完成上述剪辑功能，请参考本书第五章对应章节内容，这里对通过视频后期剪辑实现的特殊呈现效果的特征及在微课中的作用加以简要说明。

（一）基本剪辑流程

这节微课视频素材片段较多，首先需要根据事先的镜头设计，将相应的视频片段添加到软件故事线上，排列顺序可参考本节微课脚本。同时还涉及将从课件中导出的图片制作成视频画面，可把图片添加到Camtasia Studio中，根据呈现时间的长短，拖拽图片使其保持对应的时间长度。

（二）重复应用同一段视频片段

微课的镜头3呈现的是苏炳添比赛视频回放，共回放两次。第一次是正常速度完整播放，供学习者欣赏苏炳添及其他运动员运用蹲踞式起跑的方式完成百米比赛的视频。世界第一的短跑速度，使学习者获得直观而激励的视觉感受。接下来，是该视频的回放，回放的重点放在起跑环节。

对这段视频孙寅超老师主要做了两个特殊效果处理，一是对该视频片段做剪切处理，只保留蹲踞式起跑环节的视频片段，供学习者重点观看蹲踞式起跑的过程，强化对蹲踞式起跑过程的直观认识；二是去除原声。

（三）添加重点提示

这节微课在三个地方运用了重点提示，分别是通过学生说出蹲踞式起跑的三级口令、蹲踞式起跑完整示范过程与重心提高肩过线的示范。重点提示的呈现方式有文字和线条两种形式，效果如图6-9所示。其中对重心提高肩过线的提示线还添加了动画效果，有助于学习者清晰地明白肩与线的相对位置。

图 6-9 蹲踞式起跑添加重点提示效果图

(四) 慢速回放

对视频片段三级口令执行过程(侧面)采用了慢速回放的剪辑方法。这段视频的出现时间在三级口令执行过程(正面)之后,在前面观看的基础上,学习者已经初步感知蹲踞式起跑的三级口令执行过程。为了使学习者能更清楚地看到蹲踞式起跑三级口令的执行过程,孙寅超老师在拍摄侧面示范的基础上,在后期的视频剪辑过程中,对这段视频的播放速度进行了调整,速度调整为原来的 1/3,为慢速播放。这样的设置,将蹲踞式起跑的三级口令的执行过程更清晰地呈现,易于学生看清动作细节及动作之间的衔接。

第三节 基于情感学习的微课综合实例

小学阶段是一个人建立自身价值体系的关键阶段,在教学中还应重视小学生情感教学目标的达成,并将情感教育贯穿到教学的全过程中,以促进小学生更好地成长和发展。

小学政治思想品德课是学生价值观培养和情感教育的主要阵地之一,采用多样化的手段和途径开展情感价值领域的教学,是小学教师必备的技能。这里介绍由福建省南平市建阳区实验小学教师叶倩倩和黄建华老师设计并开发的一节微课《特殊的较量》。内容来源于人教版小学二年级下《道德与法治》第四单元第 15 课时。第四单元的单元主题是"我会努力的",第 15 课的课时主题是"坚持才会有收获"。

一、教学设计

(一) 确定主题

1. 明确需求

需要明确的是,这里的需求分析是教学对微课教学资源的需求,即在制作微课之前要弄清楚,"坚持才会有收获"这一课时的学习需要微课在哪些方面发挥作用。

(1) 教学内容呈现上的需求。教材中这节课分为"我们都坚持过""坚持的收获""特殊的较量"和"一起来,试一试"。前两个主题的教学,可以开展课堂上师生共同回忆的教学活动,回忆在生活和学习中坚持做过的事情以及坚持带给自己的收获和成长。引导小学生意识到人人都会坚持,我也能坚持,并且我也曾经做到过坚持,而且因为坚持给自己的生活和学习带来了令人欣喜的变化,从而帮助学生正确认识自我,实现自我认知和自我激励的进一步发展。

(2) 对学习活动的支持。"特殊的较量"部分的学习内容,指向坚持中可能遇到的困难和坚持的好办法。这部分内容的学习需要学生能够对自我有更为清晰和深刻的认识,学会客观认识"坚持"的过程中遇到的困难,以及可以采取哪些方法克服"坚持"中的小难题。

因此,课堂教学中的诸如讲解、讨论和发言等教学,不能实现对"坚持"过程中的困难和解决方法的深刻认识,需要教师开发学习资源供学生在课余时间边想边看,边讨论边看,以及在必要时再次查看等。

2. 锁定主题

通过绘制第15课时"坚持才会有收获"的主题地图,边绘制边思考,有利于教师形成对本课时教学内容更全面、客观和清晰的认识,从而为找准微课主题提供依据,本课时主题地图如图6-10所示。绘制主题地图时,主要呈现教学内容分解及与教学内容对应的可以采取的教学方法。

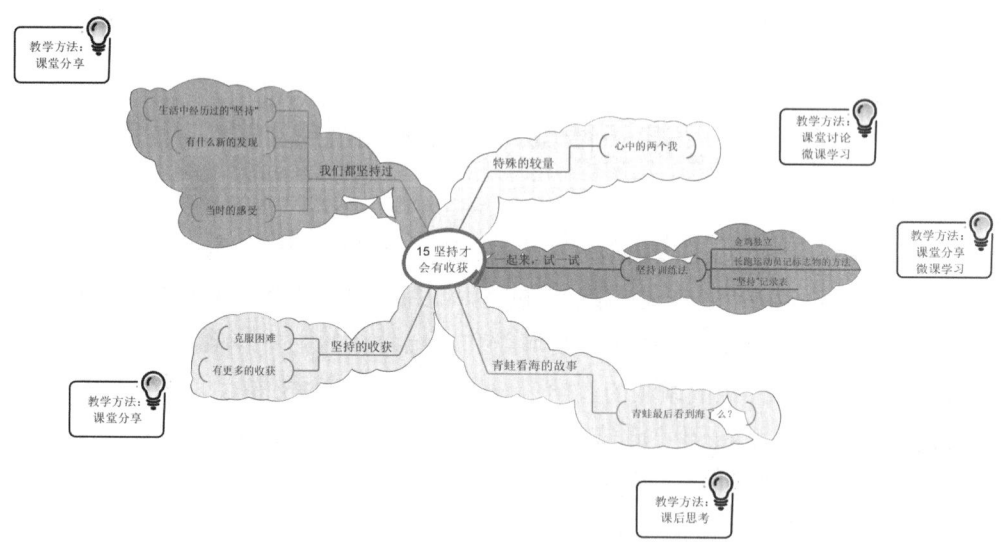

图6-10 第15课时"坚持才会有收获"主题地图

根据主题地图可以看出,对本节课的教学,作者设计了四种教学方法,分别是课堂分享、课堂讨论、微课学习和课后思考。其中微课学习主要针对"坚持"品质中较为困难的"内心发现"和"坚持下去"这两个部分,即教学内容中"特殊的较量"和"一起来,试一试"。

结合"特殊的较量"和"一起来,试一试"这两个部分的微课学习内容,作者发现了一个共同的特点,就是在坚持的过程中,内心有两个"我"存在,分别是"放弃吧"和"坚持一会儿",正是这两个"我"构成了一场"特殊的较量"。因此,两个部分内容可以合二为一,并围绕内心中的两个"我"展开。在较量的过程中,两个"我"有什么表现? 为了使"坚持一会儿"在较量的过程中胜出,应该怎么办? 因此,本节微课主题锁定为"特殊的较量"。

3. 编辑主题

"特殊的较量"这一主题的核心词无疑是"较量",在句式的选择上,叶倩倩老师采用了偏正结构短语开门见山掷地有声地表达出微课的主题,指明微课要予以说明的较量是一种"特殊的"较量。同时,没有使用更多的修饰词,带给学习者神秘感和心理上的预期,究竟是什么特殊的较量呢? 或者对于接触过课文内容的学生,老师微课里有哪些特殊的较量呢? 从而带着好奇心一探究竟。

(二) 设计教学目标

1. 教学目标归属领域分析

对照中国学生发展核心素养基本要点和主要表现,"特殊的较量"这一课时的学习重点是要促进学生"自主发展—健康生活"核心素养的提高,指向学生的自我管理能力,能正确认识与评估自我,具有达成目标的持续行动力。

2. 学习水平分析

结合布鲁姆教学目标分类体系,这一课时的教学归属"情感"领域。鉴于之前学生已经对自己生活和学习中曾经经历过的与"坚持"有关的事情进行了简要的回顾和思考,对"坚持"这件事情已经处于"接受"水平。本阶段的学习重点要促使学生能在以后的学习和生活中更多和更好地做好"坚持"。因此,教学水平定位在"反应"水平。

3. 选择行为动词

借鉴《国家课程标准中的学习水平与行为动词》,本节课的教学可从体验性目标中寻找合适的行为动词。在反应(认同)水平上,学生应能够表现出"在经历基础上表达感受、态度和价值判断,做出相应的反应"等。结合本节课的教学内容,学生应能够正确认识心中特殊的较量,愿意在生活和学习中遇到困难时,选择试一试坚持下去。教学目标的核心行为动词是"接受""愿意"和"选择"。

4. 编写教学目标

基于以上分析,叶倩倩老师制定了如下教学目标:

(1) 能接受自己遇到困难时心理上的矛盾和斗争。

(2) 在做某件事情的过程中遇到困难,愿意尝试在好的方法的帮助下,继续做下去。

(三) 选择微课内容

1. 列出内容要点

本节微课的知识点是"特殊的较量",根据知识点"是什么或包含什么""为什么"和"有什么用"这三个方面的规定性内容,这一知识点的内容要点如表 6-9 所示。

表 6-9 "特殊的较量"内容要点列表

内容维度	内容要点
是什么或包含什么	什么是特殊的较量,特殊的较量的表现,面对特殊的较量时的选择,正确面对特殊的较量的方法
为什么	为什么会出现不同的选择,为什么要坚持下去,这些方法为什么有用
有什么用	这些方法有什么用

2. 选择内容要点

首先,分析教材。教材中将遇到困难时内心的挣扎转化为两个小人儿的对话,并用浅显、生动有趣的方式描述出来。具体表现为一个小人儿说"要坚持下去",一个小人儿说"放弃吧"。在"一起来,试一试"部分,用具体的实例列出了四种促使自己坚持下去的方法,分别是"做有趣的事情体会坚持结果""使用坚持记录表督促坚持过程""寻找偶像经历激励坚持动力"以及"奖励坚持后的自己增强坚持信心"。可以看出,教材将重点放在了"小学生特殊较量的表现"和"正确面对特殊的较量的方法"这两个方面的内容上。

其次,结合学生现有水平。在微课学习之前,教师已经在课堂上与学生进行过关于特殊的较量的简要说明,并初步分享了遇到困难时的经历。制作本节微课的重点在于给学生提供遇到困难时,寻找帮助的一种支持性资源,可以自己观看或与爸爸妈妈边看边讨论等,从而为克服困难找到解决的办法。由于学生已经明白微课中提供的方法的作用是帮助自己克服遇到困难时犹豫不定的心理,因此这些方法有什么作用在微课中点到即可。

最后,结合教学目标。针对二年级小学生,在情感领域学习目标方面不要求其达到价值化水平,及能够形成个性化的价值观念,而是能在遇到困难时做出正确和合理的选择即可。因此,需要学生明白为什么要坚持下去,而为什么会在遇到困难时内心出现特殊的较量和这些方法为什么有用,在微课中不作为学习内容出现。

综上所述,"特殊的较量"这节微课的内容要点包括特殊的较量发生在小学生身上的直观表现、为什么要坚持下去和坚持下去的好方法。

3. 确定内容要点之间的逻辑关系

这三项内容之间的逻辑关系清楚明了,即小学生应首先认识到特殊的较量发生在自己身上时,会有什么样的表现,然后弄清楚为什么要坚持下去,从而愿意在遇到这种表现时,选择坚持下去并试一试,而好的办法可以帮助自己更好地坚持下去。

(四)组织微课结构

1. 选择教学方法

针对本节课内容,直截了当地讲授容易使学生陷入枯燥和乏味的单调学习状态,缺乏趣味性。这里叶倩倩老师选择了情境教学法,从生活中选择学生喜闻乐见的关于"较量"的表现,容易引起学生情感上的共鸣,且与自身的真实经历建立联系。

叶倩倩老师设计的微课结构如图 6-11 所示。

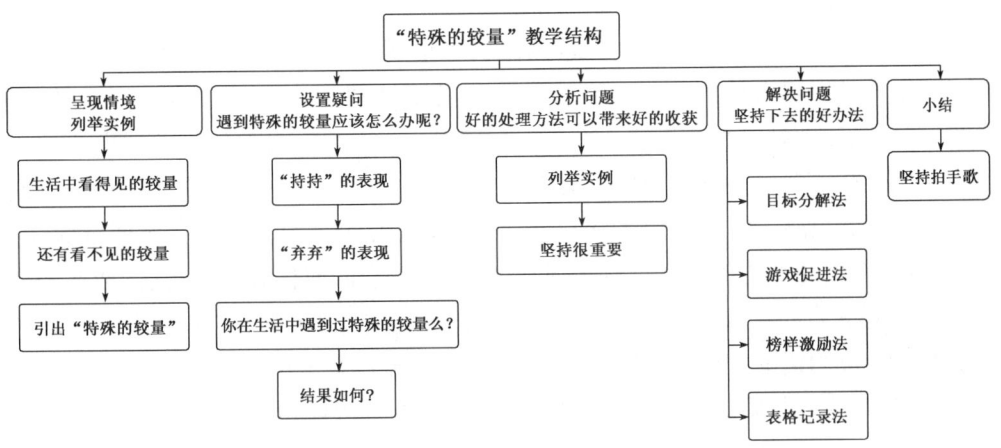

图 6-11 "特殊的较量"教学结构图

具体来讲,该微课运用图片和生动的语言呈现了生活中三种看得见的较量,分别是足球场、拳击运动场、教室中发生的较量,说明"较量无处不在"。运用语言"生活中还有一种特殊的较量,它常常发生在我们心中",引出心中两个小人之间的对话,形象地呈现了什么是"特殊的较量"。那么,当我们的心中出现了这种特殊的较量时,该怎么办呢?首先,运用历史上、生活中拥有坚持品质的好榜样,让学习者感悟坚持带给我们的积极的变化,从而意识到坚持的重要性。接下来,该如何坚持下去呢?把成功坚持比作"登顶",介绍了四种坚持的好办法。最后,设计了"坚持"拍手歌,生动有趣地再现了坚持的好办法,帮助学习者更好地熟悉如何坚持。

2. 设计教学互动

这节微课叶倩倩老师主要运用了两类互动方法,分别是语言互动和实操互动,加强学生在微课学习过程中的参与性,提升主动学习的意识和效果。本节微课的互动设计如表 6-10 所示。语言互动的使用主要是激发学生主动思考,融入情境中,边看边想,边想边学。实操互动则使学生能动起来,在体验式学习中,感悟坚持下去的好方法,提升了微课的趣味性。

表 6-10 "特殊的较量"微课互动设计

出现时间	互动类型	互动内容
0:00:03	语言互动	温馨提示:在观看视频的过程中,随时可以按返回键重播,也可以按暂停键思考。你准备好了吗?
0:03:54	实操互动	尝试操作金鸡独立:小朋友,来,请起立!来玩一下这个游戏吧!但是,你一会儿一定会觉得腿酸,这个时候,请你坚持一下。
0:04:07	语言互动 操作互动	操作提醒:好,请你按下暂停键,开始吧! 按下暂停键
0:04:14	语言互动 实操互动	节奏把控(倒计时):5-4-3-2-1,停! 玩游戏:金鸡独立
其他	语言互动	适时地使用语言提示:看!你听!跟我一起去寻找登顶的金钥匙吧!你学会了吗?

3. 教学媒体设计

这节微课主要运用了情境教学法,如何展示情境以及采用生动形象的方法呈现教学内容,是教学媒体设计的重点。结合小学生的认知特点,叶倩倩老师主要采用了文字、图片、视频和动画等媒体形式。在色彩的设计上,以蓝色和绿色为主色调,带给人宁静平和的感觉。在教师娓娓道来中,有助于学生带着平静的心情对困难和坚持形成客观的认识。辅以亮丽的红色、橙色和黄色,带给人积极向上的心绪。在微课视频中,还设计了很多有趣的卡通形象。这些卡通形象或代表教师、或代表学生自己、或代表情境中的人物,是小学生喜闻乐见的表达方式。最后的坚持拍手歌,采用了视频录制的形式,学生在愉快的氛围中将本节课的要点以歌唱的形式展示出来,有趣且可操作性强,便于学习者温习本节微课的学习重点,以及在生活中加以应用。

(五)编写微课脚本

"特殊的较量"微课脚本如表6-11所示。

表6-11 "特殊的较量"微课脚本

录制时间:2017年6月

微课主题	特殊的较量				
知识点来源	学科:小学《道德与法治》 年级:二年级下 教材:人教版 单元/课时:第四单元第15课时				
需求分析	帮助学生正确认识自我,实现自我认知和自我激励的进一步发展 支持学生在课余时间边想边看,边讨论边看,以及在必要时再次查看等				
教学目标	1. 能接受自己遇到困难时心理上的矛盾和斗争 2. 在做某件事情的过程中遇到困难,愿意尝试在好的方法的帮助下,继续做下去				
适用对象	小学生				
呈现方式	情境式微课				
微课视频制作方法	课件录屏+视频拍摄+后期剪辑				
人员分工					
微课视频录制					
分镜头号	画面	声音	实现方式	镜头切换	时长
镜头1	片头	背景音乐、解说	课件录屏+录音	无	15 s
镜头2	生活中看得见的较量	背景音乐、解说	课件录屏+录音	幻灯片切换	25 s
镜头3	主题呈现	背景音乐、解说	课件录屏+录音	幻灯片切换	13 s
镜头4	心中两个不同的声音	背景音乐: 我心中的声音	课件录屏+录音 录制心中声音	幻灯片切换	29 s
镜头5	引出"特殊的较量"	背景音乐、解说	课件录屏+录音	幻灯片切换	21 s
镜头6	你的心中是否有两个我呢?	背景音乐、解说	课件录屏+录音	幻灯片切换	28 s
镜头7	克服困难有收获的实例	背景音乐、解说	课件录屏+录音	幻灯片切换	49 s

(续表)

微课视频录制					
镜头 8	寻找登顶的金钥匙	背景音乐、解说	课件录屏＋录音	幻灯片切换	7 s
镜头 9	目标分解法	背景音乐、解说	课件录屏＋录音	幻灯片切换	30 s
镜头 10	游戏促进法	背景音乐、解说	课件录屏＋录音	幻灯片切换	40 s
镜头 11	榜样激励法	背景音乐、解说	课件录屏＋录音	幻灯片切换	28 s
镜头 12	表格记录法	背景音乐、解说	课件录屏＋录音	幻灯片切换	27 s
镜头 13	自我暗示法	背景音乐、解说	课件录屏＋录音	幻灯片切换	24 s
镜头 14	坚持方法小结	背景音乐、解说	课件录屏＋录音	幻灯片切换	29 s
镜头 15	坚持拍手歌	背景音乐、解说、唱拍手歌	课件录屏＋录音 视频录制	幻灯片切换 淡入	53 s
镜头 16	应用引导	背景音乐、解说	课件录屏＋录音	淡出	27 s
反思					

二、视频素材搜集与处理

根据前期的设计，本节微课的视频有两类，分别是课件录制和现场摄像。

（一）课件录制

通过课件录制的方法生成视频素材，是本节微课视频素材的主体。其生成过程包括如下步骤：

1. 制作课件

搜集制作课件所需要的素材，以图片为主，输入必要的文字。并根据微课镜头呈现和衔接的需求，设计出现的先后顺序，加入必要的自定义动画。

2. 录制课件

录制课件的方法有很多，其中的关键点主要有两点，分别是采集高质量的声音以及声音播放和画面切换要保持同步。

要采集到高质量的声音，可借用专业的录音棚录制。如果条件不具备，可以自行购买收音设备，以达到较好的录制效果。也可以寻找周围比较安静的环境和时间，运用电脑或手机录制声音，后期采用声音编辑软件对声音进行降噪处理。

为保证声音和画面的同步，且流畅性较好，通常的做法是，根据微课视频表现的需求，先录制声音，然后根据声音节奏设置幻灯片的切换节奏，这样可以较好地保证声音和画面的一致性。另外，也可以多次演练解说和幻灯片切换的过程，并根据演练过程中出现的问题，对幻灯片的切换和语言组织与输出进行修正，直至整个过程都比较流畅，再进行视频画面和声音的录制。

（二）现场摄像

现场摄像获取的微课视频素材是"坚持"拍手歌。

1. 设计与准备

在设计与准备阶段,需要编写拍手歌内容、确定参与人员、选择拍摄环境以及邀请摄像师,具体如表 6-12 所示。

表 6-12 录制"坚持"拍手歌的设计与准备

项目	内容	具体组织	说明
拍手歌	坚持的四种好办法	你拍一,我拍一,特殊较量常发生。 你拍二,我拍二,学会坚持是大事。 你拍三,我拍三,目标分解更简单。 你拍四,我拍四,"金鸡独立"试一试。 你拍五,我拍五,身边榜样来鼓舞。 你拍六,我拍六,坚持表格勤记录。 你拍七,我拍七,自我暗示数第一。 你拍八,我拍八,坚持品质拥有它。 你拍九,我拍九,做事学会要长久。 你拍十,我拍十,我们一起来坚持。	小学生要熟练背诵拍手歌,并能配合拍手的节奏。
参与人员	叶倩倩老师的班级学生	共八人,两两结对分成四组	小学生要求佩戴红领巾,着装干净整洁不花哨,符合小学生的身份,小女生头发要扎好等。
录制环境	学校活动室	空间开阔、光线充足、环境中没有不适宜的因素	确定在拍摄期间不被打扰,可在教室门口张贴"教室正在录课,请保持安静"的字样。
摄像师	叶倩倩	DV 录制,景别为全景	DV 电量充足,存储空间充足,录音功能开启。 备好拍摄支架。

2. 视频录制

视频录制的基本流程如下:

(1) 确定 DV 和演员的位置。调整好 DV 的角度和高度,确保小学生不被其他同学挡住。具体布局如图 6-12 所示。

图 6-12 拍摄角度

(2) 与演员约定好开始节点。这是集体项目,且没有音乐节奏配合,所以约定好开始节点,对视频的录制至关重要。这里因为同学们不是正向面对摄像设备和老师,因此可以采用听声音然后开始的办法。如老师说"开始",听到某种敲击声等。

（3）开始录制。录制的过程中，录制人员要保持安静，不要随意走动，以免转移演员的注意力，造成眼神飘忽不定、随意扭头等影响镜头效果的画面。

（4）录制结束。录制结束后，现场查看录制效果。确定录制没有问题，再请演员离开。如有必要，可以多录一次，以免后期发现新的问题，可以加以弥补。

（5）导出视频。录制结束后，及时将视频从DV中导出到电脑上并备份，避免别人误操作删除视频。

（6）整理现场。请演员离开，并整理现场。将桌椅板凳等归位，DV相关设备放入包装袋。整理好随身物品，关好门窗，关闭水源电源等。离开现场，锁好门。

三、视频后期处理

微课视频素材搜集好之后，进入后期剪辑阶段。叶倩倩老师的视频剪辑主要包括以下三个部分的内容：添加片头片尾、添加背景声音、连接课件视频片段和拍摄视频。其中特殊视频后期处理主要有声音和画面在时间上的一致性和添加拍手歌歌词。

（一）声音和画面的一致

要使声音和画面一致，除了在录制时采取必要的措施之外，后期还需要通过视频剪辑软件对其进行必要的处理。通常视频和声音的录制都会有前期和后期的留白，另外非专业人员在录制声音和视频的过程中，对时间的把控通常不够精准，这都造成了素材导入视频剪辑软件中之后，出现声音和画面的不一致现象。

在视频剪辑软件中，可以自由地对声音进行分割，删除留白，同时也更容易通过拖拽使声音和画面对齐。

（二）添加拍手歌歌词

拍手歌歌词的添加有利于学习者更清晰地了解歌词的具体内容，在形式上采用了系统自带的字幕模板，小星星和音乐符号的运用，使歌词可爱又不失单调，字幕效果如图6-13所示。

图6-13 拍手歌字幕效果

思考与练习

尝试结合小学某一学科的教学，完成一节微课的设计与开发。

参考文献

[1] 胡铁生.微课:区域教育信息资源发展的新趋势[J].电化教育研究,2011(10).

[2] 林雪涛,韩鹏."技术—艺术":微课制作的融合与突破[J].教学与管理,2014(12).

[3] 莫健樱,杨满福.基于ADDIE模型的微课设计与开发[J].中国教育信息化,2020(10).

[4] 杨上影.微课设计与制作[M].北京:高等教育出版社,2017.

[5] 刘万辉.微课教学设计[M].北京:高等教育出版社,2015.

[6] 方其桂.微课制作案例教程[M].北京:清华大学出版社,2017.

[7] 金洁.微课设计与制作一本通[M].北京:清华大学出版社,2019.

[8] 张晓景.微课设计与制作专业教程[M].北京:清华大学出版社,2017.

[9] 吴疆.微课程和多媒体课件设计与制作规范[M].2版.北京:人民邮电出版社,2016.

[10] 胡定荣.教材分析:要素、关系和组织原理[J].课程·教材·教法,2013(2):17-21.

[11] 顾兴明.预测策略的教学定位与教学方式——以统编教材三年级上册《总也倒不了的老屋》为例[J].教学月刊小学版(语文),2019(2).

[12] 核心素养研究课题组.中国学生发展核心素养[J].中国教育学刊,2016(10).

[13] 余文森.核素素养导向的课堂教学[M].上海:上海教育出版社,2017:38.

[14] 崔允漷.课程实施的新取向:基于课程标准的教学[J].教育研究,2009(1).

[15] 莫雷.教育心理学[M].北京:教育科学出版社,2007:314.

[16] 刘美凤,康翠.多媒体课件教学设计[M].北京:高等教育出版社,2013.

[17] 俞红珍.课程内容、教材内容、教学内容的术语之辨——以英语学科为例[J].课程·教材·教法,2005(8):50.

[18] 郝贵生.论知识点的基本构成与对知识的理解[J].天津师范大学学报(社会科学版),2000(3):25-30.

[19] 熊晓莉,侯永广.多媒体课件中图片素材的应用研究[J].中国教育技术装备,2011(24).